이강영어 일곱 번째 이야기

이제영어의의문이풀렸다 6

(관사편 3)

이 진 호 지음

도서출판 이 강

이제영어의의문이풀렸다 6

펴낸곳/(도서출판)이강
펴낸이/이진호
지은이/이진호

초판발행일/2018년 5월 30일
등록번호/05-05-0217
등록일/2005년 5월

주소/광주광역시 남구 진월동 호반리젠시빌스위트 APT
　　　101동 1403호
전화/ (062) 266-0136
E-mail/kkk284803@hanmail.net

다음카페/이제영어의의문이풀렸다

저작권자　ⓒ 이진호 2018

잘못된 책은 바꾸어 드립니다.
정가 16,500원
ISBN 978-89-956668-6-9

본서의 내용을 무단 복제하는 것은 저작권법에 의해 금지되어 있습니다.

CONTENTS(관사편 3)

차례 1 3
차례 2 5

■ 이제영어의의문이풀렸다 6(관사편 3)

■ 구조적(형식적) 구별　VS　의미적 구별		13
A.	부정관사 a/an의 '구조적 구별'의 역할	14
B.	정관사 the의 '의미적 구별'의 역할	33
(나)	가산성이 현실적으로 의미가 있어야 한다.	42
■ '<집합과 원소>의 원리'와 가산성		74
■ 종류		93
(A) 집합명사와 '종류'		93
■ fish		100
(B) 부정관사 a/an + 형용사 + 명사		134
■ [부정관사 a/an + 형용사 + 불가산명사] - 다양한 시각에서의 조망 -		150
1. 종류		151
2. 필요충분조건		152
3. 부정관사 a/an의 의미		156

4.	구조적 구별	157
5.	일부분	184
6.	현재 발생하지 않은 일(사건)	201
■	넷. 관사의 역사(歷史) II	213
	■ 문법이란 무엇일까?	234

C. 미시적 접근 239

■ 하나. '-s'의 역할 241

1. '-s'에 대한 종합적인 정리 I - ['-s'의 분류] 241
   - ■ 관사와 '수(數)의 개념' I   249
   - ■ 관사와 '수(數)의 개념' II 251
2. '-s'에 대한 종합적인 정리 II - ['-s'의 용법] 254
3. 후위관사 - '단어의 마지막'을 나타낸다. 290
   - (A) 구조적(형식적) 역할 I 290
   - (B) 구조적(형식적) 역할 II - 열거 296
     - a. 열거의 마지막을 나타낸다. 303
     - b. [A] and [B + '-s'] 306
     - c. [A + '-s'] and [B] 310
4. '단단' & '복복' 313

CONTENTS 2(관사편 전체)

	이제영어의의문이풀렸다 4(관사편 1)
A.	관사에 대한 기초
B.	거시적 접근
	■ 하나. 관사의 역사(歷史) I
	■ 둘. 관사의 근본 원리 – <집합과 원소>의 원리

	이제영어의의문이풀렸다 5(관사편 2)
	■ 셋. 가산성
	가산성 ①
	– 구조적 법칙 II
	집합체
	'집합적 복수의 –s'
	후위관사

	이제영어의의문이풀렸다 6(관사편 3)
	가산성 ②
	[부정관사 a/an + 형용사 + 불가산명사]
	■ 넷. 관사의 역사(歷史) II
C.	미시적 접근
	■ 하나. '–s'의 역할

이제영어의의문이풀렸다6(관사편3)

1. '-s'에 대한 종합적인 정리 I - ['-s'의 분류]
2. '-s'에 대한 종합적인 정리 II - ['-s'의 용법]
3. 후위관사 - '단어의 마지막'을 나타낸다.
4. '단단' & '복복'

■ 이제영어의의문이풀렸다 7(관사편 4)
■ 둘. 총칭 - 전체집합
■ 셋. 부정관사 a/an의 용법
■ 넷. 정관사 the I - <집합과 원소>의 관점
1. 정관사 the는 집합을 나타낸다.
2. '전체'를 나타내는 정관사 the I
■ 필요충분조건
3. '전체'를 나타내는 정관사 the II

■ 이제영어의의문이풀렸다 8(관사편 5)
■ 다섯. 정관사 the II - 특정성 -
A 특정성 I - 물리적, 가시적 특정성
가산성과 정관사 the - 가산성이 무의미함
■ 가산성(可算性)의 함정
■ '구체적인 사물'을 나타내는 정관사 the
■ 물질명사의 관사 적용
■ 장소(공간)를 나타내는 the
■ 결합 의미

■ 이제영어의의문이풀렸다 9(관사편 6)
B 특정성 II
A. 100% 특정성(명시적 특정성)
B. 1~99% 특정성(상황적 특정성)
■ 1% 특정성
(가)특정성이 필수적인 단어
(나)지역적 제한 = 국가
■ 여섯. 전체와 부분
■ 영어의 관사 체계
■ 부분과 단어
■ 부분과 특정성
■ 일곱. 명사의 분류
1. 일반명사
2. 전체 명사분류
■ 여덟. 고유명사
1. 고유명사와 정관사 the
■ 고유명사의 유형 I

■ 이제영어의의문이풀렸다 10(관사편 7)
2 복수의 단어로 이루어진 고유명사
■ 고유명사의 유형 II
■ 아홉. 집합명사
A. <집합과 원소>의 원리와 '집합명사'

B. 집합명사의 분류 I – 원리적 측면
(1)원래 집합을 나타내는 경우
(2)원소가 복수의 종류로 구성되어 있는 경우
(3)가산성이 현실적으로 의미가 없는 경우
①'무리, 떼'를 이루는 경우
②매우 작은 경우
③형태의 경계가 분명하지 않는 경우
■ 집합명사의 분류 II – 군집명사
■ 집합명사의 분류 III – 형태적 분류①
■ 집합명사의 분류 IV – 형태적 분류②
(1) 무관사 ∅ + 명사
①cattle형 집합명사
②furniture형 집합명사
③family형 집합명사
(2) 정관사 the + 명사
④the police형 집합명사
(3) 정관사 the + 형용사
■ 집합명사의 분류 V – 집합체
■ **열. 물질명사 & 추상명사**
■ 분할성(divisibility: 분할 가능성)
A. '개별적 차원'의 분할성
B. '전체적 차원'의 분할성
■ **열하나. 물질명사**

■ 열둘. 추상명사

1. 추상명사와 부정관사 a/an ①

2. 추상명사와 부정관사 a/an ②

3. '주관적 선택의 영역'에 대한 기초

4. 부정관사(a/an, -s) VS 정관사 the
   - 관사선택의 원칙

5. 추상명사의 관사 적용 I : 시각적 측면
   - 관사적용여부의 원칙(주관적 선택의 문제 제외)

6. 추상명사의 관사 적용 II
   - 관사선택의 원칙(주관적 선택의 문제 제외)

7. 추상명사의 관사 적용 III
   - 화자의 '주관적 선택의 문제(영역)' -

8. 추상명사의 관사 적용 IV

9. 추상명사에 대한 부정관사(a/an, -s) 적용 근거 ①
   - 분할성('전체적 차원'의 분할성)

10. 추상명사에 대한 부정관사(a/an, -s) 적용 근거 ②
    - 구체적 실제의 대응(對應) 양상

■ 이제영어의의문이풀렸다 11(관사편 8)
11. 추상명사에 대한 부정관사(a/an, -s) 적용 근거 III
12. 가산편향적 추상명사와 불가산편향적 추상명사
(가) 100% 가산성을 갖는 추상명사
(나) 100% 불가산성을 갖는 추상명사
A. 가산편향적 추상명사
B. 불가산편향적 추상명사
1) 불가산편향적 추상명사의 개념
2) 불가산편향적 추상명사의 특징
C. 형식적 차원의 불가산편향적 추상명사
1) 추상명사적 집합명사
2) 명사형 어미의 추상명사
3) 동명사(~ing)형 명사
4) 동사형 명사
■ 복합명사와 합성명사
① [주어 + 동사]로 혼동되는 것을 방지
② [동사 + 목적어]로 혼동되는 것을 방지
③ 그 외 동사가 사용된 합성명사
D. 의미적 차원의 불가산편향적 추상명사
13. 추상명사에 대한 관사 적용 – 재정리(중간정리)
14. 화자의 주관적인 선택의 문제(영역)
15. 복수의 단어로 이루어진 복합추상명사

거시적 접근

■ 구조적(형식적) 구별 VS 의미적 구별

이번에는 '구조적(형식적) 구별'과 '의미적 구별'이라는 측면에서 부정관사 a/an과 정관사 the의 차이점을 살펴보도록 하겠습니다.

앞에서 부정관사 a/an과 정관사 the의 의미와 기능에 대해서 다음과 같이 정리하였습니다.

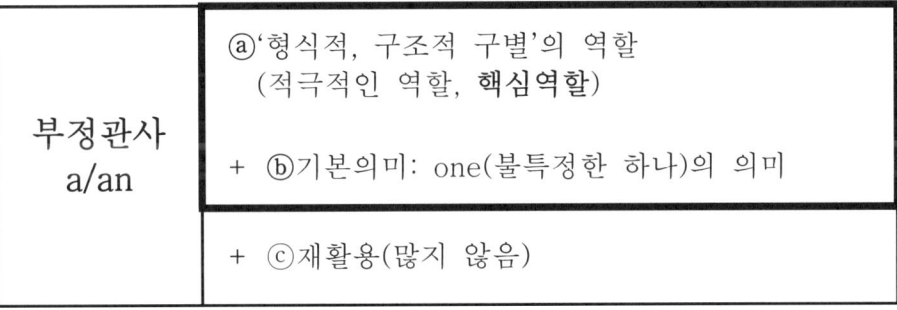

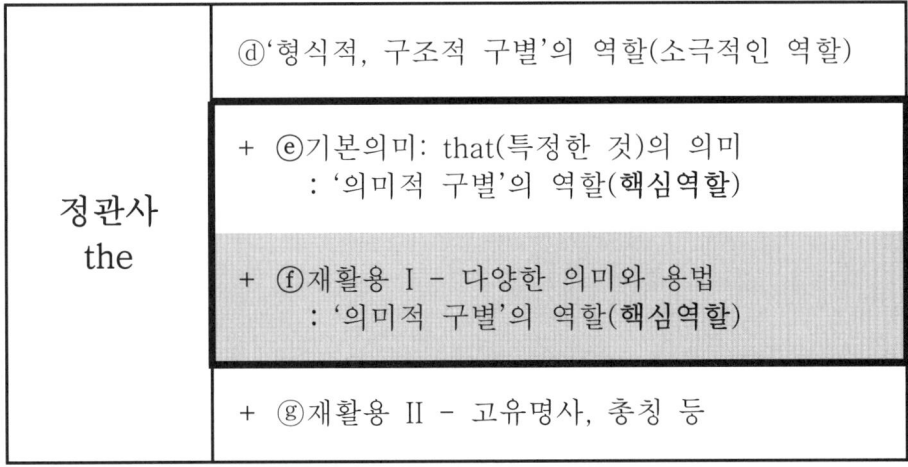

위 내용에서 먼저 부정관사 a/an의 재활용 부분(ⓒ)과 정관사 the의 재활용 부분 중 일부(ⓖ)는 '논리'보다는 '편의'에 의해서 적용되는 측면이 큽니다. 따라서 부정관사 a/an과 정관사 the에 대한 논리적 흐름의 연장선상에서 파악하는 것 보다는, 각각 추가적인 '별도의 내용'으로 살펴보는 것이 적절할 것으로 보입니다. 따라서 이에 대해서는 나중에 '별도로' 정리하도록 하겠습니다.

그리고 정관사 the의 형식적, 구조적 구별의 역할(ⓓ)은, 관사이기 때문에 '자동적'으로 따라오게 되는, 즉 부수적으로 존재하는 소극적 역할로서 부정관사 a/an과 정관사 the의 차이를 파악하는데 있어서 도움이 되지 않는 내용입니다.

따라서 지금부터는 위 표에서 진하게 표시된 부분을 중심으로 구조적 구별과 의미적 구별이라는 측면에서 부정관사 a/an과 정관사 the의 차이점을 살펴보도록 하겠습니다.

A. 부정관사 a/an의 '형식적, 구조적 구별'의 역할

먼저 부정관사 a/an에 대해서 살펴보도록 하겠습니다.

부정관사 a/an의 기능 및 의미		비교 대상	비고
ⓐ핵심역할: '형식적, 구조적 구별'의 역할 - 명사의 표지	↔	무관사 ∅	부정관사 a/an VS 무관사 ∅
ⓑ기본 의미: one - 불특정한 하나	↔	정관사 the의 기본 의미	불특정성 VS 특정성

*ⓐ의 경우 '비교 대상'이 무관사 ∅라는 것은, 두 가지 의미를 담고 있습니다.

　첫째, 부정관사 a/an의 '구조적 구별'의 역할을 이해하기 위해서는 관사를 사용하지 않는 무관사 ∅와 비교해 보아야 한다는 의미입니다. 이러한 관점에서 보면 부정관사 a/an은 '명사의 표지'로서 **'명사와 명사가 아닌 것을 구별해 주는 장치'**입니다. 이는 '핵심 기능'입니다.

　둘째, 부정관사 a/an을 도입하면서, 모든 명사에 적용하지 않고 가산명사인 보통명사에만 적용하기로 한 것은 단어의 재활용의 측면을 고려했기 때문이라고 했었습니다. 이러한 관점에서 보면 부정관사 a/an은 **'가산명사와 불가산명사를 구별해주는 장치'**라고 할 수 있습니다. 이는 '부수적인(2차적인) 기능'입니다.

*참고로 특정성을 나타내는 정관사 the는 **'정체를 밝혀주는 장치'**라고 할 수 있습니다. - 의미적 구별

부정관사 a/an의 대표적인 기능 및 의미는 위 표에서 정리한 것처럼, 크게 2가지로 나누어 볼 수 있습니다. 이 중에서 '불특정한 하나'를 나타내는 '기본 의미(ⓑ)'는 모두 알고 있는 것으로서 별도의 설명이 필요 없을 것 같습니다.

문제는 부정관사 a/an이 가지고 있는 '형식적, 구조적 구별'의 역할입니다. 이미 여러 차례 '구조적 구별'을 위해서 부정관사 a/an이 도입된 것이 '관사의 시초'였음을 정리하였습니다. 결국 '명사의 표지'로서 부정관사 a/an이 가지고 있는 '구조적 구별'의 역할은 가장 핵심적인 기능(역할)입니다.

즉 부정관사 a/an이 우리에게 전해주는 제 1의 정보는 해당 단어가 명사라는 것입니다. **이는 결과적으로 문장에 사용되는 단어들에 '구조적(형식적) 질서(?)'를 부여하여 원활한 의사소통을 가능하게 합니다.**

부정관사 a/an이 수행하는 '구조적(형식적) 구별'의 역할은 다음과 같이 4가지로 나누어 볼 수 있습니다.

> ■ 부정관사 a/an의 '구조적(형식적) 구별'의 역할
>
> ①명사의 표지(sign of noun)
> ②단어의 표지(sign of word)
> ③[품사의 전성] - noun maker
> ④의미적 구별

각각에 대해서 설명하도록 하겠습니다. 설명에 앞서, <④의미적 구별>에 대해서는 '혼동'이 되지 않도록 잠깐 확인하고 넘어가도록 하겠습니다. ④를 <의미적 구별>이라고 분류하고 있지만, 이는 <부정관사 a/an이 수행하는 '구조적(형식적) 구별'의 기능>이라는 상위 분류에 포함되는 내용입니다.

즉 ④를 세부적으로 따지게 되면(좁게 보면) '의미적 구별'로 볼 수도 있지만, 결국 이 부분도 넓게 보면 '구조적(형식적) 구별'로 분류됩니다.

①[명사 VS 다른 품사의 단어] - 명사의 표지(sign of noun)

영어의 선지자들에 의해서 부정관사 a/an은 '구조적(형식적) 구별'의 필요성 때문에 도입된 것입니다. 이러한 측면에서 보면, 일단 부정관사 a/an은 기본적으로 항상 '구조적(형식적) 구별'의 역할을 수행하는 것으로 보면 되겠습니다. 이 경우에 부정관사 a/an은 구체적으로 '명사의 표지(sign of noun)'로서의 역할을 합니다.

즉 문장 내에서 동사, 형용사 등의 다양한 품사의 단어들 사이에서 해당 단어가 명사임이 드러나도록 하는 역할을 합니다.

거시적 접근

    그리고 참고로 부정관사 a/an이 적용된 경우, 이는 명사 중에서도 가산명사로 볼 수 있습니다. 즉, <부정관사 a/an은 '가산성'이 존재한다는 표시>인 것입니다.

부정관사 a/an은 '가산성'이 존재한다는 표시이다.

    한편, 이와 관련하여 [부정관사 a/an + 명사]는 '좁게 보아' 보통명사를 포함하는 '의미적 가산명사'로 볼 수 있습니다. 그리고 이에 대해서 '넓게 보면' '형식적 가산명사'까지 포함하게 됩니다.

■ 부정관사 a/an + 명사

의미적 가산명사　　+　　형식적 가산명사

    다시 한 번 더 강조하면, 중요한 점은 **부정관사 a/an은 '보통명사'라는 표시가 아니라 '가산성이 존재한다'는 표시**라는 점입니다.
    기억해 주시기 바랍니다. 이에 대해서도 나중에 자세히 정리할 것입니다.

    결론적으로 ①의 내용으로 부터 **부정관사 a/an의 '제 1의 기능'**은 명사임을 나타내는 '**명사의 표지(sign of noun)**' 기능인 것입니다.

> 부정관사 a/an의 '제 1의 기능'은 명사임을 나타내는
> '명사의 표지(sign of noun)' 기능이다.

그리고 여기에서 정리되는 '①~④'의 분류는 모두 공통적으로 '①명사의 표지(sign of noun)' 기능을 기본으로 하고 있습니다.

②[단어 VS 단어] - 단어와 단어의 구분
　　　　　　　 - 단어의 표지(sign of word)

앞에서 부정관사 a/an의 '구조적(형식적) 구별'의 역할은 '명사의 표지(sign of noun)'로서 수행된다고 하였습니다. 그런데 사실 '명사의 표지'의 역할에 앞서, 부정관사 a/an이 수행하는 구조적 구별의 역할의 가장 '원초적인 기능'은 <단어와 단어를 구분하는 역할>입니다. 명사, 형용사 등의 품사를 구분하여 따질 필요도 없이, 명사, 형용사 등과 같은 모든 품사의 단어는 모두 동일한 '하나의 단어'인 것입니다.

이렇게 본다면, 부정관사 a/an을 포함하는 모든 전위관사는 '명사의 표지'이기도 하지만, 이에 앞서 동시에 이들 모두는 '단어의 표지'라고 할 수 있습니다.

여러 차례 앞에서 보았던 방식으로 다시 한 번 더 설명해 보겠습니다.

먼저 아래 ①은 '띄어 쓰기'를 하지 않은 것입니다. 영어의 특성상 의미를 전혀 파악할 수 없습니다.

　　① paintingshowhauntedfigureagainstredsky.

거시적 접근

다음으로 아래 ②는 '뛰어 쓰기'를 한 것입니다.

② painting show haunted figure against red sky.

다음은 부정관사 a/an을 비롯한 전위관사와 후위관사 '-s가 적용된 문장입니다.

③ The painting <u>shows a haunted</u> figure <u>against a red</u> sky.
이 그림은 붉은 하늘을 배경으로 고뇌에 시달리고 있는 인물을 보여주고 있습니다.

①은 전혀 무슨 의미인지 알 수 없고, ①에서 ③번으로 갈수록 문장의 구조가 조금씩 더 명확해 져서 의미가 더욱 분명해짐을 알 수 있습니다.
일단 <뛰어 쓰기>나 <마침표와 같은 구두법>의 문제는 논외로 하고, **이것이 바로 관사가 영어에서 필요한 이유입니다.**

③번 문장에서 밑줄 친 부분을 보게 되면, 먼저 [shows a haunted]에서 '부정관사 a'는 새로운 단어가 시작된다는 표지로서, 이는 결국 앞뒤의 단어 shows와 haunted는 별개의 단어라는 것을 나타내어 줍니다. shows에 첨가된 '-s'에 대해서는 일단 생각하지 않겠습니다.

다음으로 [against a red]에서도 '부정관사 a'는 새로운 단어가 시작된다는 표지로서, **이는 결국 앞뒤의 단어 against(전치사)와 red는 별개의 단어라는 것을 나타내어 줍니다.** 결국 부정관사 a/an은 '명사의 표지'를 포함하는 '단어의 표지(sigh of word)'의 역할을 하는 것입니다.
다만, 부정관사 a/an과 정관사 the는 거의 100% 명사에만 적용되기 때문에 부정관사 a/an의 대표적인 역할은 '구조적 구별'을 위한 '명사의 표지(sign of noun)'라고 하겠습니다.

③[품사의 전성] - noun maker
- cold → a cold

<형용사나 동사와 같은 '명사가 아닌 품사의 단어'>가 명사로 사용된 경우(형용사 → 명사, 동사 → 명사 : 품사의 전성)에, 의미적으로 가산명사인지 불가산명사인지를 따지지 않고 대부분 '명사의 표지'로서 부정관사(a/an, -s)를 적용하게 됩니다(여기서는 '-s'를 설명에서 제외하도록 하겠습니다).

①의 경우(sign of noun)가 <'수동적'인 '명사 표지'의 기능>을 갖는 것이라면, ③의 경우(noun maker)는 '적극적'인 '명사 표지'의 기능이라고 할 수 있겠습니다. 즉, 품사의 전성 차원에서 사용된 부정관사 a/an은 강력하고 <'적극적'인 '명사 표지'의 기능>을 발휘하게 됩니다.

한편, 이 경우(③)에도 부정관사 a/an이 사용되었기 때문에 가산명사로 볼 수 있습니다. 그런데 ①의 경우와는 본질적인 차이가 존재합니다. ①의 경우가 '의미적 가산명사'라면, ③의 경우는 '형식적 가산명사'입니다.

①명사의 표지 - sign of noun	수동적인 '명사 표지'의 기능
	의미적 가산명사

⇕ ⇕ ⇕

③품사의 전성 - noun maker	적극적인 '명사 표지'의 기능
	형식적 가산명사

예를 들어 a cold(감기)의 경우, 형용사인 cold와 구별하기 위해서 '명사의 표지'로서 부정관사 a/an을 첨가하게 되었습니다. 그런데 이 경우는 원래 명사가 아닌 형용사(cold)에 '명사의 표지'로서 부정관사 a/an을 첨가하였기 때문에, 품사의 전성(형용사 →명사)이 이루어지게 됩니다. 결국 a cold에 적용된 부정관사 a는 '명사의 표지'의 기능에서 더 나아가 '③품사의 전성(noun maker)'의 역할을 하는 것입니다.

한편, 이러한 경우에, 앞에서 이미 설명한 것처럼, a cold는 의미상으로는 이론의 여지없이 추상명사로서 불가산명사입니다. 그러나 부정관사 a/an이 사용되었기 때문에 형식적으로는 가산명사로 취급하게 되고, a cold에 대응되어 상황에 따라 복수형(colds)으로도 표현될 수 있습니다. 결론적으로 a cold는 의미상으로는 추상명사이지만, 부정관사 a/an이 존재하기 때문에 문법적으로는 가산명사로 취급하여 이에 따라서 가산명사로서의 문법적 기준을 적용하게 됩니다. a cold와 같은 경우를 '형식적 가산명사'라고 합니다. '형식적 가산명사'라는 개념은 매우 중요합니다. 왜냐하면, 영어에서 '문법적 접근(일치)'은 <구조적 법칙 II>에서 정리했듯이 원칙적으로 '의미'가 아니라 '형식'이 기준이 되기 때문입니다.

결론적으로 ③에서 부정관사 a/an은 '명사의 표지'임을 뛰어 넘어, 명사를 만드는 역할(noun maker)을 하고 있습니다. 어떠한 품사의 단어라도 부정관사 a/an이 적용되면 명사가 되는 것입니다.

> 어떠한 품사의 단어라도 부정관사 a/an이 적용되면 명사가 된다.

이것이 바로 부정관사 a/an이 가지고 있는 noun maker의 기능입니다.

④의미적 구별

> 일단 이 부분은 읽지 않고 넘어가도 되겠습니다. 지엽적인 내용이고, 또한 추상명사에서 더 자세히 정리되고 있기 때문입니다. 그 부분을 읽은 후에 다시 읽는 것이 이해에 도움이 될 것 같습니다. 물론 지금 읽어도 됩니다.
> 다만, 뒤에 box로 정리된 <■ 명사형 어미의 단어> 부분은 읽으시기 바랍니다.

설명에 앞서 이 부분의 내용과 관련하여 3가지 점을 미리 정리하도록 하겠습니다.

ⓐ이 부분의 내용은 부정관사 a/an이 '의미적 구별'의 기능을 수행하는 것에 대한 것입니다. 이처럼 부정관사 a/an도 '의미적 구별'의 기능이 존재합니다. 다만, 부정관사 a/an의 '의미적 구별'의 역할은 매우 제한적인 역할로서 부수적인 기능입니다. 여전히 부정관사 a/an의 핵심적인 기능은 '형식적(구조적) 구별'이 됩니다.

ⓑ한편, 여기에서는 이 부분의 내용을 부정관사 a/an의 '의미적 구별'에 해당되는 것으로 정리하지만, '넓게 보면' 이 부분도 부정관사 a/an의 '형식적(구조적) 구별'에 해당됩니다. ①~④는 모두 <부정관사 a/an의 '형식적, 구조적 구별'의 역할>에 대한 내용으로서 정리되고 있다는 점을 확인하시기를 바랍니다.

따라서 '추상명사 부분'에서는 이를 '형식적(구조적) 구별'로 논리적으로 정리하게 됩니다. 결국, 여기에서 '의미적 구별'로 구분하는 것은 '좁게 보는' 시각에 의한 것입니다.

거시적 접근

ⓒ원론적으로 말하면, '의미적 구별'이 주된 목적인 정관사 the도 마찬가지이지만, 부정관사 a/an이 '의미적 구별'의 역할을 수행한다고 하더라도 모든 관사는 기본적으로 '구조적(형식적) 구별'의 역할을 '자동적으로' 수행하게 됩니다.

결론적으로 현재 부정관사 a/an의 '의미적 구별'의 역할에 대해서 설명하고 있지만, 이 경우에도 부정관사 a/an은 동시에 '구조적(형식적) 구별'의 역할을 '항상' 기본적으로 수행하고 있다는 것입니다.

먼저 이 부분과 관련된 원리(?)를 간략하게 정리하도록 하겠습니다.

앞에서도 언급했듯이, **아래 박스로 정리하는 내용은 '자세히' 읽지 않고 넘어가도 되겠습니다.** 이는 먼저, 설명이 다소 복잡하기 때문입니다. 그리고 또한 이는 추상명사 부분에서 다시 보다 자세히 설명하게 되기 때문입니다.

따라서 여기에서는 operation과 an operation은 부정관사 a/an의 '의미적 구별'에 해당되는 것이라는 정도로만 정리하고 일단 넘어가도 되겠습니다.

i)X라는 의미를 가진 <어떠한 '단어 A'>가 재활용되어 '전혀 다른 의미 Y'로 사용되는 경우, '동시에' ii)<Y와 동일한 의미를 가지고 있는 별도의 다른 단어 B>가 존재하는 경우에, 즉 i)과 ii)의 조건을 '동시에' 충족하는 경우에는 <원래 의미의 단어 A>와 <Y라는 전혀 다른 의미를 나타내는 단어 A>를 의미적으로 구별하는 차원에서 '후자'에 대해서 부정관사 a/an을 사용합니다.

예를 들어 설명하도록 하겠습니다.

수술	surgery	an operation　VS　*operation	가동 작동
		⇐ (재활용)	
Y	B	A	X

*'작동하다'라는 의미의 동사 operate의 명사형이다.

조건 i) '가동, 작동(X)'이라는 의미의 무관사 ∅인 operation(A)은 '재활용'되어 '수술(Y)'이라는 전혀 다른 의미로도 사용됩니다.

조건 ii) '동시에' '수술(Y)'이라는 의미의 surgery라는 '별도의 단어(B)'도 존재합니다.

이러한 경우 <'가동, 작동(X)'이라는 의미의 무관사 ∅인 operation(A)>과 <'수술(Y)'이라는 의미의 operation>에 대해서 '의미적 구별'을 위하여 '수술(Y)'이라는 의미의 operation에 부정관사 a/an을 사용합니다.

operation	VS	an operation
가동, 작동		수술

다만, 정리하다 보니 이러한 규칙성이 발견되어 설명하고 있는 것이고, 아직까지 왜 '별도의 단어(B)'가 존재하는 경우에만 이러한 현상이 발현되는지에 대해서는 개인적으로 정확하게 파악하지 못하고 있습니다. 이 경우도 '혼동과 구별'의 관점에서 나타난 현상이라고 추측할 수 있을 뿐입니다.

거시적 접근

　설명을 이어가도록 하겠습니다. 물론 '수술'이라는 의미의 operation에 부정관사 a/an을 사용하는 것에 대해서 '구체적인 행위'이기 때문에 당연한 것이라고 생각할 수도 있겠습니다. 하지만, '수술'이라는 의미의 an operation은 다른 단어들과는 다르게 위 box에서 정리한 것처럼, 'ii)의 조건'이 하나 더 추가되어 있습니다.

　반면에 일반적으로 treatment 등과 같은 단어들은 'i)의 조건'만이 존재합니다. 즉 'ii)의 조건'이 존재하지 않습니다. 그리고 이러한 단어들은 부정관사 a/an을 적용하지 않습니다. 너무 길어지기 때문에 일단 이 정도에서 마치도록 하겠습니다. 이에 대해서는 추상명사 부분에서 자세히 정리되어 있습니다.

　결론적으로 '수술'이라는 의미의 operation에 부정관사 a/an을 사용하는 것은 일단 좁게 보면 '의미적 구별'이라는 것입니다. operation에 대한 예문을 제시하도록 하겠습니다.

- **∅ operation(가동, 작동)**

How long has the factory been in **operation**?
　공장이 가동된 지 얼마나 됐나요?
Doing so will ensure **normal operation**.
　그렇게 하면 작동이 정상적으로 이루어집니다.

- **an operation(수술)**

The doctor and his team did **an operation** on my eyes.
　그 의사 선생님과 의료진이 제 눈을 수술해 주었습니다.
I'm having **an operation** next week.
　다음 주에 수술을 받게 된다.

　먼저, 참고로 an operation에 사용된 부정관사 a/an은 앞에서 정리한 ①, ②, ③과는 달리 '명사의 표지'로서는 기능은 상대적으로 덜 중요합니다.

왜냐하면 '-tion'은 대표적인 '명사형 어미'이기 때문에 부정관사 a/an이 아니더라도 operation은 명사임을 쉽게 알 수 있기 때문입니다(이러한 내용은 부정관사 a/an의 '의미적 구별'의 내용과 직접적인 관련이 있는 것은 아닙니다. operation과 같은 단어에만 대응되는 내용일 뿐입니다.).

다음 예문은 '명사형 어미의 단어'에 관련 된 것입니다. '명사형 어미의 단어'의 경우, 관사 사용의 빈도가 현저하게 낮다는 것을 확인하시기 바랍니다.

> **Involvement** with reading activities at home has significant positive influences not only on reading **achievement**, language **comprehension**, and expressive language skills, but also on pupils' interest in reading, attitudes towards reading, and **attentiveness** in the classroom.
> 집에서 읽기 활동에 참여하는 것은 읽기 성적, 언어 이해력과 언어 표현력에만 현저한 긍정적인 영향을 미치는 것이 아니라, 학생들의 읽기에 대한 흥미와 읽기를 향한 태도, 교실에서의 주의력에도 긍정적인 영향을 줍니다.

물론, 당연히 '명사형 어미의 단어'가 항상 무관사 ∅인 것은 아닙니다. '명사형 어미의 단어'에도 부정관사(a/an, -s)가 적용될 수 있습니다. 그리고 실제로 이러한 경우를 확인하는 것은 그리 어렵지 않습니다.

반복하면, 핵심은 <'명사형 어미의 단어'의 경우에는 관사가 사용되는 빈도가 다른 명사와 비교해 볼 때, 현저하게 낮다>는 것입니다.

> '명사형 어미의 단어'의 경우에는 관사가 사용되는 빈도가 다른 명사와 비교해 볼 때, 현저하게 낮다.

거시적 접근

■ 명사형 어미의 단어

A. '-tion, -ance, -ity' 등과 같은 '명사형 어미'가 적용된 명사의 경우는, 부정관사 a/an이 사용된 경우 보다는 상대적으로 무관사 Ø인 경우가 더 많습니다. 이를 구조적 구별의 차원에서 설명하면, '명사형 어미'의 단어의 경우에는 부정관사 a/an이 적용되지 않더라도 명사라는 것을 '-tion, -ance, -ity' 등과 같은 '명사형 어미'가 나타내 주기 때문에, 부정관사 a/an이 수행하는 '명사의 표지' 역할이 필요하지 않기 때문입니다.

참고로, 이에 대해서 의미적으로 접근하면, 일반적으로 '명사형 어미'의 단어를 구체적인 '행위나 사건'으로 보는 것이 아니라, 추상적인 '개념'으로 취급하기 때문이라고 설명할 수 있습니다.

B. 영어는 기본적으로 단어가 재활용되는 언어입니다. 이때 단어는 두 가지 방향으로 재활용됩니다. 첫째, 동일한 품사를 유지하면서 복수의 의미를 나타내게 됩니다. 명사 operation은 '가동, 작동'이라는 의미와 '수술'이라는 다른 의미를 가지고 있습니다. 둘째, 다른 품사로 사용될 수 있습니다. 형용사 cold가 '감기(a cold)'라는 의미의 명사적 의미로 사용됩니다.

그런데 operation과 같은 **명사형 어미'의 단어의 경우는, 명사 외에 다른 품사로는 사용되지 않습니다.** 즉 항상 명사로만 사용됩니다. 결론적으로 명사형 어미의 명사의 경우는 다른 품사로 전성되지 않고 항상 명사인 것입니다.

이러한 이유로 '명사형 어미'의 단어는 '일반적으로' '형용사' 역할을 하지 않기 때문에, 대부분 balanced regional development처럼 단어의 가장 마지막에 위치하게 됩니다. 따라서 '-tion, -ance, -ity' 등과 같은 '명사형 어미'는 후위관사 '-s'처럼 '단어의 마지막'을 나타내 준다고 할 수도 있습니다.

한편, '수술'이라는 의미의 an operation은 a cold와 마찬가지로 '형식적 가산명사'입니다. 즉 an operation(수술)은 의미상으로는 추상명사이지만 부정관사 a/an이 존재하기 때문에 형식적으로는 가산명사로 취급하여 이에 따라 문법적 기준을 적용하게 됩니다.

결론적으로, '수술'이라는 의미인 경우에, operation에 사용된 부정관사 a/an은 '가동, 작동'이라는 의미의 무관사 ∅인 operation과 '의미적'으로 구별하기 위함이 일단 표면적인 목적입니다. 다만 반복하면, 이러한 현상이 발생하는 것은 동시에 동일한 의미의 surgery라는 단어가 존재하기 때문입니다. 자세한 내용은 추상명사부분에 정리되어 있습니다.

지금까지 ①~④를 통해서 부정관사 a/an의 기능을 정리하였습니다. 더 정확히 말하면, <부정관사 a/an의 '형식적, 구조적 구별'의 역할>입니다. 이를 다시 종합적으로 살펴보겠습니다.

그런데 앞에서도 설명했듯이, 정관사 the가 수행하는 '의미적 구별'의 역할은 '수학공식'과 같은 '원리'로서의 성격을 가지고 있어서 조건에 부합하는 모든 경우에 적용됩니다. 그런데 이와 달리 ④에 해당되는 부정관사 a/an이 수행하는 '의미적 구별'의 역할은 모든 단어에 대해서 동일한 양상으로 적용되는 것이 아닙니다. 매우 특별한 경우에 제한적으로 적용되는 것입니다. 이러한 이유 때문에 부정관사 a/an이 수행하는 '의미적 구별'의 역할과 정관사 the가 수행하는 '의미적 구별'의 역할에는 차이가 있습니다.

결론적으로 여기에서는 ④와 같은 경우(부정관사 a/an의 '의미적 구별'의 역할)에 대해서는, 이미 관사의 내용이 너무나도 복잡하기 때문에 초점을 흐리게 하지 않기 위해서, 설명의 편의상 ①, ②, ③과 동일하게 부정관사 a/an의 '형식적, 구조적 구별'의 역할의 일부로 분류하도록 하겠습니다.

부연 설명을 하면, ④에서 확인되는 부정관사 a/an의 '의미적 구별'의 역할은 '형식적, 구조적 구별'의 역할이라는 1차적 역할을 수행하는 과정에서 수반되는 '부수적인 역할'로 보면 될 것 같습니다.

거시적 접근

물론 상황에 따라서는 ④에 대해서 부정관사 a/an의 '의미적 구별'의 역할로서, '형식적, 구조적 구별'의 역할과는 별도로 구분하여 정리할 필요가 있다고 생각합니다.

■ 부정관사 a/an이 수행하는 '구조적 구별'의 역할

명사의 표지 *	① 명사의 표지	▪ sign of noun – 문장 내에서 다른 품사의 단어들과의 사이에서 명사임이 드러나도록 하는 역할. ▪ 소극적인 '명사 표지'의 기능 　ex. a book	의미적 가산 명사
	② 단어의 표지	▪ sign of word – 단어와 단어를 구별하는 기능 ▪ 관사의 원초적인 기능 ▪ ①, ③, ④를 모두 포함하는 기능	의미적 + 형식적 가산 명사
	③ 품사의 전성	▪ noun maker – 어떠한 단어라도 부정관사 a/an이 적용되면 명사가 됨. ▪ 적극적인 '명사 표지'의 기능 　ex. a cold	형식적 가산 명사
	④ 의미적 구별	▪ 의미의 구별 　ex. an operation	

*'①~④'의 분류는 모두 공통적으로 '①명사의 표지(sign of noun)' 기능을 기본으로 하고 있다.

한편, 부정관사 a/an이 최초의 관사였었고, 따라서 처음에는 부정관사 a/an 만이 존재했다는 것을 감안해 보았을 때, 그 당시에는 <부정관사 a/an = 관사 전체>가 성립된다고 볼 수 있습니다.

```
부정관사 a/an        =        관사 전체
```

그리고 이러한 부정관사 a/an은 '구조적 구별'의 역할이 목적입니다.

아마도 a/an을 처음에는 '부정관사'라고 하지 않고 그냥 단순히 '관사'라고 했을 가능성도 생각해 볼 수 있을 것 같습니다. 즉 부정관사 a/an이 도입된 이후 정관사 the가 도입되고 나서, 이 두 관사를 구별하여 a/an은 '부정관사'로 칭하고, the는 '정관사'라고 칭하게 되었을 것이라고 생각하는 것도 가능한 추론이 될 수 있을 것입니다. 즉 부정관사 a/an이 관사의 '줄기'이고, 정관사 the는 줄기에서 뻗어 나온 '곁가지'라는 것입니다. 따라서 정관사 the는 기본적으로 부정관사 a/an과 '동일한 특성'을 공유하는 것이고, 이러한 '동일한 공통의 특성'이 '구조적 구별'이라는 것입니다. 따라서 부정관사 a/an과 정관사 the은 모두 기본적으로 '구조적 구별'의 역할을 수행하게 됩니다.

결론적으로 <부정관사 a/an = 관사 전체>라는 관점에서 <'명사의 표지(sign of noun)'로서의 '구조적 구별'이라는 역할이 부정관사 a/an의 가장 핵심적인 기능이라는 것>은, 다음과 같이 나타낼 수도 있을 것입니다.

```
관사의 의미와 기능은 다양하지만, 그 중에서도 '명사
의 표지(sign of noun)'로서의 역할이 관사의 핵심적
인 공통 기능이다.
```

*여기서의 관사는 부정관사 a/an과 정관사 the를 모두 포함합니다.

중요한 것은, 위 정리에서 '관사'는 부정관사 a/an과 정관사 the 모두를 의미한다는 것입니다. 이는 정관사 the도 관사의 하나이기 때문에, 자동적으로 앞서 등장한 부정관사 a/an과 더불어 '명사의 표지(sign of noun)'라는 동일한 기능을 갖게 된다는 것을 의미합니다.

여기서 우리는 관사, 정확히 말해서 부정관사 a/an을 영어에 도입한 목적이 '명사의 표지(sign of noun)'로서의 '구조적 구별'이라는 역할을 맡기기 위해서라고 한다면, 우리는 '명사의 표지(sign of noun)'로서의 역할을 하는 것은 모두 관사로 취급할 수 있다는 결론에 도달할 수도 있을 것 같습니다.

| ①명사에 사용되어 '구조적 구별'의 역할을 하는 모든 것 = ②'명사의 표지(sign of noun)' 역할을 하는 모든 것 | ⇨ | 관사 |

어찌 보면 특별하지 않을 것 같이 보이기도 하지만, 이러한 내용이 의미가 있는 것은 다음의 이유 때문입니다.

지금까지 우리는 관사에 대해서 '특정성'과 '불특정성(일반성)'과 같은 의미적 차원으로만 접근했기 때문에 관사를 파악함에 있어서 한계를 가지고 있었다고 생각됩니다. 하지만 앞에서 정리한 것처럼, 처음 도입된 관사인 부정관사 a/an의 제 1의 기능은 구조적 구별을 위한 '명사의 표지(sign of noun)'로서의 역할입니다. 그리고 정관사 the는 부정관사 a/an으로 해결되지 않는 '의미적 문제'의 보완을 목적으로 나중에 도입되었지만, 정관사 the도 관사의 한 종류이기 때문에 자동적으로 '명사의 표지(sign of noun)'로서의 기능을 수행하게 됩니다.

▪ 관사의 제 1의 기능

참고로 제가 관사의 제 1의 기능을 '명사의 표지(sign of noun)'로 하는 것은 이유가 있습니다. 사실 관사의 가장 근본적인 목적은 ⓐ'형식적, 구조적 구별'입니다. 그리고 '구조적 구별'을 위한 구체적인 기능이 ⓑ'단어의 표지(sign of word)'이고 이 보다 조금 더 구체적인 기능이 ⓒ'명사의 표지(sign of noun)'입니다. 이 세 가지가 관사에 존재하는 공통적인 핵심기능입니다.

■ 관사에 존재하는 공통적인 핵심기능

ⓐ구조적 구별   ⓑ단어의 표지   ⓒ명사의 표지

먼저, 만약 관사의 제 1의 기능을 'ⓐ구조적 구별'이라고 한다면, 구조적 구별의 역할을 하는 마침표(.), 쉼표(,) 등과 같은 구두법과 문장에 존재하는 대문자 등도 관사에 포함되어야 하기 때문에 적합하지 않습니다. 지나치게 포괄적입니다.

다음으로 만약 관사의 제 1의 기능을 'ⓑ단어의 표지'라고 한다면, <3인칭 단수 현재>인 경우에 동사에 적용되는 '-s'도 관사로 포함되어야 합니다. 하지만 지금까지 관사는 명사와 관련되어 있다고 정리되고 있다는 점에서, 동사에 적용되는 '-s'는 부정관사 a/an과 정관사 the 등과는 다소 이질적이라고 판단됩니다.

결국, 이러한 이유에서 관사의 제 1의 기능은 '구조적 구별'을 위한 'ⓒ명사의 표지'가 적절하다고 판단됩니다.

정리하면, 관사의 제 1의 기능은 '구조적 구별'을 위한 '명사의 표지'로서의 역할이기 때문에, 모든 관사는 '명사의 표지'로서의 기능을 가지고 있습니다. 그리고 이에 대해서 관점을 전환하면, '명사의 표지'로서 기능하는 것은 모두 관사로 볼 수 있다는 것으로 해석될 수 있을 것입니다. 이러한 측면에서 지금까지 언급해 왔듯이, 그리고 앞으로도 계속해서 설명할 것이지만, 본서에서는 부정관사 a/an, 정관사 the, 무관사 ∅ 뿐만 아니라, 명사에 사용되는 '-s'도 관사의 하나로 간주하고 있습니다. 왜냐하면 '-s'도 '명사의 표지'로서의 기능을 수행하고 있기 때문입니다. 자세한 설명은 나중에 '-s의 역할' 부분에서 정리하도록 할 것입니다.

B 정관사 the의 '의미적 구별'의 역할

이번에는 정관사 the에 대해서 살펴보도록 하겠습니다.

정관사 the의 기능 및 의미		비교 대상	비고
ⓔ기본 의미 : 지시사 that - '특정한 것'	↔	부정관사 a/an 의 기본 의미	특정성 VS 불특정성
ⓕ'의미적 구별'의 역할(재활용Ⅰ)	↔	부정관사 a/an	정관사 the VS 부정관사 a/an

*ⓕ의 경우 '비교 대상'이 부정관사 a/an이라는 의미는, 정관사 the의 '의미적 구별'의 역할을 이해하기 위해서는 '구조적 구별'을 위한 부정관사 a/an과 비교해 보아야 한다는 의미입니다.

정관사 the의 대표적인 기능 및 의미는 위 표에서 정리한 것처럼, 크게 2가지로 나누어 볼 수 있습니다. 이 중에서 '특정한 것'을 나타내는 '기본 의미(ⓔ)'는 모두 알고 있는 것으로서 별도의 설명이 필요 없을 것 같습니다. 문제는 정관사 the에 존재하는 '의미적 구별'의 역할입니다.

부정관사 a/an은 오로지 '구조적 구별'을 위한 '명사의 표지(sign of noun)'로서 도입되었습니다. 따라서 이 시기에 부정관사 a/an은 단순한 기호일 뿐, '의미'를 갖지 않았습니다. 그런데 이미 여러 차례 언급했듯이 나중에 '특별한 것'과 '특별하지 않은 것(일반적인 것)'을 구별할 필요성이 대두되어서 이를 해결하기 위해서 '특별한 것'을 나타내는 정관사 the가 도입되게 됩니다. 결국 정관사 the는 '특별한 것'과 '특별하지 않은 것'에 대해서 '의미적 구별'을 목적으로 도입되었기 때문에, '의미적 구별'의 측면이 정관사 the의 핵심 역할인 것입니다. 즉 정관사 the가 우리에게 전해주는 제 1의 정보는 해당 단어가 '특정한 것'이라는 '의미적 정보'가 됩니다.

> 정관사 the가 우리에게 전해주는 제 1의 정보는
> 해당 단어가 '특정한 것'이라는 '의미적 정보'이다.

지금부터는 본격적으로 정관사 the의 '의미적 구별'의 역할에 대해서 살펴보도록 하겠습니다. 먼저 정관사 the에 존재하는 '의미적 구별'의 역할은 2가지로 나누어 볼 수 있습니다.

①**첫째**, 부정관사 a/an과 의미적으로 구별되는 '특별한 것'을 나타내는 역할입니다. 부정관사 a/an이 처음에는 오로지 '형식적, 구조적 구별'을 위한 '명사의 표지' 역할만을 갖고 있었던 것처럼, 정관사 the도 처음에는 오로지 '특별하지 않은 것'에 대응되는 '특별한 것'을 나타내는 '의미적 구별'의 역할만을 목적으로 도입된 것입니다.

②둘째, 이후 <'특별한 것' VS '특별하지 않은 것'> 이외에도 다양한 의미적 측면의 문제, 즉 다양한 '의미적 구별'의 문제를 해결하기 위해서 정관사 the가 사용됩니다. 정관사 the의 용법 중에서 [the + 보통명사], [the + 형용사(분사)] 등이 이에 해당됩니다.

이에 대해서 '특별한 것'과 '특별하지 않은 것'이라는 '의미적 구별'을 위해 도입된 정관사 the가 나중에 다양한 '의미적 구별'의 측면에서 '재활용'된 것으로 정리할 수 있습니다. 예를 들어 the pen과 같은 [the + 보통명사]는 '문文'이라는 추상적 의미의 추상명사로 사용될 수 있습니다.

정관사 the가 나타내는 '의미적 구별'의 역할에 대해서는 2가지 관점에서 설명할 수 있습니다.

(가) 상대적인 '의미적 구별'

먼저, [정관사 the + 명사]가 '의미적 구별'에 해당된다고 했을 때, 이는 1차적으로 [부정관사 a/an + 명사]와의 상대적인 '의미적 구별'입니다.

■ [the + 명사] VS [a/an + 명사]

정관사 the의 '의미적 구별'의 역할은, 1차적으로
[부정관사 a/an + 보통명사]와의 구별을 의미한다.

---

a pen은 항상 '단어 그대로의 의미'인 보통명사인 <'진짜' 펜>만을 나타내게 될 뿐입니다. 이와 달리 the pen은 a pen과 구별되는 ②추상명사의 의미를 나타낼 수도 있습니다. 물론 the pen은 ①'특별한 것'을 나타낼 수도 있습니다. 결국 이러한 모든 것들이 부정관사 a/an에 대비되는 정관사 the의 '의미적 구별'의 차원에서 이해될 수 있습니다. 아래 정리를 통해 좀 더 살펴보겠습니다.

a pen		the pen	
①일반적인 것	VS	특별한 것	정관사 the는 '특별한 것'을 나타낸다.
②보통명사	VS	추상명사	[the + 보통명사]는 '추상명사'를 나타낼 수 있다

　a pen은 <①일반적인 & ②보통명사>라는 '고정된' 의미만을 나타내게 됩니다. 그런데 the pen은 '특별한 것 & 추상명사'를 나타내는 것이 아니라, '특별한 것 or 추상명사'를 나타내게 됩니다.

　즉 부정관사 a/an이 나타내는 '①일반적인'에 대해서는 이와 의미적으로 구별되는 '특별한 것'을 나타내게 되고, '②보통명사'에 대해서는 이와 의미적으로 구별되는 '추상명사'를 나타내게 됩니다.

　이는 정관사 the가 나타내는 의미들이 다음 그림과 같이 부정관사 a/an에 존재하는 의미를 분석하여 세부적인 하나하나에 각각 대응하는 방식의 접근하고 있음을 의미합니다.

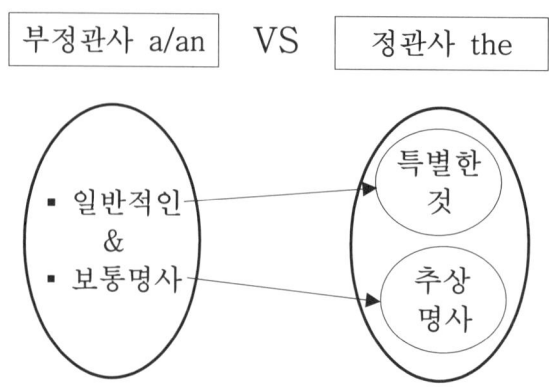

거시적 접근

이는 부정관사 a/an이 나타내는 의미는 '종합적'이지만, 정관사 the가 나타내는 의미는 '개별적'이라는 것입니다. 따라서 '당연히(?)' 정관사 the에 상대적으로 더 많은 의미와 용법이 존재합니다.

위 그림으로만 보더라도 부정관사 a/an은 <①일반적인 & ②보통명사>라는 1가지의 의미만을 나타내고 있지만, 정관사 the는 <①특별한 것>과 이와 분리되는 별도의 의미로서 <②추상명사>의 2가지 의미를 나타내고 있습니다.

한편 위 표에서는 부정관사 a/an에 존재하는 대표적인 2가지 특징(①일반적인, ②보통명사)만을 제시했지만, 위와 같이 정리할 수 있는 세부적인 많은 특징들이 더 있습니다. 즉 당연히 정관사 the가 나타내는 의미는 위 표와 그림의 내용보다 훨씬 더 다양합니다.

여기서 중요한 점은, 정관사 the가 나타내는 의미는 '상대적인 의미'라는 것입니다. 즉, 정관사 the는 부정관사 a/an이 나타내는 의미와는 상대적으로 다른 의미를 나타내려고 할 때 사용되었다는 것입니다.

> ■ 정관사 the가 나타내는 의미는 '상대적인 의미'이다.
>
> ⇨ 정관사 the는 부정관사 a/an이 나타내는 의미와는 다른 의미를 나타내려고 할 때 사용되는 것이다.

즉 [부정관사 a/an + 명사]가 나타내는 것은 종합적으로, <①일반적인 & ②보통명사>라는 의미로 일정하게 고정되어 있게 되고, 세부적으로 이와 다른 의미를 나타내려고 할 때 마다 정관사 the를 적용하여 해결해온 것입니다. 결과적으로 [정관사 the + 명사]는 [부정관사 a/an + 명사]와 '의미적'으로 구별되는 사항을 나타내는 기능을 수행하게 되는 것입니다. 이러한 차원에서 정관사 the는 '의미적 구별'의 역할을 수행한다고 하는 것입니다.

(나) 재활용

이번에는 이를 '재활용'이라는 관점에서 생각해 보겠습니다.

먼저 '의미적 구별'의 차원에서, 부정관사 a/an이 나타내는 '일반적인 것(특별하지 않은 것)'과 대비되는 '특별한 것'을 나타내기 위해서 정관사 the가 도입되었습니다.
그리고 이후 **정관사 the는 다양한 측면에서 부정관사 a/an과 대비되는 '의미적 구별을 위해 '재활용'** 되었다고 보는 것입니다.

한편, 정관사 the가 도입되어 '특별한 것'을 나타내게 되면서 세 가지 사항이 자동적으로 발생하게 되었습니다.

> ①**첫째**, 정관사 the의 반대편에 서있는 부정관사 a/an은 '특별하지 않은 하나(일반적인 하나)'를 나타내게 됩니다.
>
> ②**둘째**, 정관사 the도 부정관사 a/an과 마찬가지로 관사의 하나이기 때문에 '구조적(형식적) 구별'을 위한 '명사의 표지(sign of noun)' 기능을 자동적으로 갖게 됩니다.
>
> ③**셋째**, 이에 덧붙여, 정관사 the가 도입되면서 관사에 '<집합과 원소>의 원리'가 투영되게 되었습니다.
> 즉 부정관사 a/an만이 존재하던 시기에는 관사와 '<집합과 원소>의 원리'는 아무런 상관이 없었습니다. 이에 대해서는 나중에 설명하도록 하겠습니다.

이상의 내용을 종합해 보면, **부정관사 a/an과 정관사 the 모두** 다음 표와 같이 '구조적 구별'의 측면과 '의미적 구별'의 측면을 모두를 가지고 있습니다.

	구조적 역할(기능)	의미적 역할(기능)
부정관사 a/an	**구조적 구별**	의미적 구별(제한적)
	명사의 표지	불특정성
정관사 the	구조적 구별	**의미적 구별**
	명사의 표지	**특정성**

다만, 부정관사 a/an과 정관사 the의 도입 목적에 비추어 볼 때, 부정관사 a/an은 진하게 표시된 '명사의 표지'로서의 '구조적 구별'이라는 역할이 핵심적인 기능이 되고, 반면에 정관사 the의 경우는 진하게 표시된 '의미적 구별'의 역할이 핵심적인 기능이 되는 것입니다.

한편, **부정관사 a/an에 존재하는 '의미적 측면'과 정관사 the에 있어서 '구조적 구별'의 기능은** 핵심기능을 수행함에 있어서 '자동적으로' 수반되는 부수적인 것으로 생각하면 되겠습니다.

그리고 앞에서 정리한 것처럼 부정관사 a/an에 존재하는 '의미적 구별'의 역할은 매우 제한적이어서, 특별한 상황이 아니라면 거의 존재하지 않은 것으로 보면 되겠습니다.

	핵심 기능	부수적 기능
부정관사 a/an	구조적 구별 (명사의 표지)	불특정성
정관사 the	의미적 구별 (특정성)	구조적 구별 (명사의 표지)

 결론적으로 처음에는 부정관사 a/an은 명사의 표지일 뿐, 의미는 존재하지 않았습니다. 그런데 정관사 the가 도입되면서, 그동안 '단순한 기호(표지)'에 불과했던 관사에 의미가 부여되기 시작하였고, 오랜 시간을 거쳐 현재에 이르게 된 것입니다.

 그런데 이러한 과정에서 관사의 처음 도입 목적인 '명사의 표지(sign of noun)'로서의 역할은 잊혀지고, 현재는 문법책에서는 오로지 '특정성'과 '불특정성'이라는 의미적 측면만이 논의되고 있는 것입니다.

거시적 접근

현재 가산성에 대한 다음과 같은 쟁점 2가지를 정리하고 있습니다.

> (가) 가산성의 역할
> (나) 가산성이 현실적으로 의미가 있어야 한다.

첫 번째 쟁점(가산성의 역할)을 정리하면서 너무 많은 것들을 다루다 보니 이제야 두 번째 쟁점을 정리하게 되었습니다. 따라서 독자 여러분께서 무엇에 대해서 정리하고 있었는지 잊어 버렸을 것 같습니다. 잠깐 앞의 내용(첫 번째 쟁점)을 정리하도록 하겠습니다.

> (가) 가산성의 역할
>
> 기존의 방식처럼 '단위개념'인 가산성을 기준으로 관사의 사용유무를 결정하는 것은 영어적 현상을 설명하는데 있어서 한계를 보여주고 있다고 생각됩니다. ①즉 '가산성'을 기준으로 명사를 가산명사(보통명사)와 불가산명사(추상명사, 물질명사)로 분류하는 것은 그 자체로는 큰 문제가 없지만, ②이후 이들 명사에 대한 관사적용에 대해서는 '가산성'만이 아닌 다양한 기준의 대안이 필요하다는 것입니다.
>
> 결론적으로 가산성은 <명사분류의 기준>으로서는 적절하지만, <명사에 대한 관사의 적용>은 '명사의 분류'와는 별개의 문제로서, 이 외에도 다양한 기준이 필요합니다.

이번에는 가산성에 대한 두 번째 쟁점에 대해서 정리하도록 하겠습니다.

(나) 가산성이 현실적으로 의미가 있어야 한다.

영어에서 '가산성'은 일반적으로 보통명사에 대한 것으로서, 개체와 개체가 서로 시각적으로 구별 가능할 뿐만 아니라, 그러한 구별이 현실적으로(실질적으로) 의미가 있어야 합니다. 어찌 보면 당연한 내용인 것으로 보입니다. 이와 관련하여 '다음의 내용'은 우리의 언어적 시각과는 전혀 다른 것으로서, 영어는 이러한 점을 명사를 바라보는 중요한 기준으로 삼고 있기 때문에 매우 중요한 쟁점이 됩니다.

영어는 언어의 하나입니다. 언어란 '현실에서 실제로 사용하는 사람들의 것'이기 때문에 학문적 논리나 원칙에 앞서 '실제적인 측면'이 중요할 수밖에 없습니다. 언어의 실제적인 측면은 언어를 사용하는 사람들이 <세상을 보는 보편적인 관점(시각)>과 관련이 있습니다.

따라서 많은 경우 영어와 우리말의 차이는 단순한 언어적 차이가 아니라, 우리와 영어권 사람들이 세상을 보는 관점의 차이와 관련이 있다고 할 수 있습니다. 이러한 점에서, 다음에 설명할 내용은 영어권 사람들이 '세상', 좀 더 정확히 말하면 '사물'을 어떻게 바라보는가에 대한 지식의 일부를 우리에게 알려 줄 수 있을 것입니다.

<집합과 원소의 원리>가 중요하게 녹아있는 영어에서, 집합을 구성하는 '개체(원소)'가 궁극적으로는 시각적인 구별이 가능할지라도, 이러한 점이 '현실적'으로 의미가 없다고 판단되는 경우, 즉 하나 하나의 개체를 파악하는 것이 의미가 없다고 생각되는 경우에는 이를 일반적인 가산명사(보통명사)로 취급하지 않습니다. 나중에 자세히 설명하겠지만 미리 결론을 제시하면, 이처럼 하나의 개체라는 것이 시각적, 현실적으로 의미가 없는 경우에는 이는 집합명사로 분류하게 됩니다.

거시적 접근

> 하나의 개체라는 것이 '시각적, 현실적'으로 의미가 없는 경우에는 집합명사로 분류한다.

일반적으로 하나의 개체가 '시각적, 현실적'으로 의미가 없는 경우에 해당되는 것은, 크게 세 가지로 분류됩니다.

> i) 첫째, fish, cattle 등 떼를 이루고 있는 것.
> ii) 둘째, rice, beans 등 매우 작은 개체.
> iii) 셋째, 형태의 경계가 분명하지 않는 경우
>
> ⇨ 일반적으로 <수많은 개체 들이 한데 모여 있는 상태>로 존재한다.

이러한 개체들은(i + ii + iii) 일반적으로 수없이 많은 개체들이 한데 모여 있는 상태로 존재하여 '가산성이 개입할 여지 또는 실익'이 존재하지 않습니다.

이에 대해서 설명하기에 앞서, 한 가지 중요한 사항을 먼저 강조하고자 합니다. 위에서 box로 정리한 것(i + ii + iii)들은 모두 <'영어에서만' 집합명사로 취급하는 것들>이라는 것입니다.

즉 우리말에서는 위와 같은 경우(i + ii + iii)의 단어들은 일반적으로 보통명사로 분류합니다. 결과적으로, 위 box의 기준(i + ii + iii)은 영어와 우리말에 사이에 존재하는 <세상(사물)을 바라보는 관점(시각)>에 있어서의 중요한 차이점 중의 하나라고 정리할 수 있습니다.

한편 위 (i + ii + iii)중에서 대표적인 것은 (i+ ii)입니다. 따라서 설명의 편의상 이하에서는 (i + ii)에 대해서만 다루도록 하겠습니다. iii)에 대해서는 '집합명사 부분'에서 종합적으로 정리하겠습니다. 즉 현재 다루는 것들은 집합명사에 대한 내용으로서, 당연히 집합명사부분에서 종합적으로 자세히 정리되어 있습니다.

지금부터 본격적으로 (i + ii)에 대해서 설명하도록 하겠습니다.
예를 들어, ①<바다 속에서 헤엄치고 있는 수많은 물고기 떼>를 머리에 그려보시기 바랍니다. '멸치 떼'라고 생각하면 좀 더 이해가 쉬울 지도 모르겠습니다. 그 중 하나의 개체가 의미를 가질 수 있는지 생각해 보시기 바랍니다. 그리고 ②<자루에 들어있는 수많은 콩>을 머릿속에 떠올려 보시고 그 중 하나의 콩이 의미를 가질 수 있는지에 대해서도 생각해 보시기 바랍니다.
영어의 시각에서는 수없이 많은 개체들이 한데 모여 있는 상태로 존재하는 경우, 이를 구성하는 개체 하나 하나는 의미가 없다고 생각하고, 이에 대해서는 <전체로서의 fish, 전체로서의 beans>로 파악합니다. <'전체'로서의 fish, '전체'로서의 beans>는 집합체를 의미합니다. 우리의 시각으로는 잘 이해가 가지 않지만, <'집합체'로서의 fish, '집합체'로서의 beans>는 영어에서 생각하는 fish와 beans의 일반적인(1차적인) 모습입니다.

잠시 영어에서 생각하는 fish와 beans의 일반적인 모습을 머릿속으로 그려보시기 바랍니다. 곰곰이 생각해 보면 <떼를 이루어 돌아다니는 물고기들>을 보고 있으면 그 중 물고기 한 마리에 의미를 부여한다는 것이 난감하기도 합니다. 혹시 이 중에서 특정한 한 마리의 물고기를 인지했다 하더라도 금방 뒤섞여 버려서 특정성이 유지될 수가 없을 것입니다. 이처럼 하나의 개체로서 파악하는 것이 의미 없다고 생각되는 경우에, 영어에서는 이를 '원소'로 바라보는 것을 포기하고 '집합'으로 파악합니다. 논리적으로 충분히 공감이 되는 부분이 있을 것입니다. '원소'로서 바라보는 실익이 없다고 판단되기 때문에 '집합'으로서 바라본다는 것입니다. 이는 다른 말로 말하면, '원소'로서는 명확하게 표현할 방법이 없다고 판단되었기 때문에, 집합으로 시각을 돌리게 될 수밖에 없다는 것입니다. 이는 바로 집합명사의 개념에 부합됩니다.

거시적 접근

이를 <집합과 원소>의 관점에서, 다음 그림 (가)와 같이 나타낼 수 있습니다.

(가)

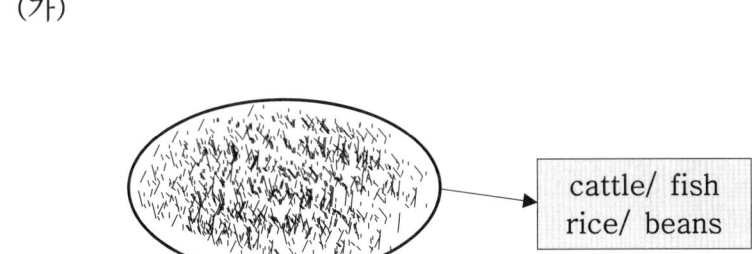

위 그림과 같은 경우, 영어는 집합을 구성하고 있는 것들에 대해서, 원소'로서 바라보는 실익이 없다고 판단한다는 것입니다. <집합과 원소>의 원리에 대한 일반적인 그림인 아래 그림 (나)와 비교해 보면 좀 더 확실하게 이해할 수 있을 것입니다.

(나)

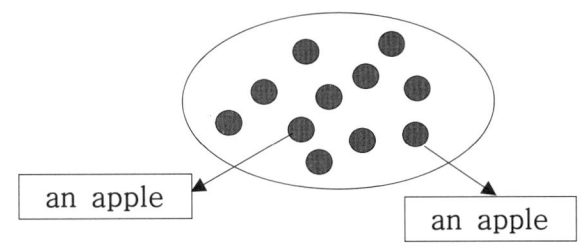

그림 (나)는 지금까지 계속해서 보았던 그림입니다.

부정관사 a/an의 적용대상이 되는 <집합의 '원소'>가 가져야할 제 1의 특징은 '단위성'에 기초한 '가산성'입니다. 그런데 '상식적인 차원'에서 생각해 보더라도, 가산성이 존재하기 위해서는 필수적으로 '적어도' 원소들 사이에 서로 구분은 되어야 할 것입니다. 모두들 그림 (나)는 이러한 요건이 충족되어 있다는 점을 알 수 있을 것입니다.

이러한 측면에서 그림 (가)와 같은 경우는 '원소'가 가져야할 최소한의 요건을 충족하지 못하고 있습니다. 이러한 이유로 그림 (가)는 '원소'로서 자격(?)이 없다고 할 수 있습니다.

따라서 이는 부정관사 a/an의 대상이 될 수도 없으며, 당연히 보통명사가 아닙니다. 결국, 할 수 없이(?) <이러한 경우를 명사(명칭)로 나타내기 위해서는> '집합'으로 눈을 돌릴 수밖에 없으며, 이러한 이유로 그림 (가)와 같은 경우에는 집합명사로 보는 것입니다.

- **보통명사의 조건**

잠시 apple에 대해서 생각해 보도록 하겠습니다. 우리는 apple을 일반적으로 가산명사인 보통명사로 분류하고, 부정관사 a/an의 대상으로 취급하고 있습니다. 그런데 우리는 어떠한 이유로 apple에 대해서 이렇게 생각하고 받아들이는 것일까요?

결론적으로, 우리가 apple을 보통명사(가산명사)라고 받아들이는 것은, 그림 (나)에 부합된다고 생각하기 때문입니다. 즉 ①'온전한 하나'의 ②'물리적인(구체적인)' 개체인 경우입니다.

> 우리가 apple을 보통명사(가산명사)라고 받아들이는 것은, ①'온전한 하나'의 ②'물리적인(구체적인)' 개체인 경우이다.

거시적 접근

결국, 위 두 개의 조건(①, ②)을 충족하는 경우에 apple은 보통명사(가산명사)인 것입니다.

그렇다면, 반대로 만약 apple이 그림 (나)에 부합되지 않는 경우에는 보통명사가 아닌 것으로서, 부정관사 a/an의 대상이 될 수 없다는 결론에 도달할 수 있겠습니다. 이는 apple이라고 해서 '무조건' 보통명사로서 부정관사 a/an의 대상이 되는 것이 아니라, 그림 (나)에 부합되는 apple만이 이에 해당된다는 의미입니다.

---

apple이라고 해서 무조건 보통명사로서 부정관사 a/an의 대상이 되는 것이 아니라, 그림 (나)에 부합되는 apple만이 이에 해당된다.

그렇다면, apple이 그림 (나)에 부합되지 않는 경우란, 어떻게 정리할 수 있을까요? 위 box에 해답이 존재합니다. 다음 정리와 같이 위 box에 정리된 두 개의 조건(①, ②)중 '어느 하나'라도 충족하지 못하는 경우에 apple은 보통명사(가산명사)가 아닌 것입니다.

---

①'온전한 하나'의 개체가 아니거나 또는
②'물리적인(구체적인)' 개체 아닌 경우에, apple은
보통명사(가산명사)가 아니다.

예문을 통해서 살펴보겠습니다.

A: How did white princess being after she ate **apple**?
　　백설공주는 사과를 먹고 어떻게 되었습니까?

위 예문 A에서 apple은 무관사 ∅입니다. 이는 보통명사가 아니라는 것입니다. 모두 알고 있듯이 백설공주는 '온전한 사과 한 개'를 모두 먹은 것이 아니라, 사과의 일부를 베어 먹고 정신을 잃었습니다. 결국, 백설공주가 먹은 사과는 '온전한 하나의 사과'가 아닙니다.

이와 같이 apple처럼 일반적으로 보통명사인 명사라 하더라도 '온전한 하나의 개체'가 아닌 경우에는 부정관사 a/an을 적용할 수 없습니다. 즉 무관사 ∅입니다. 결국 위 예문 A에서처럼 '온전한 하나의 개체'가 아닌 경우에는 문법적으로 '물질명사'로 보아야 합니다.

다음 예문을 보도록 하겠습니다. 이번에는 조금 다른 경우입니다.

B: He developed the new breed of **apple**.
　　그는 사과의 새로운 품종을 개발했습니다.
　　* breed - 종류; 유형; 품종

위 예문 B에서의 apple도 무관사 ∅입니다. 이 또한 보통명사가 아니라는 것입니다. 즉 ①'온전한 하나'의 사과가 아니거나, 또는 ②'물리적인(구체적인)' 사과가 아니라는 것입니다. 잘 생각해 보면, 위 예문 B에서 apple은 '구체적인 사과'를 의미하는 것이 아닙니다. 예문 B의 핵심은 <그는 '새로운 품종'을 개발했다>는 것으로서, 이 문장에서 '사과'는 '새로운 품종'에 대해서 부연 설명하는 '추상적인 개념'일 뿐입니다.

이와 같이 apple처럼 일반적으로 보통명사인 명사라 하더라도, 현 상황(문장)에서 '물리적인(구체적인) 개체'가 아닌 경우에는 부정관사 a/an을 적용할 수 없습니다. 즉 무관사 ∅입니다. 결국 위 예문 B에서처럼 '물리적인(구체적인) 개체'가 아닌 경우에는 '추상명사'로 보아야 합니다. 이와 관련하여 예문 하나를 더 보도록 하겠습니다.

거시적 접근

> In Japan, you can enjoy a whole variety of strange ice cream flavors, including **fish, octopus, squid, shrimp, garlic**, and **chicken wing**.
> 일본에서는 생선, 문어, 오징어, 새우, 마늘, 그리고 치킨 윙을 포함한 수많은 이상한 맛의 아이스크림을 즐길 수 있답니다.

위 예문에서 <fish, octopus, squid, shrimp, garlic, chicken wing>은 '물리적인(구체적인) 개체'를 의미하는 것이 아닙니다. 'flavor(맛)의 종류'를 나타내는 단어입니다. 이 경우에도 모두 보통명사가 아닌 추상명사로 보아야 하고, 따라서 부정관사 a/an을 적용할 수 없습니다. 즉 무관사 ∅입니다.

■ '상황'의 중요성

여기서 우리는 영어에 접근하는 방식에 있어서 중요한 사실 하나를 정리할 수 있을 것 같습니다. 이는 바로 <'상황'의 중요성>입니다.

우리는 지금까지 apple은 보통명사이고, water는 물질명사, 그리고 wisdom은 추상명사라는 식으로 영어 단어에 접근하여 왔습니다. 즉 하나의 단어에 특정 명사종류를 고정하여 암기하는 방식의 학습을 해왔다는 것입니다.

그러나 우리는 조금만 영문에 접하더라도, 이러한 <apple은 보통명사이고, water는 물질명사, 그리고 wisdom은 추상명사>라는 식의 고정된 정리에 벗어나는 수많은 사례를 쉽게 발견할 수 있습니다.

다소 과장(?)되게 말하면 특정단어는 특정 종류의 명사로 고정되어 있는 것이 아니라, 영어의 모든 단어는 보통명사, 물질명사, 추상명사, 집합명사, 고유명사가 될 수 있습니다.

사실 이러한 내용은 우리말에서는 전혀 문제가 되지 않습니다. 그런데 우리가 영어의 이러한 특성에 주목해야 하는 이유는, 결국 관사 때문입니다. 즉 영어는 구체적인 상황적 의미에 따라 명사에 적용되는 관사에 차이가 존재하기 때문에 이러한 정리가 중요하고 의미가 있는 것입니다.

반대로 이러한 측면에서, 이러한 내용이 우리말의 경우에 전혀 문제가 되지 않는 것은 우리말에서는 관사가 존재하지 않기 때문이라고 할 수 있습니다.

결국 영어는 언어이고, 언어는 '유연함'이 중요한 특징입니다. 그리고 언어이기 때문에 어떠한 '공식'이나 '법칙'이 중요한 것이 아니고, '상황'과 '상황에 따른 실제 의미'가 구체적인 표현을 결정하는데 있어서 핵심이라고 할 수 있습니다.

따라서 앞으로 영어 단어를 접근함에 있어서, 좀 더 실질적인 도움이 되는 학습법은 apple은 보통명사이고, water는 물질명사, 그리고 wisdom은 추상명사라는 식의 정리와 함께, 어떠한 상황에서는 보통명사가 되고, 어떠한 상황에서는 물질명사, 추상명사, 집합명사가 되는지에 대해서 좀 더 체계적으로 정리하는 것이라고 생각합니다. 즉 '단어의 의미' 못지않게 '상황'도 중요하다는 것입니다.

영어 단어를 접근함에 있어서 좀 더 실질적인 도움이 되는 학습법은, 어떠한 상황에서는 보통명사가 되고, 어떠한 상황에서는 물질명사, 추상명사, 집합명사가 되는지에 대해서 좀 더 체계적으로 정리하는 것이다.

⇩ ⇩ ⇩

'단어의 의미' 못지않게 '상황'도 중요하다.

결국, '명사에 관사를 적용함에 있어서' 단어의 외형적인 의미 못지않게 '숨어있는 상황적 의미'를 잘 파악해야 한다는 것입니다. 이는 나중에 정리할 '결합 의미'와 관련이 있는 내용입니다.

다음 두 문장을 비교해 보시기 바랍니다.

ⓐ사람들이 **잔디**에서 쉬고 있다.

ⓑ야구장에는 인조 **잔디** 대신에 천연 **잔디**가 사용될 것이다.

위 ⓐ와 ⓑ문장을 보며, 동일한 '잔디'라는 단어가 존재합니다. 그런데 우리말로는 동일한 '잔디'이지만, 잘 생각해 보면 의미에 있어서 차이가 존재합니다. ⓐ문장의 '잔디'는 '잔디밭'을 의미합니다. 즉 '장소'의 의미입니다. 이와 달리, ⓑ문장의 '잔디'는 '식물인 잔디'를 의미함을 알 수 있습니다.

중요한 점은 영어는 이러한 차이를 반영하여 '구체적인 표현'을 만들어야 한다는 것입니다. 여기서 '구체적인 표현'이란 '관사의 적용'과 관련이 있습니다. 결국 ⓐ에 해당되는지, 아니면 ⓑ에 해당되는지에 따라 구체적으로 적용될 관사의 형태에 차이가 발생하게 되는 것입니다. 위 ⓐ와 ⓑ문장에 대한 영어 문장은 다음과 같습니다.

ⓐPeople are resting on **the grass**.

ⓑ**Natural grass** will be used on the playing field instead of **artificial turf**.   * turf - 잔디, 떼

결론적으로 ⓐ문장에서 '잔디'는 '잔디밭'을 의미하기 때문에, '장소를 의미하는 정관사 the'를 적용하여 the grass로 나타내었습니다. '장소를 의미하는 정관사 the'에 대해서는 정관사 the 부분에서 정리할 것입니다. 한편, ⓑ문장에서는 '식물인 잔디'를 의미합니다. 영어에서 '식물인 잔디'는 집합명사입니다.

즉 일반적으로 영어의 시각에 의하면 grass는 집합명사입니다. 따라서 무관사 ∅가 적용되었습니다. 왜 영어에서 grass가 집합명사인지에 대해서는 집합명사부분에서 자세히 정리되어 있습니다.

결국, 관사를 정확하게 적용하기 위해서는 'apple = 보통명사'라는 '지식'과 함께 현재 '어떠한 상황'인지에 대한 '정보'를 정확하게 파악하는 것이 중요합니다. 제가 이 책에서 뒤에서 제시하고 있는 '결합 의미'라는 내용이 바로 이와 관련된 것입니다. '결합 의미'는 '상황'적 의미를 고려해서 관사를 적용해야 한다는 것으로서, 다른 말로 '상황 의미'라고 할 수 있습니다.

| 결합 의미 | = | 상황 의미 |

지금부터 제시하는 내용도 마찬가지로 이러한 차원의 정리입니다. 아래에서는 <'일반적으로' 보통명사가 무관사 ∅인 경우>를 정리해 보도록 하겠습니다.

- 보통명사가 무관사 ∅인 경우

  A. '온전한 하나'의 개체가 아닌 경우

예문을 제시하기 전에, 이 경우와 관련하여 '일반적으로' 무관사 ∅를 적용하는 2가지 경우를 정리하도록 하겠습니다.

| ① 재료, 원료 | ② 음식 |

①첫째, '재료, 원료'의 의미로 사용된 경우에는 '일반적으로' 무관사 ∅이다.

The facade of that building **is made of wood**.
건물의 정면은 목재로 되어있다.

The top of the table **is made of glass**.
그 탁자의 윗면은 유리로 만들어졌다.

Parts of our ears and nose **are made of cartilage**.
귀와 코의 여러 부분들은 연골조직으로 되어 있다.
　*cartilage - 연골

These days, many things **are made from nylon**.
오늘날 많은 것들이 나일론으로 만들어진다.

위 예문들에서 사용된 'made of~'와 'made from~'은 모두 '~로 만들어진'이라는 의미의 표현입니다. 'of'와 'from' 뒤에 나오는 단어들이 모두 무관사 ∅임을 확인할 수 있습니다. 결론적으로 '재료, 원료'의 의미로 사용된 경우에는 '일반적으로' 무관사 ∅가 적용됩니다.

다만, 이 부분도 일반적으로' 그렇다는 것입니다. 너무 원칙에 얽매이면 안 됩니다. 일반적으로 무관사 ∅라 하더라도 가산성이 존재하는 상황에서는 부정관사(a/an, -s)를 적용해야 합니다. 결국 중요한 것은 <(가)'상황'과 (나)'화자의 의도(판단)'>입니다.

(가) 상황

먼저 '상황'에 대해서 살펴보도록 하겠습니다. 다음 우리말을 영작해 보시기 바랍니다.

그는 ①다섯 가지의 다른 술을 섞어서 음료를 ②만들었다.

위 문장은 의미(②)상 'made of~'와 'made from~'이 필요합니다. 그리고 <'재료, 원료'의 의미로 사용된 경우에는 '일반적으로' 무관사 ∅이다>라는 정리에 따르게 되면 무관사 ∅가 적용되어야 합니다.

그런데 위 문장에서 '재료, 원료'는 '①다섯 가지의 다른 술'입니다. 수사와 '복수형 어미 -s'을 사용하는 것이 매우 자연스러운 상황입니다. 누가 보더라도 '가산성'이 존재하는 '상황'인 것입니다.

결국, <'재료, 원료'의 의미로 사용된 경우에는 '일반적으로' 무관사 ∅이다>라는 것이 '일반적인 원칙'이라고 하더라도, '상황'을 반영하여 상식적인 판단을 내리는 것이 합리적이라고 할 것입니다.
즉 위 문장에 대해서 '일반적인 원칙'만을 쫓아서 가산성을 반영하지 않고 표현할 수는 없는 것입니다. 따라서 위 문장은 다음과 같이 영작됩니다.

He concocted a drink **made from** <u>five</u> different <u>liquors</u>.
　　*concoct - (음료 따위를) 혼합하여 만들다

아래 문장은 모두 '가산성'이 존재하는 상황의 예문입니다.

The floor is made from a special strong glass.
　　바닥은 특수한 강한 유리로 만들어졌습니다.

Ships **are made of metal plates** welded together.
　　선박은 금속판을 용접시켜 만든다.　　* weld - 용접하다

(나) 화자의 의도(판단)

다음으로 '화자의 의도(판단)'에 대해서 살펴보도록 하겠습니다. 다음 문장을 보도록 하겠습니다.

ⓐCake is made from flour, milk and eggs.
케이크는 밀가루, 우유, 달걀로 만들어진다.

위 문장에서 eggs는 <케이크가 '복수의 달걀'로 만들어진다>는 것을 나타내려고 하는 화자의 의도를 담고 있습니다. 그런데 이러한 의도가 존재하지 않는 경우에는 달걀을 단순히 '재료, 원료'로 보아서 다음 문장과 같이 무관사 ∅를 적용할 수도 있습니다.

ⓑCake is made from flour, milk and egg.

ⓐ, ⓑ문장 모두 가능합니다. 즉 가산성이 존재하는 상황으로 보아, 좀 더 정확하게 <'복수의 달걀'로 만들어졌다>는 것을 '의도적'으로 나타내기 위해서 ⓐ문장과 같이 eggs로 나타낼 수도 있고, '재료, 원료'라는 점에 초점을 맞추어 ⓑ문장과 같이 egg로 나타낼 수도 있는 것입니다. ⓐ문장(eggs)은 상대적으로 좀 더 '구체적인 표현'이고, ⓑ문장(egg)은 일반적이고 추상적인 표현입니다. '추상적'이라는 의미는 구체적인 상황을 묘사하는 것이 아니라, '원칙적, 이론적(추상적)'인 내용이라는 것입니다.

여기서 중요한 것은 '화자의 의도(판단)'입니다. 화자가 주관적인 판단에 따라 ⓐ, ⓑ문장 중 어느 하나를 '선택'할 수 있는 것입니다. 결국 <화자의 '의도(판단)'의 영역>이라는 것은 <화자의 '주관적인 선택'의 영역>이라고 할 수 있습니다.

| 화자의 '의도(판단)'의 영역 = 화자의 '주관적인 선택'의 영역 |

예문을 하나 더 보도록 하겠습니다.

Wash **apple** and cut into slices, but do not core or seed.
　사과를 닦고 잘라라. 하지만 안의 씨는 자르지 말아라.

위 문장은 '요리'를 하는 상황이기 때문에, apple은 '재료, 원료'입니다. 따라서 위 문장처럼 보통명사인 apple에 무관사 ∅를 적용하였습니다. 따라서 위 문장에서 apple은 물질명사입니다.

한 가지 내용을 첨가하면, 현재 <'온전한 하나'의 개체가 아닌 경우>에 보통명사도 무관사 ∅를 적용하게 된다는 점을 정리하고 있습니다. 그런데 위 문장에서 apple은 '온전한 사과'를 의미합니다. 그럼에도 불구하고 '재료, 원료'이기 때문에 물질명사(무관사 ∅)로 취급한 것입니다.

한편, 위 문장은 '화자의 의도(판단)'에 따라서 다음과 같이 나타낼 수도 있습니다. 특별한 설명은 하지 않겠습니다.

Wash **apples** and cut into slices, but do not core or seed.

결국 이 부분도 <화자의 '주관적인 선택'의 영역>의 영역입니다.

거시적 접근

다시 한 번 더 반복하자면, 언어는 '유연성'이 가장 중요한 특성 중의 하나입니다. 따라서 최종적으로 중요한 것은 '일반적인 원칙'이 아니라 '상황과 화자의 의도(판단)'인 것입니다. 물론 '일반적인 원칙'을 숙지하는 것도 중요합니다. 하지만 이와 동시에 '일반적인 원칙'에만 얽매이는 것이 아니라, 상황에 따라 자연스럽게 표현하는 것도 중요합니다.

②둘째. 음식은 무관사 ∅이다.

I had **spaghetti**, and it was delicious.
　나는 스파게티를 먹었는데, 맛이 좋았어.
So Africans began to eat **bread** and barley soup.
　그래서 아프리카 사람들은 빵과 보리 수프를 먹기 시작했다.
What's the best way to cook **steak**?
　가장 좋은 스테이크 조리법은 뭐죠?
He doesn't like yummy **Kalbi** or **Bulkoki**.
　그는 맛있는 갈비나 불고기는 좋아하지 않는대요.
South Koreans also enjoy **chicken soup**.
　한국인들도 닭고기 수프를 즐겨 먹는다.
Cranberry sauce complements **roast turkey**.
　크렌베리 소스는 칠면조 구이와 잘 어울린다.

위 예문들에서 음식에 대한 단어들은 모두 무관사 ∅입니다. 결론적으로 '음식'의 경우에는 '일반적으로' 물질명사로서 무관사 ∅가 적용됩니다.

한편, '음식'은 일반적으로 무관사 ∅이지만, 다음과 같이 가산성이 존재하는 상황에서는 부정관사(a/an, -s)를 적용해야 합니다.

I ordered **a steak** at his suggestion.
　　나는 그가 추천하는 대로 스테이크를 주문했다.
These breads are delicious with peanut butter and Jell-O.
　　이 빵에다 땅콩버터와 젤로를 발라 먹으니까 상당히 맛있는데요.
I don't wanna be **a spaghetti**.
　　나는 스파게티 먹기를 원하지 않는다.

다음은 음식의 '종류'에 초점을 둔 문장입니다.

I love the **breads** at the bakery.
　　저는 그 빵집의 빵을 좋아합니다.

위 문장에서 breads는 집합명사입니다. 그리고 이 문장을 '종류'에 초점을 두고 살펴보면, <저는 그 빵집의 '다양한 종류의' 빵을 좋아 합니다>라는 해석할 수 있습니다.

이제 본론(apple)으로 돌아와서, <'온전한 하나'의 개체가 아닌 경우>에 '일반적으로' 보통명사인 apple에도 무관사 ∅가 적용됩니다. 이러한 경우의 많은 부분이 '재료, 원료'의 의미로 사용된 경우입니다.

Add **apple** and mix by hand.
　　사과를 추가해서 손으로 섞어라.
Place **apple** in a pan and half cover with water.
　　사과를 팬에 놓고, 물은 반만 채우세요.
Stir onion, garlic, and **apple** until soft.
　　양파와 마늘, 그리고 사과를 부드러워질 때 까지 저어라.
Place **apple** in tall narrow bowl.
　　사과를 길고 좁은 그릇에 넣어라.

By hand, stir in **apple**, nuts, and raisins.   *raisin - 건포도
  손으로, 사과, 견과, 그리고 건포도를 섞다.
Add onion, bell pepper, celery, and **apple**.
  양파와 피망, 셀러리, 사과를 넣으세요.
Add dry ingredients and water alternately, then **apple**.
  건조된 재료와 물을 번갈아가면서 넣고, 그 다음에 사과를 첨가해라.   * ingredient - 성분, (요리의) 재료
In last 5 minutes of cooking, add **apple** and almonds.
  요리하고 마지막 5분은, 사과와 아몬드를 넣어라.
Cook a few minutes longer until **apple** is soft.
  사과가 부드러워질 때까지 몇 분 더 요리해라.
Put **apple** in center of each pastry square.
  각각의 페이스트리 중심에 사과를 올려놓아라.

B. '물리적인(구체적인) 개체'가 아닌 경우

다음으로 <'물리적인(구체적인) 개체'가 아닌 경우>에 '일반적으로' 보통명사인 apple에도 무관사 ∅가 적용됩니다.

  Miller is from the Greek root for 'apple'.
    Miller의 어원은 '사과'라는 의미의 그리스어이다.

모두들 위 문장의 apple은 '물리적인(구체적인) 개체'가 아니라는 것을 알 수 있을 것입니다. 위 문장의 apple은 '구체적인 사과'가 아니라 <추상적인 '사과라는 의미(개념)'>를 나타내고 있습니다. 따라서 이 경우의 apple은 추상명사입니다.

아래 예문들에서도 apple은 모두 보통명사인 '물리적인(구체적인) 개체'가 아니라, 추상적인 개념(추상명사)으로서의 '사과'라고 할 수 있습니다.

> The type of **apple** will change the flavor some.
> 사과의 종류는 맛을 약간 바꿀 수 있습니다.
>
> I love the smell of **cinnamon apple** in the morning.
> 나는 아침에 시나몬 사과의 냄새를 좋아한다.
>
> How much is one pound of **apple**?
> 사과가 1파운드에 얼마입니까?
>
> If you don't like bananas, try slices of **apple** instead.
> 만약 바나나를 좋아하지 않는다면, 대신 사과 조각을 이용하세요.
>
> He took another bite of **apple**.
> 그는 사과를 한 입 더 깨물었다.

C. 기타

현재 논의에서는 동일한 apple이라고 하더라도 모두 보통명사인 <온전한 하나의 과일로서의 사과>인 것은 아니라는 점이 중요합니다.

동일한 apple이라고 하더라도 모두 보통명사인
<온전한 하나의 과일로서의 사과>인 것은 아니다.

지금부터는 보통명사인 apple이 무관사 ∅가 적용되는 '기타의 경우'를 정리해 보겠습니다.

거시적 접근

①Grape, **apple**, peach and watermelon are really sweet.
　　포도, 사과, 복숭아 그리고 수박은 정말 달아요.

②We have orange, pineapple, grapefruit and **apple**.
　　오렌지, 파인, 자몽 그리고 사과주스가 있어요.

①문장의 apple은 정확히 말하면 '사과'가 아니라 '사과의 맛(taste of apple)'입니다, 따라서 추상명사로서 무관사 ∅입니다.
②번 문장의 apple도 '사과'가 아니라 '사과 주스(apple juice)'입니다, 따라서 이 경우는 물질명사로서 무관사 ∅입니다.

다음 예문의 apple은 고유명사로서 '이름'인 경우입니다. 모두 알고 있듯이 고유명사는 불가산명사로서 무관사 ∅입니다.

③The couple have a 1-year-old daughter, **Apple**.
　　부부에게는 한 살 된 딸 애플이 있다.

④**Apple** is not a company to rest on its laurels.
　　애플은 자체의 성공에 안주하는 회사가 아니다.
　Apple also makes iPod, iPhone, and iPad.
　　애플사는 또한 아이팟, 아이폰과 아이 패드를 만들어요.

특별한 설명은 하지 않겠습니다.
다음은 '의미'가 아니라, '소리(sound)'인 경우입니다.

If my brother makes me angry, I will say "**red apple**."
　　만약 형이 나를 화나게 하면, 나는 "빨간 사과"라고 말할 거야.

다시 본론(집합명사)으로 돌아오겠습니다.

　실제로 영어에서는 ①<바다 속에서 헤엄치고 있는 수많은 물고기 떼>와 ②<자루에 들어있는 수많은 콩>과 같은 그림의 fish와 bean에 대해서 집합명사로 취급하게 됩니다. 한편, bean의 경우는 '집합적 복수의 -s'를 적용하여, 기본적으로 beans로 나타냅니다(이에 대한 이유는 집합명사부분을 참조하시기 바랍니다). 이는 fish와 bean의 '1차적 산물(기본형)'은 집합명사인 fish와 beans라는 것입니다.

- **1차적 산물(기본형) - 집합명사(집합체)**

　Tadpoles breathe air in water like **fish** do.
　　올챙이는 물고기처럼 물속에서 숨을 쉽니다.
　Using their gills is how **fish** breathe under water.
　　아가미를 이용하는 것이 물고기가 물속에서 숨 쉬는 방법이야.
　　　*gill - 아가미
　Beans are podding early this year.
　　올해는 콩 꼬투리가 일찍 맺힌다.
　　　*pod - (콩이 들어 있는) 꼬투리
　The sack split and the **beans** poured out.
　　자루가 찢어져서 콩이 쏟아졌다

　영어에서 관사는 '<집합과 원소>의 원리'에 의해서 작동하고 있습니다. 관사와 명사는 서로 불가분의 관계에 있습니다. 따라서 영어는 명사도 '<집합과 원소>의 원리'에 의해서 조명하고 있습니다.
　'<집합과 원소>의 원리'에 의해서 보통명사의 '1차적 산물(기본형)'은 '집합'이 아닌 '원소'를 나타내게 됩니다. 그리고 반면에 집합명사의 '1차적 산물(기본형)'은 '원소'가 아닌 '집합'을 나타내는 것입니다.

거시적 접근

	<집합과 원소>의 원리에 의한 1차적 산물(기본형)
보통명사	'원소'를 나타낸다.
집합명사	'집합'을 나타낸다.

따라서 영어에서 '물고기'와 '콩'은 기본적으로 집합명사'이기 때문에, '1차적 산물(기본형)'은 집합에 대한 단어인 fish와 beans인 것입니다.

다시 한 번 더 강조하지만, 우리말에서 '물고기'와 '콩'은 집합명사가 아닙니다. 영어가 이들을(물고기, 콩) 집합명사로 취급하는 것은 영어만의 독특한 세상(사물)을 바라보는 시각에 기반 한 것입니다. 그리고 이러한 시각에는 '<집합과 원소>의 원리'가 밑바탕에 깔려있습니다.

	우리말	영어	1차적 산물 (기본형)
물고기	보통명사	집합명사	fish
콩	보통명사	집합명사	beans

결국 우리말에서의 집합명사와 영어의 집합명사는 크게 2개의 측면에서 근본적인 차이가 존재합니다.

①먼저, 앞에서 언급했듯이 <집합명사의 분류 기준>에서 차이가 존재합니다.

이에 따라 영어의 집합명사는 우리말에서의 집합명사보다 훨씬 더 많습니다. audience, committee 등과 같은 대표적인 집합명사뿐만 아니라, 영어에서는 flour, salt, sugar, pepper, hair, straw, clover 등도 모두 '넓은 의미'에서 집합명사(집합체)로 분류될 수 있습니다. 즉 audience, committee 등은 우리말과 영어 모두에서 집합명사로 분류됩니다. 그러나 flour, salt, sugar, pepper, hair, straw, clover 등은 영어에서만 집합명사인 것입니다.

이에 대해서 옳고 그름을 따지는 것은 무의미 합니다. 우리와 다른 영어권 사람들이 사물(세상)을 바라보는 관점으로 인정하고 받아들여야 합니다. 그리고 이러한 영어의 관점에는 '<집합과 원소>의 원리'가 반영되어 있는 것입니다.

②다음으로, 영어는 집합명사에 대해서 보통명사와는 다른 문법적 기준을 적용한다는 사실이 중요합니다.

즉 우리말에서의 집합명사가 아무런 문법적 차이를 가져오지 않는 '명목상의 개념'인 반면에, 영어의 집합명사는 문법적인 차이로까지 이어지는 실제적인 개념입니다. 대표적인 것이 영어에서 집합명사는 불가산명사로 취급된다는 점입니다.

일단 이정도만 정리하겠습니다. 자세한 내용은 '집합명사부분'에서 정리될 것입니다.

한편, fish와 beans가 항상 집합명사로 사용되는 것은 아닙니다. 앞에서 말했듯이 집합명사인 fish와 beans는 '1차적 산물(기본형)'일 뿐입니다. 당연히 상황에 따라 '2차적 산물'이 생성될 수 있습니다.

이와 관련하여 바로 앞에서 다음과 같이 정리한 바 있습니다.

> 하나의 개체로서 파악하는 것이 의미 없다고 생각되는 경우에, 영어에서는 '원소'로 바라보는 것을 포기하고 '집합'으로 파악한다.

거시적 접근

그런데 위 정리는, 반대로 다음과 같이 해석될 수도 있을 것입니다.

> 하나의 개체로서 파악하는 것이 의미 있는 경우에, 영어에서는 이를 '원소'로 바라본다.

이 말은 일반적으로 집합명사로 자주 사용되는 명사라 할지라도, 하나의 개체로서 파악하는 것이 의미 있는 경우에는 보통명사로 취급하게 된다는 의미입니다. 즉 특별히 따로 따로 인식될 상황에서는 수의 개념이 발생하기 때문에, 즉 '가산성이 존재'하게 되기 때문에 보통명사로 바라보아야 한다는 것입니다.

앞에서 물고기와 콩에 대해서 <①바다 속에서 헤엄치고 있는 수많은 물고기 떼>와 <②자루에 들어있는 수많은 콩>을 일반적인 모습으로 상정하여 설명하였습니다. 이러한 모습에 의거하여 영어는 fish와 beans를 집합명사(집합체)로 분류하는 것입니다.

그런데 물고기와 콩에 대해서 각각 항상 ①, ②의 상황만이 존재하는 것은 아닙니다. ③요리하기 위해서 손질해 놓은 2마리의 생선, 그리고 ④친구가 먹으라고 준 땅콩 5알 등과 같은 상황은 일상생활에서 '충분히' 가능합니다. 이러한 경우는 상식적으로 <하나, 둘 ... 등으로 센다(count)>는 것이 자연스러운 상황으로서 '가산성'이 존재하게 됩니다.

이러한 상황에서 <fish와 beans는 집합명사이다>라는 원칙에만 사로잡혀 있는 것은 '언어적 사고방식'이 아니라 '수학적 사고방식'입니다. '언어적 사고방식'은 유연해야 합니다. 이로부터 영어에서 <'명사의 종류'는 고정된 것>이 아니라는 당연한(?) 결론에 이르게 됩니다.

ⓐ먼저, 보통명사와 물질명사는 부정관사 a/an이 처음 도입된 시점부터 '단어의 재활용'차원에서 부정관사 a/an의 유무만으로도 너무나 쉽게 상호간에 전성이 이루어지게 됩니다. 이는 계속해서 언급하고 있는 내용입니다.

ⓑ다음으로, 고유명사를 제외한 모든 명사는 집합명사가 될 수 있습니다.

ⓒ그리고 불가산명사인 집합명사는 상황에 따라 가산명사(보통명사)가 될 수 있습니다.

이 외에도 다양한 구체적인 경우들이 존재합니다.

결론적으로 ③, ④의 상황은 하나의 개체로서 파악하는 것이 의미 있는 경우로서, 이에 대해서는 '집합'이 아닌 '원소'로 바라보게 됩니다. 복잡하게 생각할 필요 없습니다. '원소'이기 때문에 '원소'로 바라보는 것입니다. <fish와 beans는 집합명사이다>라는 원칙에 의해서가 아니라, 상황에 따라 '눈에 보이는 그대로'에 맞게 나타내면 되는 것입니다.

fish가 <①바다 속에서 헤엄치고 있는 수많은 물고기 떼>와 같은 상황인 경우에는 '집합명사'로 취급하면 되고, 반면에 fish가 apple, car 등과 같은 '가산성'이 존재하는 보통명사의 그림으로 보인다면 보통명사로 취급하여 이에 맞게 문법적 기준, 특히 관사를 적용하면 되는 것입니다.

많은 학습자들이 apple, car 등인 경우에는 쉽게 관사를 선택할 수 있었을 동일한 상황에서, fish에 대해서는 <원래 집합명사이다>라는 사실에 사로잡혀 쉽게 관사적용을 판단하지 못하게 되는 경우가 있습니다.

fish와 beans에 대해서 '하나의 개체'만을 close up 하여 살펴보게 되면, 분명 개체로서 파악하는 것이 의미가 있습니다. 이는 억지(?)로 꿰맞추는 것이 아니라 실제로 존재하는 '현실'입니다.

결국, fish와 beans를 집합명사라고 하는 것은 '일반적'으로(1차적 산물, 기본형) 그러하다는 것이고, fish나 beans에 대해서도 다음 문장과 같이 보통명사처럼 하나의 개체가 중요하게 취급되는 상황이 현실적으로 존재합니다.

거시적 접근

- **2차적 산물 I - 단수(보통명사)**

A fish struggles caught on the hook.
　물고기가 낚시에 걸려 팔딱거린다.
A bean had fallen on the floor.
　콩 한 개가 바닥에 떨어져 있었다.
They have never saved a bean.
　그들은 한 푼도 저축한 돈이 없다.

- **2차적 산물 II - 복수(보통명사)**

I have a dog and two fish for pet.
　나는 애완동물로 강아지 한 마리와 두 마리의 물고기를 키우고 있다.
My father caught three fish yesterday.
　나의 아버지는 어제 3마리의 물고기를 잡으셨다.
These beans are not well done so they are hard to eat.
　콩이 덜 익어 설경거린다.

위 예문들의 우리말 해석만 정리해 보겠습니다.

　물고기가 낚시에 걸려 팔딱거린다.
　콩 한 개가 바닥에 떨어져 있었다.
　나는 애완동물로 강아지 한 마리와 두 마리의 물고기를 키우고 있다.
　나의 아버지는 어제 3마리의 물고기를 잡으셨다.
　콩이 덜 익어 설경거린다.

위 문장들에 대해서 혹시 어색하거나 이상한 점이 발견되는지 생각해 보시기 바랍니다. 결론적으로 모두 정상적으로 가능한 문장들입니다. 위 문장의 내용은 우리말에서만 가능한 표현이 아니라, 사람이 모여 사는 곳에서는 세상 어느 곳에라도 가능한 내용(상황)입니다.

그리고 위 문장들에는 '가산성'이 존재합니다. 당연히 어떠한 언어로 표현하더라도 '가산성'을 담아내야 하는 것입니다. 이러한 이유로 위 문장에 대한 영어표현에서 fish와 bean는 가산명사인 보통명사일 수밖에 없습니다.

■ <단, 복수 동형>의 단어

fish의 경우, 보통명사로 사용되는 경우에는 '일반적으로' <단, 복수 동형>입니다. 즉 '일반적으로' 단수 형태와 복수 형태가 모두 동일한 fish입니다. 이에 따라 one fish, two fish, three fish로 나타냅니다. 복수에 fishes를 사용하는 경우도 있지만, 많지는 않습니다.

따라서 보통명사로 사용되는 경우에 fish는 원칙적으로 <단, 복수 동형>으로 생각하면 되겠습니다. 다만, 이 경우에 간혹 fishes를 복수형으로 사용하는 경우도 있다는 점을 알아두시기 바랍니다.

잠시 영어의 단, 복수 유형 중에서 <단, 복수 동형>의 경우에 대해서 살펴보도록 하겠습니다. 일반적으로 <단, 복수 동형>으로 분류되는 단어는 다음과 같습니다.

> fish(cf. 다른 종류라면 fishes), sheep(양), trout(숭어), salmon(연어), cod(대구), deer(사슴), swine(돼지), moose(큰사슴), snipe(도요새), etc.

잘 생각해 보면, <단, 복수가 동일한 단어들>은 일반적으로 '항상 무리지어 존재하거나 활동하는 것'들이라는 것을 알 수 있습니다. 원어민들은 이들이 항상 무리지어 존재하기 때문에 가산성이 의미가 없다고 보는 것이고, 이러한 이유로 이들 단어들은 기본적으로(1차적 산물/기본형) 집합명사로 분류합니다.

그리고 더 나아가 보통명사인 경우에도 단, 복수의 구분이 필요하지 않다고 생각했다는 것입니다. 이로부터 '항상 무리지어 존재하거나 활동하는 것'들에 대한 원어민들의 시각을 조금 더 엿볼 수 있다고 생각됩니다.

물론 '항상 무리지어 존재하거나 활동하는 것'들이 모두 <단, 복수 동형>의 단어들인 것은 아니기 때문에, 아마도 이들 단어가 <단, 복수 동형>인 것에는 다른 이유가 존재할 수도 있을 것입니다. 그렇다 하더라도 이들 단어들이 일반적으로 '항상 무리지어 존재하거나 활동하는 것'들이라는 공통점이 있다는 점은 분명합니다.

결론적으로 위 box 안에 정리된 단어들은 fish와 유사하다고 보면 됩니다. 즉 <단, 복수 동형>의 단어들은 '항상 무리지어 존재하거나 활동하는 것'들이기 때문에 기본적으로(1차적 산물/기본형) '집합명사'로 볼 수 있습니다. 그리고 만약 가산성이 존재하는 상황에서는 보통명사로서 취급하게 되는데, 이때 특이한 점은 <단, 복수 동형>이라는 것입니다.

아무튼 이처럼, 일반적인 경우가 아니라, 즉 fish, cow 등이 떼(무리, 집단)를 이루고 있지 않고 몇 마리만 있는 경우, 또는 rice, beans 등이 몇 알만 있는 특별한(?) 상황이라면 보통명사처럼 취급하면 됩니다.

'집합명사'라는 문법적인 원칙에 대해서 너무 얽매이지 않고, '상황에 대한 판단'을 토대로 '자신감'있게 접근하도록 하는 것이 중요합니다. 결국 중요한 점은 '상황과 화자의 판단(의도)'이 됩니다. 즉 '상황과 화자의 판단(의도)'에 따라서 '물고기와 콩'이 집합명사로 취급될 수도 있고, 보통명사로 취급될 수도 있는 것입니다.

다음으로 집합명사인 fish에 대해서 '종류'에 초점을 둔 경우에는 다음 예문에서와 같이 부정관사(a/an, -s)를 적용할 수 있습니다.
영어에서 '종류'도 가산성이 존재합니다. '종류의 가산성'이 존재하는 경우에는 fish의 복수형은 fishes가 됩니다.

■ 2차적 산물 III - 종류

Water is the element of **fishes**.
　물은 어류의 생식구역이다.
Here, under the ice, **fishes** swim.
　여기, 얼음 아래에서, 물고기들이 헤엄쳐요.
She put **many frozen fishes** away in the refrigerator.
　그녀는 냉장고에 많은 냉동 생선을 비축해두었다.

결론적으로 fish의 복수형은 fish와 fishes 둘 다 가능합니다. 물고기가 한 종류밖에 없을 경우에는 fish의 복수형은 fish입니다. 그리고 이 경우에 있어서 복수형 fish는 '물고기 수(數)'가 복수라는 의미입니다.

반면에, **'종류'에 대해서 말할 경우에는 fish의 복수형은 fishes입니다. 이 경우 복수형 fishes는 '물고기 종류'가 복수라는 의미입니다.**

잘 생각해 보면 '물고기 종류'가 복수라는 것은 당연히 '물고기 수(數)'가 복수라는 의미도 자동적으로 내포되어 있습니다.
따라서 fishes는 핵심인 '물고기 종류'가 복수라는 의미를 나타내는 것이지만, 동시에 부수적으로 '물고기 수(數)'가 복수라는 의미도 함께 나타내고 있는 것입니다.

다음 문장의 의미를 생각해보시기 바랍니다.

He caught **two fishes**.
    a. 그는 **물고기 두 마리**를 잡았다.
    b. 그는 **두 종류의 물고기**를 잡았다.

b가 맞는 해석이 됩니다. 특별한 설명은 하지 않겠습니다.

한편, 만약 fish가 음식으로 간주되는 경우라면, 다음 예문에서처럼 물질명사(무관사 ∅)로 나타내어야 합니다.

    People who eat **fish**, it seems, stay sharper for longer.
        생선을 먹는 사람들은 정신을 더 오랫동안 또렷하게 유지하는 것 같습니다.
    Raw fish sometimes is dangerous for health.
        생선회는 때로 건강을 해칠 위험이 있어요.
    The special course for dinner was **baked fish**.
        저녁을 위한 특별 요리코스는 훈제생선 이었다.
    We had **fish** for the main course.
        우리는 메인 코스로 생선 요리를 먹었다.
    He like to eat **fish**.
        그는 생선 먹기를 좋아한다.

결국, a fish는 '움직이는 한 마리 물고기'를 의미하고, ∅ fish는 요리되어 있는 죽어있는 물고기를 의미한다고도 정리할 수 있습니다.
다시 한 번 더 정리하면, 결론적으로 '어떠한 상황'인가를 파악하는 것이 중요합니다. 이에 대해서는 스스로의 판단을 통해서 해결해야 합니다.

가산성이 존재한다는 말의 문법적 의미는 ①단, 복수형이 별도로 존재하고 ②one, two 같은 수사를 사용할 수 있다는 의미입니다. 흔히 알고 있는 내용 같지만, 명사의 가산성과 관련하여 중요한 의미를 가집니다.

우리가 흔히 범하기 쉬운 오류 중의 하나가 명사에 '-s'가 사용된 경우, 복수형이라고 생각하고 당연히 가산명사로 취급하는 경향이 있습니다.

그러나 영어의 몇몇 명사의 경우 '-s'가 사용되었지만 단수형이 존재하지도 않고, 수사도 사용할 수 없는 경우가 있습니다. 이러한 명사들은 가산성이 존재한다고 할 수 없고, 따라서 가산명사로 취급하면 안 됩니다.

결론적으로, '-s'가 사용된 명사라 하더라도 단수형이 존재하지 않고, 또한 수사를 사용할 수 없다면 가산명사로 볼 수 없습니다. 여기서 알 수 있는 중요한 사실은 명사에 사용된 '-s'가 우리가 흔히 알고 있는 '가산명사의 복수'의 의미만을 가지지 않는다는 것입니다.

명사에 사용된 '-s'가 '가산명사의 복수'의
의미만을 가지지 않는다.

거시적 접근

이 부분은 본서에서 처음 제시하는 내용으로서 지금까지 어느 책에서도 주목하지 않았던 내용입니다. 왜 이처럼 중요한 역할을 하는 '-s'에 대해서 지금까지 전혀 정리가 되지 않았었는지 의문이 갈 정도입니다.

명사뿐만 아니라, 동사, 형용사 등에 첨가되어 사용되는 '-s'는 영어에서 구조적으로 매우 중요하고, 또한 의미적으로도 다양한 역할을 수행하고 있습니다. 다양하다는 것은 한 가지 역할만을 하지 않는다는 의미입니다.

이에 대해서는 앞으로 내용이 전개되면서 하나씩 제시하도록 할 것이고, 또한 마지막에는 '-s'의 다양한 의미와 기능에 대해서 '-s의 역할'부분에서 '종합적으로' 정리할 것입니다.

■ '<집합과 원소>의 원리'와 가산성

한편 '<집합과 원소>의 원리'에서 '가산성'과 관련되어 논의가 필요한 부분은, 일단 다음 3가지입니다. 오해하지 말아야 할 점은, 다음의 ①, ②, ③은 가산성이 존재한다는 것이 아니라, 가산성에 대해서 논해야 하는 대상이라는 것입니다.

---

① 원소   ② 집합   ③ 종류

---

* ②집합은 '전체집합'을 의미합니다. 즉 '부분집합'은 해당되지 않습니다.
  cf. 참고로 <전체의 부분>에서 '부분'도 가산성이 존재합니다.

먼저 '일단'이라는 표현으로부터, 위 3가지 이외에 더 존재한다는 것을 알 수 있습니다. 그렇습니다. '전체의 부분'도 가산성과 관련되어 있습니다. 정확하게 말하면 가산성이 존재할 수 있습니다.

다만, 아직 전혀 이에 대해서 설명이 되어있지 않기 때문에, 여기서는 다루지 않고 다음에 설명하도록 하겠습니다. '전체의 부분'은 넓게 보면 ①원소와 유사한 측면이 많다는 정도만 기억해 주시기 바랍니다.

① 원소

먼저, '원소'는 지금까지 우리가 알고 있는 관사에 대한 내용과 관계되는 일반적인 경우로서, 다음과 같은 보통명사의 그림을 생각하면 되겠습니다.

(가)

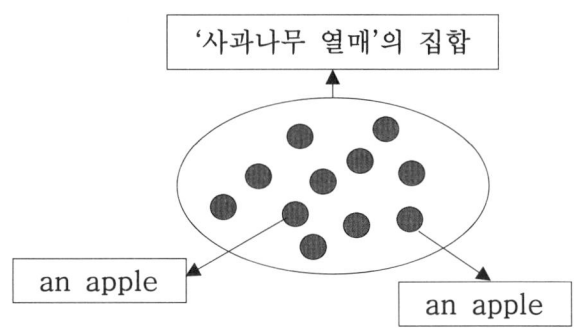

  '<집합과 원소>의 원리'라는 관점에서 보면, 보통명사만이 원소가 존재합니다. 그리고 이러한 이유로 보통명사에는 가산성이 존재합니다. 정확히 말하면 보통명사의 집합을 구성하는 원소들에는 가산성이 존재합니다. 앞에서 부정관사 a/an에 해당되는 '원소의 특징'에 대해서 정리한 바 있습니다.
  반면에 나머지 다른 종류의 명사(물질, 추상, 집합)들은 위와 같은 동일한 그림에 해당되지 않기 때문에 원칙적으로 가산성이 존재하지 않습니다.

  결국, 보통명사는 집합을 구성하는 원소들에 대해서 가산성이 존재하기 때문에 부정관사(a/an, -s)의 대상이 되는 것이고, 반면에 나머지 다른 종류의 명사(물질, 추상, 집합)들은 원소가 존재하지 않거나(물질, 추상명사), **또는 여러 가지 이유로 인해서 '원소'를 명확하게 파악하기 힘든 경우(집합명사)에, 결국 원소의 가산성이 존재하지 않기 때문에 부정관사 a/an을 적용할 수 없는 것입니다.**

  잊지 말아야 할 점은, '<집합과 원소>의 원리'라는 관점에서 기본은 '집합'이 아니라 '원소'라는 것입니다.

> '<집합과 원소>의 원리'라는 관점에서
> 기본은 '집합'이 아니라 '원소'이다.

이는 ⓐ명사와 ⓑ관사의 관점에서 각각 확인할 수 있습니다.

ⓐ먼저 **'명사의 관점'**에서 살펴보면, 이미 여러 차례에 걸쳐 '<집합과 원소>의 원리'에서 기본은 보통명사라고 하였습니다. 따라서 '<집합과 원소>의 원리'에 의한 기본그림은 위에 제시한 그림 (가)와 같습니다. 이로부터 apple, book, car 등과 같은 보통명사는 '집합'이 아닌 '원소에 대한 명칭'이라는 점에서 <기본은 '집합'이 아니라 '원소'라는 것>을 확인할 수 있습니다.

ⓑ다음으로 **'관사의 관점'**에서 살펴보면, 관사의 출발점은 '원소'이고, 처음에는 '집합'은 전혀 고려의 대상이 아니었습니다. 최초의 관사가 '원소'에 해당되는 부정관사 a/an이었고, 집합을 나타내는 정관사 the는 이후에 도입되었다는 것을 생각하면 충분히 이해할 수 있을 것입니다. 물론, 관사의 도입이 '의도적으로' '<집합과 원소>의 원리'를 염두에 두고 이루어진 것은 아니지만, 결과적으로 그렇다는 것입니다.

결국, 영어는 '관사와 명사'에 대해서 최우선적으로 '원소'의 관점에서 접근하게 됩니다. 그런데 만약 이러한 접근에 의해서 해결되지 못하는 경우에 대해서는 어쩔 수 없이(?) '집합'의 관점에서 접근하게 됩니다.

② 집합 - 전체집합

여기서 말하는 집합은 '전체집합'만을 의미합니다. '부분집합'은 일단 제외합니다. 즉 이 부분에서는 전체집합에 대해서만 논하도록 한다는 것이고, 정관사 the의 적용대상인 부분집합에 대해서는 별도로 다루게 됩니다.

이와 관련하여, 위에서 제시한 보통명사에 대한 그림 (가)는 '<집합과 원소>의 원리'에 대한 기본적인 내용을 담고 있습니다. 그림 (가)를 보더라도 '전체집합'과 '원소'만이 제시되어 있을 뿐이고, 부분집합은 다루지고 있지 않음을 확인할 수 있을 것입니다.

이러한 내용을 반영하여 '<집합과 원소>의 원리'에서 '가산성'과 관련되어 논의가 필요한 부분은 다음과 같이 수정할 수 있습니다.

---

① 원소　　② 전체집합　　③ 종류

---

*전체집합에 해당되는 것은 집합명사와 총칭입니다. 이 중에서
 이 부분에서 논의되는 전체집합은 집합명사입니다.

결론적으로 보통명사에 대한 그림 (가)에 있어서 '전체집합'은 '관사와 명사'의 관점에서 논의의 대상 자체가 아닌 것입니다. 이는 전체집합은 '원칙적으로' 관사의 적용대상이 아니라는 의미입니다.

그런데 영어는 여러 가지 이유로 부득이하게 '원소'를 명확하게 파악하기 힘든 경우에 '집합'에 주목하게 됩니다. 여기서 집합은 '전체집합'을 의미합니다(집합에 주목해야 하는 '여러 가지 이유'에 대해서는 이미 개별적으로 잠깐 잠깐 언급하기도 하였지만, 집합명사부분에서 종합적으로 제시하도록 하겠습니다).

■ 여러 가지 이유로 부득이하게 '원소'를 명확하게
　파악하기 힘든 경우에 '집합'에 주목한다.

⇨　여기서 집합은 '전체집합'을 의미한다.

그리고 이는 집합명사에 해당되는 개념으로서, 다음 그림 (나)와 같은 경우가 대표적인 경우입니다.

(나)

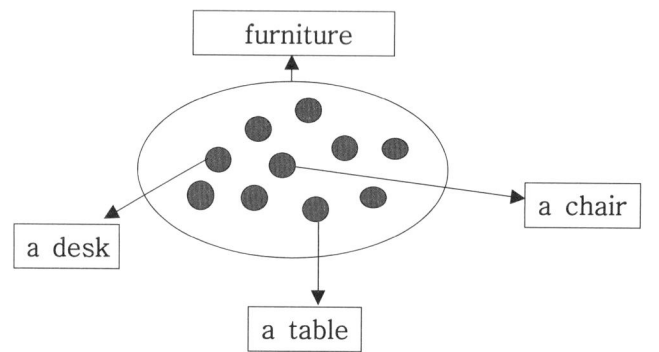

위 그림 (나)에서 집합을 구성하는 원소는 a desk, a table a chair 등으로서 어느 하나로 통일되어 있지 않습니다. 위에서 살펴본 보통명사에 대한 그림 (가)를 구성하는 원소가 an apple 하나로 통일되어 있는 것과 비교해 보면 쉽게 이해할 수 있을 것입니다.

그림 (나)의 집합을 구성하는 원소가 어느 하나로 통일되어 있지 않다는 것은, 다른 말로 하면 집합을 구성하는 원소가 '복수의 종류'라는 의미이기도 합니다.

> 집합을 구성하는 원소가 어느 하나로 통일되어 있지 않다는 것은, 집합을 구성하는 원소가 '복수의 종류'라는 의미이다.

거시적 접근

그림 (나)와 같은 경우는 원소가 어느 하나로 통일되어 있지 않기 때문에, '원소'에 의해서는 나타낼 수가 없습니다.

결국 남은 것은 (전체)집합뿐입니다. 따라서 그림 (나)를 나타내기 위해서는 어쩔 수 없이(?) 집합에 의존할 수밖에 없는 것이고, 이에 부합하는 것이 집합 명사입니다. 위 그림 (나)는 furniture라는 전체집합을 나타내는 단어를 별도로 만들어서 단어로 나타내고 있습니다.

위와 같은 그림이 '대표적인' 집합명사에 대한 그림입니다. 이로부터 '일단' 집합명사는 집합을 구성하는 원소가 '복수의 종류'인 경우라고 말할 수 있습니다.

집합명사는 집합을 구성하는 원소가 '복수의 종류'이다.

- 한편, 앞에서 언급했듯이 '전체집합'은 1개만 존재합니다. 즉, 전체집합에는 '가산성'이 존재하지 않는다는 것입니다. 이러한 이유로 원칙적으로 전체집합을 나타내는 집합명사는 '가산성'이 존재하지 않습니다. 따라서 전체집합을 나타내는 집합명사는 원칙적으로 부정관사 a/an의 대상이 아닙니다.

- 또한 원칙적으로 **'처음부터'** 하나만 존재하는 경우이기 때문에 집합명사에는 '물리적, 가시적 특정성'에 의해서 '정관사 the를 적용하지도 않습니다(이에 대해서는 정관사 the부분에서 설명하도록 하겠습니다).

- **결론적으로 집합명사는 '원칙적으로는' 무관사 Ø입니다.**

③ 종류

종류에 대한 내용은 상당히 내용이 많습니다. 일단 앞으로 상당부분 예문이 제시되지 않고, 설명으로만 정리되게 됩니다. 그리고 설명이 어느 정도 마무리된 후에 예문은 충분히 제시될 것입니다. 따라서 한동안 예문이 제시되지 않아서 다소 난해하고 복잡하더라도 이해해 주시기 바랍니다.

마지막으로 '종류(種類)'라는 개념이 가산성과 관련이 있습니다. 결론적으로 '종류'에는 가산성이 존재합니다. 즉, 영어에서 '종류'는 셀 수 있습니다. 설명에 앞서 '종류'는 집합명사와 관련이 있습니다. 즉 '종류'가 존재한다는 것은 해당명사가 집합명사라는 의미이기도 합니다.

> **'종류'가 존재한다는 것은 집합명사라는 의미이다.**

사실 '종류'는 '<집합과 원소>의 원리'라는 측면에서 보게 되면, 앞에서 살펴본 '원소'와 '집합'과는 분명한 차이가 있습니다. <집합과 원소>에 대한 기본 그림인 (가)를 보면, '원소'와 '집합'은 존재하지만, 종류는 별도로 존재하지 않습니다. 이러한 내용이 의미하는 바는, '종류'는 '<집합과 원소>의 원리'라는 측면에서 보면 '원소'와 '집합'처럼 항상 존재하는 필수적인 기본요소는 아니라는 것입니다.

따라서 지금부터 설명하게 될 종류는 '모든 집합'에 존재하는 것이지만, 이는 숨어있기 때문에 보려고 하는 사람에게만 보이는 '숨은그림찾기'와 유사한 측면이 있다고 생각됩니다. 이 말은 모든 명사는 집합명사가 될 수 있다는 말이기도 합니다(물론 고유명사는 제외됩니다).

모든 명사는 집합명사가 될 수 있다.

이러한 점을 염두에 두고 이하에서는 **'종류'**가 가지고 있는 특징(1, 2)을 정리해 보겠습니다.

1 먼저 '종류'와 '종류의 가산성'의 차이에 대해서 살펴보도록 하겠습니다(종류 vs 종류의 가산성).

설명에 앞서 '종류'와 '종류의 가산성'은 다른 차원의 문제라는 점을 강조하고자 합니다. 이는 한마디로 '종류'의 개념이 존재한다고 해서, 무조건 '종류의 가산성'이 존재하는 것은 아니라는 것입니다. 즉 '종류'와 '종류의 가산성'이 항상 동반되는 것은 아닙니다.

다만, **고유명사를 제외하게 되면**, 즉 보통명사, 물질명사, 추상명사, 집합명사는 '종류'에 초점을 맞추는 경우에는 '종류의 가산성'도 동시에 존재하게 됩니다. 즉, 동반하게 됩니다.

따라서 **고유명사가 아니라면** '종류'와 '종류의 가산성'은 거의 동일한 것으로 볼 수 있습니다.

ⓐ 종류

이 부분은 각각의 명사 종류(보통명사, 물질명사, 추상명사, 집합명사, 고유명사)에 '종류'라는 개념이 존재할 수 있는가에 대한 내용입니다.

'원소'는 원칙적으로 보통명사에만 존재하는 개념이지만, '종류'는 5가지의 모든 종류의 명사, 즉 보통명사, 물질명사, 추상명사, 집합명사, 고유명사에 존재할 수 있습니다. 그렇다 하더라도 '종류'와 <보통명사, 물질명사, 추상명사, 집합명사, 고유명사>와의 개별적인 관계는 동일하지 않습니다.

먼저, 집합명사에 있어서 '종류'는 본질적인 특징입니다. 즉 집합명사에 있어서 '종류'는 상황과는 상관없이 '항상' 존재하고 있는 내재적인 특징입니다. 이에 대해서, 뒤에서 다시 다루겠지만, '종류'는 '집합명사에만 존재하게 된다고 말할 수도 있고, 따라서 결국 '종류'가 존재하는 것은 모두 '집합명사'라고 말 할 수도 있습니다.

> ■ 집합명사에 있어서 '종류'는 본질적인 특징이다.
>
> ⇨ '종류'는 '집합명사에만 존재하게 된다.
>
> ⇨ '종류'가 존재하는 것은 모두 '집합명사'이다.

반면에 집합명사를 제외한 나머지 명사(보통명사, 물질명사, 추상명사, 고유명사)들에 있어서는 일반적으로 '종류'는 존재하지 않는 개념입니다. 다만, 상황에 따라서 '화자(話者)'는 이들 명사에 '종류'라는 개념을 첨가할 수 있습니다.

한편 앞에서 '종류'가 존재하는 것은 모두 '집합명사'라고 말 할 수 있다고 하였습니다. 이는 '종류'라는 개념은 '집합명사'와 관계가 있다는 것입니다. 이와 연장선상에서, 결국 고유명사를 제외한, 보통명사, 물질명사, 추상명사는 '종류'의 개념이 첨가되면 모두 '집합명사'가 되는 것입니다.

> ■ '종류'라는 개념은 '집합명사'와 관계가 있다.
>
> ⇒ 고유명사를 제외한, 모든 명사(보통명사, 물질명사, 추상명사)는 '종류'에 초점을 맞추는 경우에는 '집합명사'가 된다.

상식적으로 생각해보더라도, 개념적으로 '여러 종류의 책(book), 여러 종류의 물(water), 여러 종류의 행복(happiness)' 등이 모두 가능합니다. 이 경우 여러 종류의 책, 여러 종류의 물, 여러 종류의 행복'은 모두 집합명사라는 것입니다. 즉 book은 보통명사이지만, '여러 종류의 책'은 집합명사의 개념입니다. 마찬가지로 water와 happiness는 각각 물질명사와 추상명사이지만, '여러 종류의 물', '여러 종류의 행복'은 모두 집합명사입니다.

결국 고유명사를 제외한, 모든 명사(집합명사, 보통명사, 물질명사, 추상명사)는 '종류'의 개념이 반영되어 있다면 모두 '집합명사'로 역할하고 있다고 보면 되겠습니다. 반면에 고유명사는 '종류'의 개념이 첨가되었더라도 여전히 고유명사입니다. 자세한 설명은 바로 뒤에 이어지게 됩니다.

ⓑ 종류의 가산성

이 부분은 '어떠한 상황'과 '어떠한 경우'에 '종류'가 실제로 명사적 표현으로 발현되는가에 대한 내용입니다.

'종류의 가산성'은 쉽게 말해서 복수의 '종류'가 존재한다는 것입니다. '종류의 가산성'에 대해서는 2가지 측면에서 정리할 수 있습니다.

i)첫째, 앞에서 '원소'에는 가산성이 존재한다고 정리하였습니다. 이러한 '원소에 대한 가산성'을 '일반적인 가산성'이라고 하겠습니다.

'일반적인 가산성'은 가산명사인 보통명사에만 존재합니다. 반면에 '종류와 관련된 가산성'은 고유명사를 제외한 모든 종류의 명사, 즉 보통명사, 물질명사, 추상명사, 집합명사에 존재하게 됩니다.

일단 이로부터 '종류'의 개념은 모든 명사에 존재할 수 있지만, '종류의 가산성'은 고유명사를 제외한 나머지 명사에만 존재함을 알 수 있습니다.

> '종류'라는 개념은 모든 명사에 존재할 수 있지만, '종류의 가산성'은 고유명사를 제외한 나머지 명사(보통, 물질, 추상, 집합명사)에만 존재한다.

고유명사는 <특정 대상에 대해서 1:1로 대응되는 '이름 or 명칭'>입니다. 한편, 고유명사에도 '종류'라는 개념이 반영되어 있을 수도 있습니다. 하지만 어떠한 경우에라도, 즉 종류'라는 개념이 반영되어 있는 경우라 하더라도 고유명사의 특성상 <'종류의 가산성'을 포함하여 모든 가산성>이 존재할 수 없습니다. 이는 상식적으로 고유명사인 the White House, America, Europe, Tom, John 등이 복수로 존재할 수는 없기 때문입니다. 결국 다음과 같이 정리할 수 있습니다.

> 보통명사, 물질명사, 추상명사는 '종류'의 개념이 첨가되면 모두 '집합명사'가 된다. 반면에 고유명사는 '종류'의 개념이 첨가되더라도 여전히 고유명사이다.

이에 대해서, 고유명사에 '종류'의 개념이 첨가되더라도 보통명사, 물질명사, 추상명사와는 달리 집합명사가 되지 못하는 근본적인 이유는, 고유명사에는 '종류의 가산성'이 존재할 수 없기 때문이라고 정리할 수 있습니다.

이렇게 본다면, 집합명사의 핵심은 '종류'보다는 '종류의 가산성'이라고 볼 수 있습니다.

> 집합명사의 핵심은 '종류'보다는 '종류의 가산성'이다.

다만, 고유명사를 특별한(예외적인) 경우로 본다면, 여전히 앞에서 정리한 것처럼 '일반적'으로 <'종류'는 '집합명사'와 관계가 있다>라고 보는 것은 맞습니다.

ii) 둘째, 다음으로 '종류의 가산성'은 '일반적인 가산성'과는 차이가 있습니다.

'일반적인 가산성'이 <객관적인 실체>라는 특성을 가지고 있는 것과는 달리 '종류의 가산성'은 <(화자의) 주관적인 선택 사항>이라는 특성을 가지고 있습니다.

▪ 일반적인 가산성	객관적인 실체
▪ 종류의 가산성	(화자의) 주관적인 선택 사항

'<집합과 원소>의 원리'에 있어서 기본인 그림 (가)에 존재하는 '객관적인 실체'는 '원소'와 '집합'뿐입니다.

보통명사에 대한 '일반적인 가산성'은 <객관적으로 존재하고 있는 '원소'>에 대한 것이기 때문에, 결국 '일반적인 가산성'은 화자의 의도와는 전혀 상관없이 객관적으로 존재하는 실체입니다. 따라서 화자는 상황에 맞게 이를 객관적으로 '있는 그대로' 표현하는 역할만을 하면 됩니다.

예를 들어, 예외 없이 모든 사람들은 '하나의 사과'에 대해서는 an apple로, 그리고 복수의 사과에 대해서는 apples로 나타내게 되는 것입니다. 여기에는 화자의 주관적인 의견이나 판단이 개입할 여지가 없습니다. 즉 사람에 따라서 '일반적인 가산성'에 대한 표현에 차이가 존재할 수가 없다는 것입니다.

반면에, '<집합과 원소>의 원리'에 있어서 기본인 그림 (가)를 보면, '종류'는 어디에도 존재하지 않습니다. 즉 '종류'는 '객관적인 실체'가 아닙니다. 따라서 마찬가지로 '종류의 가산성'도 객관적으로 존재하는 실체가 아니기 때문에, 항상 발현되어 있는 것이 아닙니다. 앞에서 종류는 '모든 집합'에 존재하는 것이지만, 이는 숨어있기 때문에 보려고 하는 사람에게만 보이는 '숨은그림찾기'와 유사한 측면이 있다고 정리한 바 있습니다.

결국 '종류' 및 '종류의 가산성'은 화자의 주관적인 판단에 의해서 표현될 수도 있고 표현되지 않을 수도 있습니다. 즉 화자의 주관적인 선택에 따라서 '종류', 좀 더 정확히 말하면 '종류의 가산성'에 초점을 맞출 수도 있고, 반대로 명사 자체 즉 객관적인 실체인 '원소'와 '(전체)집합' 자체에만 초점을 맞출 수도 있다는 것입니다.

이에 대해서 집합명사인 furniture와 보통명사인 apple을 통해서 살펴보도록 하겠습니다.

- [furniture]

먼저, <항상 종류의 개념이 내재되어 있는 집합명사>인 furniture에 대해서, ①'(전체)집합'으로 볼 수도 있고, 반면에 '구체적인 상황'에 있어서 '집합'을 구성하고 있는 ②'복수의 종류'에 초점을 맞출 수도 있습니다. 그리고 이는 오로지 '화자의 주관적인 선택의 문제'인 것입니다.

①만약 일반적인 경우라면, <전체집합에 해당되는 집합명사>로 보아서 무관사 ∅인 furniture로 나타내게 됩니다. 이 경우에 화자는 '종류'라는 측면에서는 전혀 생각하지 않는 상황입니다.
②반면에 '구체적인 상황'에 놓여있는 furniture에 대해서, 화자가 <집합을 구성하고 있는 원소들에 존재하는 '복수의 종류'>에 초점을 맞추어 접근하는 경우에는 '종류의 가산성'이 존재하기 때문에, a furniture나 furnitures로 나타낼 수 있습니다.

한편, 여기서 '구체적인 상황'이라는 표현에 주목해 주시기 바랍니다. 결론적으로 '복수의 종류'에 초점을 둘 수 있는 경우는, 대부분 '일반적인 상황(총칭적 상황)' 보다는 <특정한 장소, 사람 등과 관련되어 있는 '구체적인 상황'>인 경우가 많습니다.
즉 고유명사를 제외한, 보통명사, 물질명사, 추상명사, 집합명사는 '일반적'으로 '구체적인 상황'에 있어서 '종류'와 '종류의 가산성'의 개념이 발현된다는 것입니다.

■ 구체적인 상황
    ↔ 일반적인 상황(총칭적 상황)

⇨ '복수의 종류'에 초점을 둘 수 있는 경우는 '대부분' '구체적인 상황'이다.

> 보통명사, 물질명사, 추상명사, 고유명사는 '일반적'으로 '구체적인 상황'에 있어서 '종류'의 개념이 첨가되는 경우가 많다.

한편, '대부분', '일반적으로'라는 표현에서 볼 수 있듯이 '종류'의 개념이 100% '구체적인 상황'에서 발현되는 것은 아닙니다. 즉 '일반적인 상황'에서도 '종류'의 개념이 사용될 수 있습니다.

다만 '일반적인 상황'에서도 '종류'의 개념이 사용되는 경우는 집합명사에서만 볼 수 있습니다. 따라서 보통명사, 물질명사, 추상명사로만 한정하면 항상 '구체적인 상황'에서만 '종류'의 개념이 발현되게 됩니다.

이번에도 고유명사는 제외되었습니다. 고유명사는 '종류'의 개념이 존재하더라도, '이름 or 명칭'이기 때문에 일반적인 상황이나 구체적인 상황과는 전혀 관계없습니다. 즉 일반적인 상황이나 구체적인 상황에 따라 의미나 내용에 변화가 없습니다.

예를 들어 KIA Motors, LG Twins 등과 같은 이름(명칭 ; 고유명사)에는 '종류'의 개념이 존재합니다. 왜 이들 명칭에 '종류'의 개념이 존재하는 것으로 보아야 하는지는 이미 앞에서 설명하였습니다. 아무튼 KIA Motors, LG Twins 등과 같은 이름(명칭 ; 고유명사)은 '집합적 복수의 -s'가 적용되었기 때문에 일반적인 상황이나 구체적인 상황을 따질 필요 없이 항상 '종류'의 개념이 존재합니다. 왜냐하면 상황과는 상관없이 처음부터 명칭 자체에 '종류'의 개념이 존재하도록 만들었기 때문입니다. 따라서 KIA Motors, LG Twins 등과 같은 고유명사는 '구체적인 상황'뿐만 아니라, '일반적인 상황'에서도 '종류'의 개념이 존재합니다. 다만 고유명사는 '종류'의 개념이 존재하더라도 여전히 고유명사인 것입니다.

지금까지의 정리로부터 '종류'라는 개념은 '특정 명사', 또는 '특정 종류의 명사'에만 존재하는 것이 아니라는 것을 알 수 있습니다. 즉 '종류'라는 개념은 '특정 명사', 또는 '특정 종류의 명사'에만 내재적으로 존재하는 것이 아니라, 모든 명사, 또는 모든 종류의 명사에 존재할 수도 있고, 존재하지 않을 수도 있다는 것입니다. 그리고 이때 '종류'라는 개념의 존재 여부는 오로지 화자의 판단에 의존하게 됩니다.

- [apple]

이번에는 보통명사인 apple을 예로 들어보겠습니다.

There are **apples** on the desk.

먼저, <책상 위에 놓여있는 복수의 사과>라는 '구체적인 상황'에 대해서, 화자는 이를 모두 '동일한 종류'의 사과로 볼 수도 있습니다. 이 경우에 위 문장에서 apples는 보통명사입니다.

반면에 이들 사과에 존재하는 세부적인 특징에 주목하여, <크기, 흠(상처)의 존재여부 등과 같은 자신이 정한 기준>에 따라서 '복수의 종류'로 구분할 수도 있을 것입니다.

물론 apple에 대해서 이러한 경우는 실제로는 흔하지 않습니다. 즉 일반적으로는 apple에 대해서는 이러한 방식으로 조명하지 않는다는 말입니다. 왜냐하면 이러한 식으로 접근하면 <모든 명사는 집합명사>라는 결론에 이르게 되기 때문입니다. 즉 처음부터 apple이 보통명사가 아니라 집합명사라는 것입니다. 보통명사, 물질명사, 추상명사라는 분류자체가 없어지고, 이들 명사는 모두 집합명사가 된다는 것입니다.

한편 어떠한 단어가 집합명사인지 아닌지의 기준은 '형태의 유사성'입니다.

> **어떠한 단어가 집합명사인지 아닌지의 기준은 '형태의 유사성'이다.**

예를 들어 furniture라는 집합을 구성하고 있는 desk, chair, table, sofa, bed 등은 형태가 유사하지 않기 때문에 집합명사로 취급하는 것입니다. cutlery, jewelry, money 등도 마찬가지입니다.

반대로 <'사과나무 열매'의 집합>을 구성하는 홍옥, 부사, 큰 사과, 작은 사과 등은 '종류'라고 볼 수도 있겠지만, 어떠한 식으로 분류하더라도 모두 유사한 형태를 가지고 있기 때문에 집합명사가 아니라 보통명사인 것입니다. bird, tree 등도 마찬가지입니다.

따라서 apple에 대해서 '종류'의 개념을 연관시키는 것은 '형태의 유사성'이라는 관점에서 보게 되면, 일반적인 경우가 아니기 때문에 다소 무리(?)라고 생각되지만, 설명을 위한 차원으로 받아들이시기 바랍니다. 그러나 완전히 불가능한 것은 아닙니다. 역시 이 경우도 화자의 의도가 중요합니다. 아무튼 '종류'에 초점을 맞추는 경우에는, '종류의 가산성'이 존재하기 때문에 일반적으로 apples로 나타내게 되고, 이는 집합명사로 보아야 합니다. 따라서 이러한 경우에 해당된다면, 위 문장의 apples는 집합명사입니다.

결국 이는(보통명사 vs 집합명사) 화자가 어떠한 점에 주목하여 표현하고자 하는가에 따라 결정되는 것입니다.

다시 한 번 더 반복하면, 여러 차례 설명했듯이 furniture처럼 집합을 구성하는 원소들이 여러 종류(복수의 종류)가 존재하기 때문에, 어쩔 수 없이(?) '집합'에 초점을 맞추게 된 것이 대표적인 집합명사의 모습입니다.

거시적 접근

따라서 집합명사에 있어서 '종류'라는 개념은 항구적으로 존재하는, 즉 내재적인 특성입니다. 그리고 더 나아가 '종류'라는 개념이 존재한다는 것은 자동적으로 '집합명사'와 관련이 있습니다.

2 그리고 '종류에 초점'을 맞추는 경우, 모든 명사에는 '자동적으로' '종류의 가산성'이 존재하게 되어 부정관사(a/an, -s)의 사용이 가능합니다.

'종류'라는 개념은 기본적으로 '2개 이상'의 종류가 존재하는 경우를 의미합니다. 그리고 '2개 이상' 존재하기 때문에 '종류의 가산성'이 존재하는 것입니다. 왜냐하면 만약 '하나의 (동일한) 종류'만 존재한다면 이는 그림 (가)에 해당되는 것으로서, '종류'가 아닌 '원소'에 초점을 맞추어야 하기 때문입니다. 아무튼 기계적으로 ⓐ'종류', ⓑ'종류의 가산성' 그리고 ⓒ'집합명사'는 모두 서로 관련이 있는 개념이라고 기억하시기 바랍니다.

> ⓐ'종류', ⓑ'종류의 가산성' 그리고 ⓒ'집합명사'는
> 모두 서로 관련이 있는 개념이다.

	가산성	부정관사(a/an, -s)	비고
①원소	존재	사용 가능 - 보통명사	일반적인 상황 & 구체적인 상황
②집합	부존재	불가능 - 집합명사	
③종류	존재	사용 가능 - 보통, 물질, 추상, 집합명사	구체적인 상황

> *앞에서 정리했듯이, 보통명사, 물질명사, 추상명사에 '종류'의 개념이 첨가되면 집합명사가 됩니다.
> *참고로, <전체의 부분>도 가산성과 관련이 있습니다. 따라서 영어에서 가산성과 관련이 있는 것은 <원소>, <집합>, <종류>, <전체의 부분>의 총 4가지입니다.
> *한편, <전체의 부분>은 가산성이 존재합니다. 따라서 영어에서 가산성이 존재하는 것은 <원소>, <종류>, <전체의 부분>의 총 3가지입니다. 가산성이 존재한다는 의미는 부정관사 a/an을 적용할 수 있다는 것입니다.
>   - <전체의 부분>에 대해서는 나중에 자세히 정리됩니다.
> *정리하면, 가산성과 관련이 있는 것은 <원소, 집합, 종류, 전체의 부분>의 4가지이고, 이중에서 가산성이 존재하는 것은 <원소, 종류, 전체의 부분>의 3가지입니다.

한편, 가산성이 존재한다는 것의 문법적인 의미는 단, 복수형이 존재한다는 것이고, 또한 이는 부정관사(a/an, -s)가 적용될 수 있다는 의미이기도 합니다. 이는 '종류의 가산성'에 대해서도 마찬가지입니다. 따라서 앞으로, 명사에 부정관사(a/an, -s)가 적용되어 있는 경우에 대해서 무조건 '원소(개체)에 의한 가산성'으로만 파악할 것이 아니라, '종류에 초점'을 맞춘 가산성인지에 대해서도 주의가 필요합니다.

지금까지 내용을 바탕으로 하여, '종류'에 대해서 좀 더 구체적으로 살펴보도록 하겠습니다.

거시적 접근

■ 종류

'종류'와 관련해서는 2가지 측면에서 설명이 가능합니다.

> (A) 집합명사와 '종류'
> (B) 부정관사 a/an + 형용사 + 명사

*(B)는 134p에 정리되어 있습니다.

(A) 집합명사와 '종류'

먼저, 첫 번째 관점은 위에서 제시한 집합명사에 대한 그림 (나)와 관련지어 설명해 보겠습니다. 이는 '종류'에 대해서는 기본적으로 집합명사와 관련이 있기 때문입니다.

'종류'에 대한 의미 있는 논의가 이루어지기 위해서는 집합을 구성하는 원소는 '2개 이상의 종류가 존재해야 합니다.

만약 '단일 종류'라면 이는 일반적인 보통명사에 대한 그림 (가)에 해당될 것이기 때문입니다. 결국 '2개 이상의 종류'라는 것은 집합을 구성하는 원소가 이질적이라는 의미이고, 이러한 상황은 영어적 관점에서 보면 '원소'에 의해서는 정체를 설명하기 어려운 경우입니다.

즉 '원소'에 의해서는 그림 (나)를 단어로 나타낼 수 없다는 것입니다. 따라서 이러한 경우에 '집합'으로 시각을 돌릴 수밖에 없고, 이러한 차원에서 도출된 것이 집합명사입니다.

앞에서 언급했듯이 '종류'라는 개념은 모든 명사에 가능합니다. 개념적으로 '여러 종류의 책(보통명사), 여러 종류의 물(물질명사), 여러 종류의 행복(추상명사)' 등이 모두 가능합니다. '종류'의 관점으로 보게 되면, 보통명사, 물질명사, 추상명사는 집합명사로 전성됩니다. 따라서 아래의 설명은 '종류'라는 개념을 적용할 수 있는 상황에서, 고유명사를 제외한 모든 종류의 명사에 적용될 수 있습니다.

앞에서 영어는 '여러 가지 이유로 부득이하게 원소를 명확하게 파악하기 힘든 경우'에 집합에 주목하게 된다고 하였습니다. 이 때, '여러 가지 이유' 중에는 집합을 구성하는 원소들이 서로 이질적인 경우가 대표적인 경우입니다.

즉, 영어는 집합을 구성하는 원소들이 동일한 종류가 아니라, 서로 이질적인 종류인 경우에는 부득이하게 집합의 명칭으로 단어를 만들게 되고, 이 때 만들어진 단어는 집합명사로 분류됩니다. 이러한 집합명사는 일반적으로 불가산명사입니다. 따라서 집합명사에는 부정관사 a/an이나 '복수형 어미 -s'를 사용할 수 없습니다.

그런데 집합명사라도 종류에 초점을 맞추는 경우에는 '종류의 가산성'이 존재하게 되어 부정관사 a/an이나 '복수형 어미 -s'가 가능합니다. 다음 그림을 보시기 바랍니다.

(다)

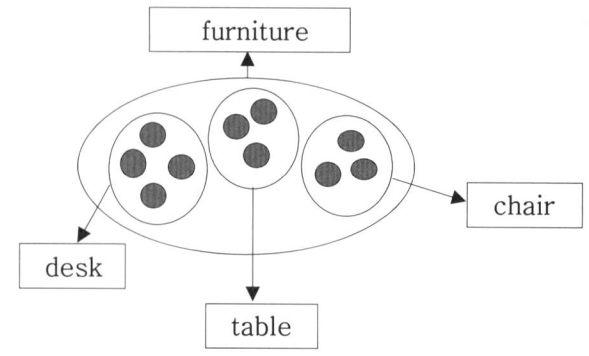

위 그림 (다)는 앞에서 보았던 furniture에 대한 그림 (나)와는 상황이 다릅니다. 그림 (나)가 '일반적인 경우'로서, furniture라는 전체집합에 대한 것이라면, 그림 (다)는 '구체적인 특정 상황'에 있어서의 furniture 집합을 나타내고 있습니다.

예를 들어, 어느 사무실에 들어갔더니 그림 (다)처럼, desk 4개, table 3개, chair 3개가 놓여 있는 경우를 생각해 보면 되겠습니다. 사무실에 놓여 있는 가구(furniture)는 desk, table, chair의 '3가지 종류'로 이루어져 있음을 알 수 있습니다. 결론적으로 집합명사도, '구체적인 특정 상황'에서 종류에 초점을 두는 경우에는 가산성이 존재하게 되어 다음 예문과 같이 부정관사(a/an, -s)를 적용할 수 있습니다.

I am writing to request a catalog of your **furnitures**.
귀사의 가구 카탈로그를 요청합니다.

위 예문에서 furnitures는, <집합명사로서 불가산명사인 furniture>에 '-s'가 적용되어 있습니다. 일단 furniture는 자체가 집합명사이기 때문에 집합명사(집합체)임을 나타내는 '집합적 복수의 -s'는 필요가 없습니다. 따라서 결과적으로 위 문장에서 furnitures의 '-s'는 '복수형 -s'입니다. 그런데 furniture는 보통명사가 아니기 때문에 '-s'는 '개체'를 나타내는 것이 아니라, '종류'를 나타내는 것입니다. 따라서 위 예문에서 furnitures는 한 가지 종류의 가구가 아닌 '복수의 다양한 종류'의 가구를 의미합니다. furnitures의 '-s'는 '종류의 가산성'을 반영하고 있습니다.

지금까지 정리한 내용에 대해서 2 가지만 다시 살펴보도록 하겠습니다.
(1)먼저, 앞에서 '종류의 가산성'은 <(화자의) 주관적인 선택 사항>이라는 특성을 가지고 있다고 했습니다. 이 말은 앞에서 제시한 <어느 사무실에 들어갔더니 desk 4개, table 3개, chair 3개가 놓여 있는 경우>에 대해서 이를 그림 (나)와 같이 볼 수도 있고, 그림 (다)처럼 볼 수도 있다는 것입니다. 그리고 이는 오로지 화자의 <(화자의) 주관적인 선택 사항>이라는 것입니다.

(나)   (다)

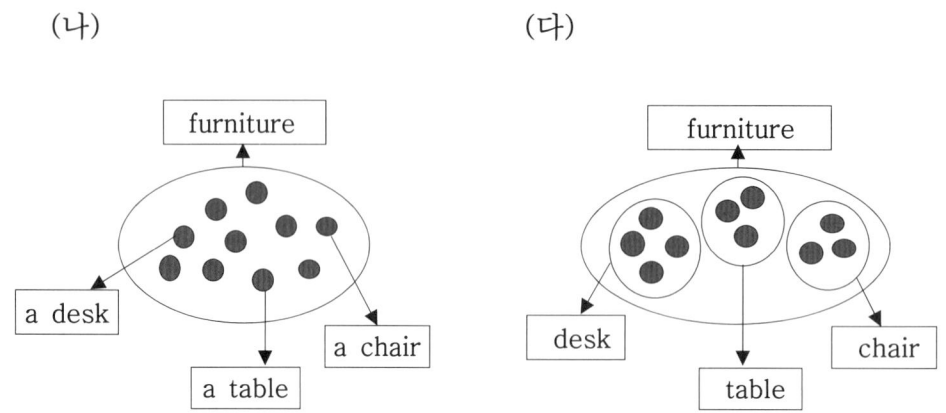

　(2)다음으로, 보통명사, 물질명사, 추상명사도 '구체적인 상황'에 있어서 '종류'의 개념이 첨가되면 집합명사가 된다고 하였습니다.

　설명을 위하여 앞에서 제시한 내용과 같이 <책상 위에 놓여있는 복수의 사과>라는 '구체적인 상황'을 상정해 보겠습니다. 만약 화자가 이들 사과에 존재하는 세부적인 특징에 주목하여, <크기, 흠(상처)의 존재여부 등과 같은 자신이 정한 기준>에 따라서 '복수의 종류'로 구분할 수도 있을 것입니다. 크기를 상(上), 중(中), 하(下)의 3가지 종류로 구분했다고 한다면 다음 그림 (라)와 같습니다.

(라)

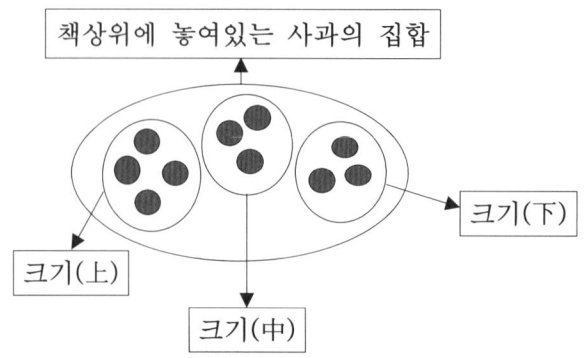

위 그림 (라)는 앞에서 살펴본 그림 (다)와 유사하다는 것을 쉽게 확인할 수 있을 것입니다. 이러한 이유로 보통명사인 apple에 대해서도 그림 (라)와 같이 바라볼 경우에는 집합명사가 되는 것입니다. 복잡한 설명을 특별히 첨가할 필요 없이 그림을 통해서 확인할 수 있다고 생각됩니다.

한편, <책상 위에 놓여있는 복수의 사과>에 대해서 화자는 이를 '전 세계에 존재하는 모든 사과의 전체집합을 구성하는 원소'의 일부로 바라보고, 모두 '동일한 종류'의 사과로 볼 수도 있습니다. 이는 일반적인 apple에 대한 시각으로서 그림 (가)에 부합합니다.

(가)

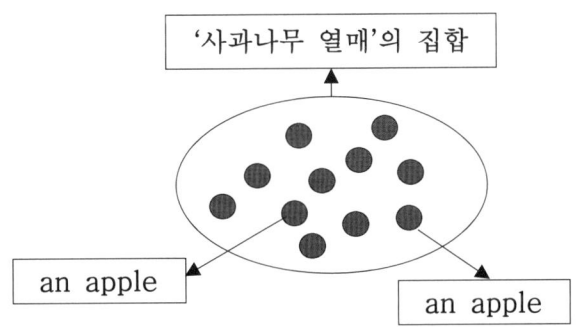

그리고 결국 이번에도 화자는 그림(가)와 그림(라) 중에서 임의로 선택할 수 있습니다. 이는 오로지 화자의 주관적인 선택사항인 것입니다.

잠시 영어에서 집합명사를 만드는 방식에 대해서 다시 간략하게 정리해 보겠습니다.

> ■ 영어에서 집합명사를 만드는 방법은 2가지입니다.
>
> ①**첫 번째 방법**은 furniture, cattle 등의 단어들처럼 새로운 단어를 만드는 방법입니다.
>
> ②**두 번째 방법**은 herbs, vegetables, vitamins 등의 단어들처럼, 이미 존재하는 단어에 '-s'를 첨가하는 방법입니다. 이는 이미 존재하는 단어를 '재활용'하여, 여기에 '-s'를 적용하는 방식입니다. 이때 사용된 '-s'가 '집합체(집합명사)'임을 나타내는 **집합적 복수의 -s**'입니다.
>
> cf. '-s'는 '복수형 어미 -s(부정관사 -s)' 외에도 집합적 복수의 -s'도 있음을 알 수 있습니다. 이처럼 영어의 '-s'는 다양한 용법이 존재합니다.

다음 중 맞는 문장은 무엇인지 생각해 보시기 바랍니다.

- 고기, 달걀, 견과류는 고단백질의 식품이다.

A: Meat, eggs, and nuts are **foods that are** high in protein.
B: Meat, eggs, and nuts are **food that is** high in protein.

food는 원래 '물질명사'입니다.

그런데 위 내용은 식품의 '종류'를 시사하고 있기 때문에, 여기서 food는 '(물질적) 집합명사'입니다. '종류'는 가산성이 존재합니다. 따라서 '복수형 어미 -s'가 적용된 A문장(foods)이 정답입니다.

다음 문장도 '음식의 종류'가 중요한 경우입니다.

The restaurant also famous for **delicious foods**.
그 식당은 맛있는 음식으로도 유명하답니다.

위 문장은 '다양한 종류의 음식'으로 유명하다는 의미이기 때문에 foods가 적절합니다. '종류에 초점'을 두지 않고 식품 일반을 말하는 경우에, food는 물질명사이기 때문에 다음처럼 '-s'를 사용하지 않고 무관사 ∅가 적용됩니다.

They used up his reserve of **food**.
그들은 비축한 음식을 다 썼다.

이번에는 fish라는 단어를 통해서 <'집합명사'와 '종류'>에 대해서 '종합적으로' 좀 더 살펴보도록 하겠습니다. fish에 대해서는 이미 앞에서 어느 정도 정리한 바 있지만, 종합적으로 조금 더 다루어 보겠습니다. 그리고 fish에 대한 것 이외에도 지금부터 정리할 내용 중에는 많은 부분이 앞에서 이미 언급했던 내용이 반복되고 있습니다.

■ fish
집합명사 vs 보통, 물질, 추상, 고유명사
(화자의 주관적 선택의 영역)

(1) 화자의 주관적 선택의 영역

앞에서 추상명사의 관사적용과 관련해서 '화자의 주관적 선택의 영역'이 존재한다는 것에 대해서 여러 차례 언급했었습니다. 그리고 자세한 내용은 추상명사 부분에서 설명하겠다고 하였습니다. 한편, 영어에서 '관사, 명사'와 관련하여 '화자의 주관적 선택의 영역'은 추상명사에만 존재하는 것은 아니고, 몇 군데가 더 있습니다. 집합명사도 그 중의 하나입니다.

지금부터는 집합명사와 관련하여 존재하는 '화자의 주관적 선택의 영역'에 대해서 잠시 설명하도록 하겠습니다. 다만 미리 강조할 점은, 집합명사와 관련하여 '화자의 주관적 선택의 영역'이 존재한다는 점도 중요하지만, 아울러 여기에서는 '화자의 주관적 선택의 영역'이라는 개념 자체가 영어를 외국어로 학습하는 우리들에게 구체적으로 어떠한 의미를 갖고 있는지에 좀 더 집중해서 설명을 해 나가도록 할 것입니다.

먼저 다음 예문을 살펴보도록 하겠습니다.

- 연못에는 많은 물고기가 있습니다.
  ① There are a lot of **fish** in this pond.
  ② There are a lot of **fishes** in this pond.

위 문장 ①, ②에서 fish와 fishes에 대해서 다음과 같은 시각이 존재할 수 있습니다.

거시적 접근

> [문장①(fish)]
> a. '종류'에 초점을 두지 않고, 집합적 개념인 '무리를 이루고 있는 물고기 일반'을 말하는 경우이거나,
> b. 또는 '종류'에 초점을 두더라도, '무리를 이루고 있는 물고기'가 '한 가지 종류'로만 이루어진 경우입니다.
>
> [문장②(fishes)]
> c. '종류'에 초점을 두어 '여러 종류'의 물고기가 있다는 것을 의미합니다. 이 경우 fishes는 '집합명사'입니다.
>   - 종류의 가산성 존재
> d. 또한 매우 작은 연못인 경우에, 그리고 물고기가 충분히 셀 수 있을 정도로서, 셀 수 없을 정도로 지나치게(?) 많지 않을 경우에는, 물론 흔하지는 않지만 fishes를 '보통명사'로 볼 수도 있습니다. 일반적으로 이러한 경우에도 [문장①]처럼 fish로 나타냅니다. 즉 fish의 복수형은 일반적으로 fish로서, <단, 복수 동형>의 단어라고 할 수 있습니다.
>
> - a와 c가 가장 일반적인 경우이다. b는 흔한 경우가 아님.
> - a, b의 fish와 c의 fishes는 집합명사이고 d의 fishes는 보통명사이다.

한 가지 흥미로운 사실은 ①, ②문장에서 fish와 fishes가 <집합명사(a, b, c), 종류(집합명사: b, c), 보통명사(d)>의 내용으로 a~d와 같이 다양하게 분석될 수 있지만, 결국 우리말 해석은 <연못에는 많은 물고기가 있습니다>로 동일하다는 점입니다. 즉 ①(a, b)이 되었든, 아니면 ②(c, d)가 되었든 간에, '동일한 하나의 실체'를 나타내는 표현으로서, 전하려고 하는 기본적인 정보에 있어서는 큰 차이는 없습니다.

이를 통해서 제가 주장하고자 하는 바는, 우리들은 위 문장에서 fish를 어떻게 표현하는 것이 문법적으로 적절한 것인지에 대해서 가장 집중할 것이지만, 사실 ①, ②문장에서 fish와 fishes는 본질적인 차이를 가져오는 요소는 아니라는 것입니다. 따라서 '영어를 외국어로 배우는 우리의 입장'에서 보면, 물론 앞에서 정리한 것(a~d)처럼 분명 '숨어있는 의미적 차이'는 존재하지만, fish와 fishes 중에서 어느 것을 선택하더라도 '기본적인 내용'을 전달함에 있어서는 전혀 부족함이 없습니다. 따라서 이 부분도 어느 정도 수준까지는 '화자의 주관적 선택의 영역'의 하나로 볼 수 있습니다.

위에서 a~d로 정리한 '숨어있는 의미적 차이'이란 실체적 사실의 차이가 아니라, '거의 동일한 상황'에 대한 '화자의 시각의 차이'일 뿐입니다. '연못에 있는 물고기'라는 동일한 상황을 어떻게 볼 것인가의 문제입니다. 좀 더 이해하기 쉽게 말하면, '동일한 상황'에 대해서 한 사람이 아닌, 여러 사람이 이를 동시에 문장으로 표현할 경우에, 각각의 사람들이 자신들의 시각에 따라 a, b, c, d 등의 서로 다른 의도(판단)와 생각을 가지고 있을 수 있습니다. 이때, a, b, c, d는 화자의 '주관적인 시각의 차이'인 것이지, '객관적인 실체적 상황의 차이'는 아닙니다. 이렇게 본다면, '화자의 주관적 선택의 영역'이란 '화자의 주관적인 시각의 차이'를 말하는 것이라는 것을 알 수 있습니다.

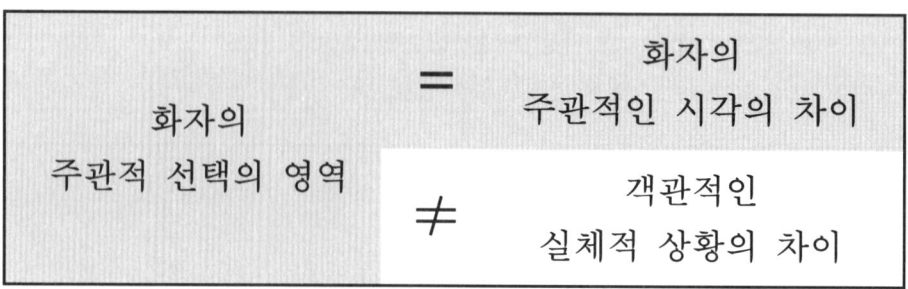

이러한 내용으로부터 강조되어야 할 점은, 결국 '화자의 주관적 선택의 영역'에서 가장 중요한 것은 화자인 '나'라는 점입니다. 정확히 말하면 화자인 '나의 의도(판단)' 또는 '나의 시각'이 중요합니다.

거시적 접근

우리는 영어가 우리말이 아니라 외국어이기 때문에, 항상 객관적인 문법적 기준이 무엇인지에 대해서 가장 먼저 신경을 쓰게 됩니다. 회화나 작문 등에서 문장을 생산할 경우, 나의 생각이나 의도보다는 문법에 부합하는지가 가장 큰 관심사가 됩니다. '문법의 굴레'라고 생각됩니다. 많은 학습자들이 문법에 부합하는지를 신경 쓰다가 정작 자신감 있게 영문 표현을 만들어 내지 못하고 있습니다. 물론 문법적 지식을 습득하는 것과 그리고 이러한 문법적 기준에 부합하는 것은 의심의 여지없이 분명 중요하지만, 언어라는 것이 결국 화자의 의견이나 생각을 나타내는 도구이기 때문에 화자의 '의도(판단)'와 '시각'이 중요할 수밖에 없습니다. 특히 '화자의 주관적 선택의 영역'에서 만큼은 가장 중요한 것이 화자인 나의 '의도(판단)'와 '시각'입니다.

> '화자의 주관적 선택의 영역'에서 만큼은 가장
> 중요한 것이 화자인 '나의 의도(시각)'이다.

즉, 문법에 부합하는지 생각할 필요 없이, 화자가 자신의 의도(판단)와 시각에 따라 표현했다면 그것으로 충분하다는 것입니다.

예를 들어서 호랑이를 보았더라도 화자인 '내가' 고양이로 보았다면 고양이로 표현하게 되는 것입니다. 이는 시각(판단)의 문제이지, 문법적 차원의 문제가 아닙니다. 호랑이를 고양이라고 말하고 있는 '잘못된 판단'을 지적할 수는 있겠지만 이를 이유로 문장에 대해서 '문법적 오류'를 지적할 수는 없다는 것입니다. 즉 '호랑이를 고양이로 잘못 본 것'에 대해서 문법적으로 틀렸다고 문제 삼을 수는 없다는 것입니다. 호랑이와 고양이는 다소 이질적이기 때문에 다른 예를 하나 더 들어보겠습니다.

어떠한 색을 보고서 A라는 사람은 '초콜렛색'이라고 하고 B라는 사람은 '블랙커피색'이라고 말했다고 했을 때, 이에 대해서 다음과 같이 정리할 수 있습니다.

첫째, A, B 둘 중 어느 하나 또는 전부에 대해서 '문법적으로' 틀렸다고 말할 수 없다. 즉 A, B 모두 문법적으로는 전혀 문제가 없다. 정확히 말하면, 위 내용은 '문법상의 문제'는 아니다.

둘째, 결국 이는 '문법적인 문제'가 아니라 '내용상의 문제'이다. 그리고 내용상으로도 어느 한쪽이 맞고 틀리다고 말 할 수 없다. 즉 A, B 둘 중 어느 하나를 선택하더라도 모두 가능하다.

셋째, 듣는 사람의 입장에서 생각해 보면, 직접보지는 못하더라도 말하는 사람이 대충 어떠한 색에 대해서 말하는 것인가는 어느 정도 짐작할 수 있다. 즉 두 경우 모두 '기본적인 정보'는 충분히 전달하고 있다.

■ 결론적으로, 여기서 '초콜렛색'과 '블랙커피색' 중에서 어떠한 표현을 사용할 것인가는 옳고 그름의 문제가 아니라, 오로지 '화자의 주관적인 선택의 영역'이다.

제가 말하려고 하는 핵심은, '화자의 주관적인 선택의 영역'이란 '문법상의 문제'가 아니라 '내용상의 문제'라는 것입니다. 결국, '옳고 그름의 문제'가 아니라, '선택(판단)의 문제'입니다.

■ '화자의 주관적인 선택의 영역'이란
  '문법상의 문제'가 아니라 '내용상의 문제'이다.

⇨   '옳고 그름의 문제'가 아니라,
        '선택(판단)의 문제'이다.

거시적 접근

많은 분들이 영어에서 중요한 것은 '자신감'이라고 합니다. 우리와 같이 영어를 외국어로 학습하는 입장에서 보면, 100% 정확한 지적이라고 생각합니다. 저는 이러한 '자신감'의 중요한 원천 중의 하나가 '화자의 주관적 선택의 영역'에 대해서 파악하고 이를 활용하는 것이라고 생각합니다.

왜냐하면 '화자의 주관적 선택의 영역'은 화자에게 언어에서 매우 중요한 '유연성'을 제공해주기 때문입니다. 그리고 특히 회화와 영작에 있어서, 그 중심을 '문법'이 아니라, 화자인 나의 '주관적인 선택(판단)의 영역'으로 이동시키는 것이기 때문입니다. 이러한 관점을 바탕으로 하여, 앞으로 여러 부분에서 설명하게 될 '화자의 주관적 선택의 영역'에 접근하시기 바랍니다.

다시 본론으로 돌아오면, 앞에서 추상명사에 대해서는 관사적용에 있어서 '화자의 주관적인 선택의 영역'이 존재한다고 하였습니다. 하나 더 추가하도록 하겠습니다. 어떠한 명사를 <'보통, 물질, 추상, 고유명사'로 볼 것>인지, 아니면 <'집합명사'로 볼 것>인지는 '화자의 주관적인 선택의 영역'에 해당됩니다.

어떠한 명사를 <'보통, 물질, 추상, 고유명사'로 볼 것>인지, 아니면 <'집합명사'로 볼 것>인지는 '화자의 주관적인 선택의 영역'에 해당된다.

⇩⇩⇩

| 보통, 물질, 추상, 고유명사 | VS | 집합명사 |

이와 관련해서, 조금 과장하면 <모든 명사는 집합명사가 될 수 있다>라고 말할 수 있습니다. 고유명사를 제외하고, 원래 집합명사가 아닌 다른 종류의 명사, 즉 보통명사, 물질명사, 추상명사도 모두 집합명사가 될 수 있다는 것입니다.

furniture, crowd 등과 같은 대표적인 집합명사는 원래 '당연히' 집합명사인 것이고, 흔히 보통명사, 물질명사, 추상명사로 알고 있는 단어들도 상황에 따라서 '집합적 개념'이 존재한다고 판단되면 집합명사로 표현할 수 있습니다.

> 조금 과장하면,
> ■ 모든 명사는 집합명사가 될 수 있다.
>
> ⇨ 보통명사, 물질명사, 추상명사도
> 상황에 따라서 모두 집합명사가 될 수 있다.

단, 앞에서 언급했듯이 고유명사만은 차이가 존재합니다. 보통명사, 물질명사, 추상명사의 경우는 '집합적 개념'이 존재하게 되면 모두 집합명사가 되지만, 고유명사는 '집합적 개념'이 존재하더라도 여전히 고유명사입니다. 즉 고유명사도 '집합적 개념'이 존재할 수는 있지만, 그렇다 하더라도 집합명사가 되는 것이 아니라 여전히 고유명사라는 것입니다.

집합명사	- 원래 '당연히' 집합명사	
보통명사	+ 집합적 개념	⇨ 집합명사
물질명사		⇨ 집합명사
추상명사		⇨ 집합명사
고유명사		⇨ 고유명사

한편, '집합적 개념'이 존재한다는 의미의 핵심은 일단 '종류'입니다. '일단'이라는 표현을 사용한 것은, 다른 경우도 있기 때문입니다. 앞에서 이미 언급한 내용이기 때문에 눈치 채신 분들도 있을 것입니다. 이에 대해서는 집합명사에 대해서 종합적으로 다시 정리할 것입니다. 아무튼 '집합적 개념'의 대표적인 핵심은 '종류'입니다.

다만 '종류'가 무조건 '집합적 개념'을 의미하는 것은 아닙니다. 집합이 '복수의 종류'로 구성되어 있어야 '집합적 개념'에 해당됩니다. 만약 하나의 '단일(하나의) 종류'로 이루어졌다면 이는 결국 보통명사에 해당됩니다.

■ '집합적 개념'에 있어서 핵심은 '종류'이다.

⇨ 집합이 '복수의 종류'로 구성되어 있다는 것이다.

한편, '집합적 개념'이 존재한다는 판단은 오로지 화자의 주관적인 판단의 영역입니다. 즉 화자가 개인적으로 어떤 대상이 '복수의 종류'로 이루어져 있다는 판단을 하고, 이를 반영하고자 한다면 이는 집합명사로 보고 있다는 것입니다.

예를 들어서 보통명사인 apple도 만약 종류가 중요한 정보인 상황에서는 집합명사가 되는 것입니다. 책상 위에 여러 개의 사과가 있는데, 부사, 홍옥, 국광, 아오리 등 다수의 종류로 구성되어 있을 경우에, 그리고 이에 대해서 화자가 '종류'에 초점을 두고 표현하려고 한다면, 이때부터 apple은 더 이상 보통명사가 아니라 집합명사인 것입니다. 그리고 '집합적 복수의 -s'를 적용하여 다음과 같이 나타내면 됩니다.

There are **apples** on the desk.

물론 위 문장을 단순히 우리가 흔히 알고 있는 '일반적인 복수'로 볼 수도 있습니다.
따라서 위 문장은 다음과 같이 두 개의 해석이 가능합니다.

①책상에는 '여러 개'의 사과가 있다. - 복수(보통명사)
②책상에는 '여러 종류'의 사과가 있다. - 집합적 복수(집합명사)

만약 화자가 ①번으로 의도하고 있다면, apples는 보통명사의 복수입니다. 반면에 ②번으로 의도하였다면, apples는 집합명사입니다. 이는 앞에서도 말했던 것처럼 옳고 그름의 문제가 전혀 아닙니다. 오로지 화자의 주관적인 판단의 영역인 것입니다.

한편, 여기서 우리는 '-s'의 역할에는 일반적인 '복수'를 나타내는 역할 외에도 '집합적 개념'을 나타내는 것도 있음을 알 수 있습니다. 이경우의 '-s'를 '집합적 복수의 -s'라고 합니다. '집합적 복수의 -s'는 보통, 물질, 추상, 고유명사에 '집합적 개념'을 부여하는 역할을 합니다.
이에 따라 '집합적 복수의 -s'가 적용되면 고유명사를 제외한 보통, 물질, 추상명사는 모두 집합명사로 바뀌게 됩니다(고유명사는 '집합적 개념'이 부여되더라도 여전히 고유명사입니다). 이에 대해서 의미적으로 접근하면, '집합적 복수의 -s'가 적용되면 <단순한 일반적인 복수>가 아니라 <'다양한 종류'로 이루어진 '집합체'>라는 것을 나타냅니다.

사실 우리는 '집합적 복수의 -s'를 우리 주위에서 흔하게 접하고 있습니다. 왜냐하면, '집합적 복수의 -s'는, (물론 일반 문장에서도 자주 사용되지만) 특히 상업적 명칭(고유명사)에 많이 적용되어 사용되고 있기 때문입니다. **사람의 이름이 아닌 명칭에 사용되는 '-s'는 거의 모두 '일반적인 복수'가 아닌 '집합적 복수의 -s'라고 보면 됩니다.**

거시적 접근

> ■ '-s'는 '집합적 개념'을 나타내는 데에도 사용된다. 이경우의 '-s'를 '집합적 복수의 -s'라고 한다.
>
> ⇒ '집합적 복수의 -s'는 보통, 물질, 추상, 고유명사에 '집합적 개념'을 부여한다.
>
> ⇒ '집합적 복수의 -s'는 보통, 물질, 추상명사를 '집합명사'로 바꾸는 역할을 한다.
>
> ⇒ '집합적 복수의 -s'가 적용되면 <'다양한 종류'로 이루어진 '집합체'>라는 것을 나타낸다.

예를 들어 A라는 회사가 어떤 지역에 복합휴양시설을 건설하고, 이를 <K리조트>라고 이름 지었다면, 이를 영어로는 어떻게 표현해야 할까요? 다음과 같이 두 개의 표현이 가능합니다.

> ① K Resort   VS   ② K Resorts

먼저 이 경우, ①과 ②는 옳고 그름의 문제가 아니라 화자의 주관적 선택의 문제입니다. ①은 단순히 명칭인 고유명사입니다. 전체로서의 '리조트 자체'에 초점을 맞추고 있는 표현으로서 그 이상도, 그 이하도 아닙니다. ②의 경우는 '-s'가 사용되었습니다. 이때 '-s'는 '복수형 -s'는 아닙니다. 왜냐 하면 K Resorts는 당연히 복수의 리조트를 의미하는 것이 아니라 하나의 리조트를 지칭하기 때문입니다.

■ '복수형 -s' VS '집합적 복수의 -s'

잠시 '복수형 -s'와 '집합적 복수의 -s'를 비교해 보도록 하겠습니다. 앞에서 살펴본 <There are apples on the desk.>를 참고하시기 바랍니다.

(가) 복수 : '복수형 -s'

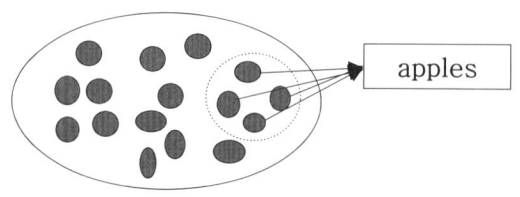

(나) 집합명사(집합체) : '집합적 복수의 -s'

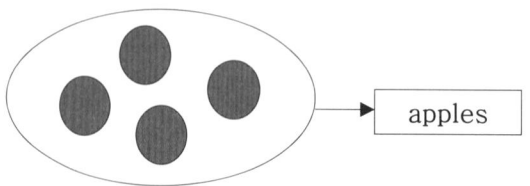

설명에 앞서, 두 가지 점을 확인하도록 하겠습니다.

i)첫째, 그림 (가)는 관사에 대한 논의에 있어서 기본적인 대상인 보통명사에 대한 일반적인 그림입니다.

ii)둘째, 영어에서 '집합명사(집합체)'라는 개념과 표현은 매우 중요하고, 분명하게 광범위하게 존재하는 것은 맞지만, (나)와 같이 apples라는 단어가 집합명사(집합체)의 의미로 사용되는 경우는 흔하지 않는 경우입니다. 따라서 너무 apples라는 단어 자체에 대해서는 심각하게 생각하지 마시기를 바랍니다. 이는 설명을 위한 것으로 받아들이시기 바랍니다.

A. [4 vs 1]

위 그림에서 볼 수 있듯이, (가)는 4개의 원소를 나타내는 것이고, (나)는 4개의 구성원으로 이루어진 1개의 집합체를 나타내고 있습니다. '동일한 4개의 원소'에 대한 것이지만, 바라보는 시각은 전혀 다릅니다. 결론적으로 (가)는 4개의 개체(원소)를 나타내고 있고, (나)는 1개의 대상(집합체)을 나타내고 있습니다. 숫자로 나타내면, (가)는 4이고 (나)는 1인 것입니다.

B. [전체집합의 일부 vs 독립된 별도의 대상]

그리고 (가)의 apples는 '전체집합의 일부'라는 위치를 가지고 있습니다. 즉 다른 수많은 원소들과의 관계 속에서 바라보게 된다는 것입니다. 반면에 (나)의 apples는 독립된 별도로 존재하는 대상입니다. 오로지(나)에 존재하는 4개의 사과 이외의 다른 개체는 전혀 고려의 대상이 아닙니다.
결론적으로 (나)에 대해서는 '고유성(固有性)'을 인정해 주어야 하며, 따라서 어떻게 보면 고유명사와 유사한 특징을 가지고 있다고 생각됩니다. 이러한 이유로 '집합적 복수의 -s'가 적용된 경우는 '이름'이나 '명칭'으로 많이 사용되고 있습니다.

C. [동일한 하나의 종류 vs 서로 다른 복수의 종류]

여기에 추가로, (가)와 (나)에 존재하는 중요한 차이점이 하나 더 있습니다.

(가)는 '동일한 (하나의) 종류'의 4개의 개체(원소)이고 (나)는 '서로 다른 (복수의) 종류'의 개체들로 이루어진 1개의 대상(집합체)이라는 것입니다. 핵심은 '동일한 하나의 종류'와 '서로 다른 복수의 종류'입니다.

혹시 (나)에 대해서, <대표적인 집합명사인 furniture를 구성하는 chair, desk 등>처럼 구성하는 개체들이 명백하게 '서로 다른 종류'인 경우는 아니기 때문에 <왜 '서로 다른 종류'인가>라고 의문을 가질 수 있겠습니다. 결론적으로 중요한 것은 '화자의 시각'입니다. 현재 존재하는 책상 위에 놓여진 '4개의 사과'에 대해서, '화자의 시각'에 따라서 (가)와 같이 '4개의 개체'로 볼 수도 있고, (나)처럼 '4개의 사과로 이루어진 하나의 집합체'로 볼 수도 있습니다. 즉 이는 (가)와 (나) 중에서 어느 하나로 고정된 것이 아니라, 오로지 화자의 선택사항인 것입니다.

이에 대해서 이해를 돕기 위해서 예를 들어 보겠습니다.
<철수, 영희, 민수>에 대해서 각각을 <'사람'이라는 전체집합>을 구성하는 원소로 보아서 three persons라고 말할 수 있습니다. 이 경우, <철수, 영희, 민수>를 각자 고유의 특성이 아닌 '사람'이라는 공통의 특징으로 바라보게 됩니다. 이는 그림 (가)의 시각입니다.
반면에 <철수, 영희, 민수>에 대해서 '한꺼번에 묶어서' 하나의 team, committee, crew, crowd, audience라는 시각에서 집합체(집합명사)로 볼 수도 있습니다. 이 경우, <철수, 영희, 민수>를 '사람'이라는 공통의 특징이 아니라, <하나의 team, committee, crew, crowd, audience>를 구성하는 <남자 vs 여자>, <성인 vs 미성년> 등 다양한 부류(종류)라는 시각으로 바라보게 됩니다. 이는 그림 (나)의 시각입니다.

결론적으로 (가)와 (나)의 차이는 고정된 절대적인 구분이 존재하는 것이 아니라, 오로지 <철수, 영희, 민수>를 어떠한 상황에서, 그리고 어떻게 바라볼 건지에 대한 화자의 판단에 의해서 임의로 결정되는 것입니다.

4개의 사과에 대해서도 마찬가지입니다.

4개의 사과를 '사과나무 열매의 집합'이라는 전체집합을 구성하는 수많은 원소 중의 일부로 볼 수도 있습니다. 이는 (가)의 시각입니다. 그리고 그림 (가)의 시각이 apple에 대한 일반적이고 보편적인 경우입니다.

　반면에 4개의 사과에 대해서 '한꺼번에 묶어서', '일반적인 보통의 사과'가 아닌 <이와 다른 '특별한 의미'>를 부여하고, 그리고 이를 '따로 떼어' 별도의 집합체(집합명사)로 바라볼 수도 있습니다. 이러한 경우, 4개의 사과는 집합체(집합명사)를 구성하는 다양한 부류(종류)라는 시각으로 바라보게 됩니다. 이는 4개 모두 각기 다른 종류일 수도 있고, (3개와 1개)의 두 종류 일 수도 있고, (2개씩 분류되는) 두 종류일 수도 있습니다. (2개, 1개, 1개)의 세 종류일 수도 있습니다.

　여기서 중요한 점은 우리가 일반적으로 볼 수 있는 4개의 사과라고 하더라도, 이를 세세하게 따져 보면, 분명 서로 구별되는 점(특징)이 존재하기 때문에, 이를 기반으로 하여 복수의 종류로 분류할 수 있다는 것입니다. 따라서 apple에 대해서도 (나)와 같은 그림이 가능한 것입니다. 궁극적으로 apple뿐만 아니라 모든 명사에 대해서 '원칙적으로' (가)의 그림으로 볼 수도 있고, (나)의 그림으로 볼 수도 있다는 것입니다.

궁극적으로 모든 명사에 대해서 '원칙적으로' (가)의 그림으로 볼 수도 있고, (나)의 그림으로 볼 수도 있다.

그리고 이를 결정하는 것은 오로지 '화자의 시각(판단)'인 것입니다.

　이때, (가)처럼 '4개의 개체'로 보게 되면, '자동적으로' '동일한 (하나의) 종류'라는 것을 의미하는 것이고, 반대로 (나)와 같이 '4개의 사과로 이루어진 하나의 집합체'로 보게 되면 '자동적으로' '서로 다른 (복수의) 종류'라는 것을 의미하게 됩니다. '자동적'이라는 표현에 주목해 주시기 바랍니다. 이 말은 위 그림 (나)에 대해서 <왜 '서로 다른 종류'인가>라는 의문을 품을 필요가 없다는 것입니다.

따라서 우리는 종류로 분류 가능한 것인지에 대해서는 전혀 고민할 필요가 없습니다. 우리는 개체로 볼 것인지, 아니면 집합체로 볼 것인지만 판단하면 되는 것입니다. 이후, 판단에 따라 <동일한 하나의 종류 vs 서로 다른 복수의 종류>의 문제는 '자동적으로' 결정되게 됩니다.

> ■ 우리는 개체로 볼 것인지, 아니면 집합체로 볼 것인지만 판단하면 된다.
>
> ⇨ 이후, 판단에 따라 <동일한 하나의 종류 vs 서로 다른 복수의 종류>의 문제는 '자동적으로' 결정되게 된다.

정리하면 (가)는 보통명사의 그림이고, (나)는 집합명사(집합체)의 그림입니다. 그리고 (가)는 자동적으로 '동일한 (하나의) 종류'와 set의 개념이고, 또한 (나)는 자동적으로 '서로 다른 (복수의) 종류'와 set를 이루게 됩니다. 그리고 화자가 할 일은 오로지 개체(보통명사)로 볼 것인지, 아니면 집합체(집합명사)로 볼 것인지만 판단(선택)하면 되는 것입니다.

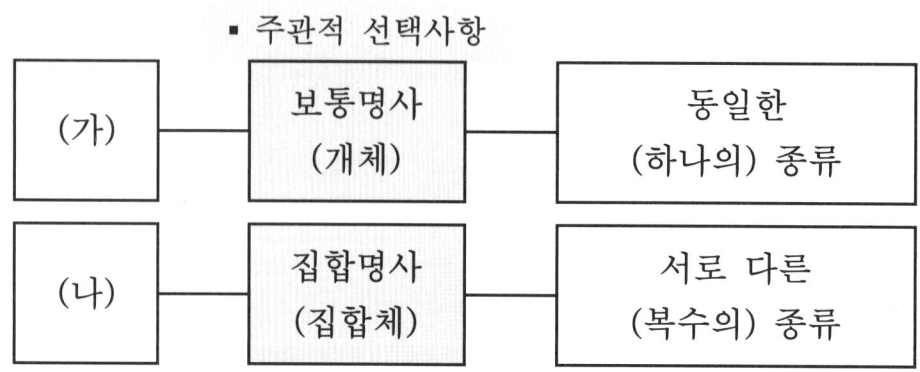

거시적 접근

중요한 점은 (가)와 (나)의 두 경우에 대해서 모두 동일하게 '-s'를 적용하게 되며, 결과적으로 단어의 형태는 apples로 같다는 것입니다(물론 (나)의 경우에는 furniture, crowd 등과 같이 별도로 존재하는 단어인 경우도 있습니다). 하지만 위 그림 (가)와 (나)의 비교를 통해서 확인할 수 있듯이, 분명하게 차이가 존재합니다. 이러한 차이 때문에, (가 - apples)는 보통명사로서 '-s'는 '복수형 어미 -s'로 분류하고, 반면에 (나 - apples)는 집합명사로서 '-s'는 '집합적 복수의 -s'로 구분하여 분류하게 됩니다.

결론적으로, '-s'가 나타내는 '의미'라는 측면에서 보면, '복수형 어미 -s'는 <복수의 개체를 의미>하는 것이고, 반면에 '집합적 복수의 -s'는 <1개의 대상이 '서로 다른 종류'의 개체로 이루어져 있다는 것을 의미>합니다.

복수형 어미 -s	'동일한 종류의 복수의 개체를 의미
집합적 복수의 -s	1개의 대상이 '서로 다른 종류'의 개체로 이루어져 있다는 것을 의미

물론 위에서 언급했듯이 집합명사를 나타내는 방식이 '-s'를 사용하는 방식만 있는 것은 아닙니다. furniture, crowd 등의 단어들처럼 원래 집합명사인 단어들도 있습니다. 그러나 이러한 단어들은 이미 오래 전부터 문법적으로 정리되어 제시되고 있는 것들이기 때문에 특별한 점이 없습니다. 따라서 본서에서 중요하게 생각하는 것은 그림 (나 - apples)와 같이 '집합적 복수의 -s'가 적용된 경우입니다. 이 정도에서 마치도록 하겠습니다.

아무튼 여기서 중요한 점은 위 그림 (나)와 같은 시각이 존재하고, 이는 <집합과 원소>의 원리의 틀 안에서 논리적인 설명이 가능합니다. 결국 영어는 그림 (나)와 같은 경우에 대해서 그림 (가)와는 분리해서 다르게 취급하고 있고, 이러한 개념은 영어 관사와 명사에서 매우 중요한 부분을 차지하고 있습니다.

다시 K Resort와 K Resorts에 대해서 설명하도록 하겠습니다. 결론적으로 K Resorts에서 '-s'는 '집합적 복수의 -s'로서 다양한 종류로 이루어진 '집합체'라는 것을 나타냅니다. 이에 따라서 K Resorts의 '-s'는 '여러 종류의 시설'로 이루어진 복합체로서의 리조트라는 것을 나타내고 있습니다.

한편 ①도 고유명사이지만, '집합적 복수의 -s'를 적용하여 '집합적 개념'이 추가된 ②도 고유명사입니다. 이는 앞서 설명한 내용과 일치함을 알 수 있습니다. 즉 고유명사의 경우는 '집합적 복수의 -s'가 적용되더라도 집합명사가 되는 것이 아니라, 여전히 고유명사라는 것입니다. 가장 중요한 점은 ①과 ②가 모두 가능하다는 것입니다. 즉 이는 옳고 그름의 문제가 아니라 '선택의 문제'입니다. 그리고 이러한 '집합적 복수의 -s'가 적용된 단어는 많은 경우 '명칭'입니다.

'집합적 복수의 -s'가 사용된 예는 우리 주위에서 흔히 볼 수 있습니다. 특히 '기업, 회사' 등의 '상호명(商號名)'에서 많이 사용되고 있습니다.

'기아자동차'의 영문명인 KIA MOTORS에 대해서 살펴보겠습니다. 모두 알고 있듯이 '기아자동차'는 1개의 회사입니다. 따라서 당연히 KIA MOTORS가 복수의 '기아자동차'를 의미할 수는 없습니다.

> '기아자동차'는 1개의 회사이다. 따라서 KIA MOTORS가 복수의 '기아자동차'를 의미할 수는 없다.

결국 KIA MOTORS의 '-s'는 '복수형 어미 -s'는 아닙니다. 이제 남은 것은 '집합적 복수의 -s'입니다. KIA MOTORS의 '-s'는 '집합적 복수의 -s'이고, 이에 의거하여 KIA MOTORS의 '-s'는 <'다양한 종류'의 자동차를 생산하는 회사>라는 것을 나타내고 있다고 할 수 있습니다.

Samsung Electronics의 '-s'도 마찬가지입니다. 다양한 종류의 전자제품이 떠오른다면 '집합적 복수의 -s'에 존재하는 '의미 및 기능'과 일치합니다.

거시적 접근

　마지막으로 '화학회사'에 대한 명칭으로 예를 더 들어 보겠습니다. 인터넷을 검색해 보니 수많은 화학회사에 대해서 chemical과 chemicals가 다음과 같이 동시에 사용되고 있습니다.

ⓐ chemical	ⓑ chemicals
Lotte Chemical Hanwha General Chemical SK global Chemical HanJin Chemical Korea Chemical Ssang Yong Chemical Afton Chemical	ICIS Chemicals Air Products and Chemicals Miwon Chemicals Global Chemicals SEKI Chemicals Hexion Specialty Chemicals KumHo P&B Chemicals
'회사 자체'에 초점	'생산하는 제품'에 초점

　앞에서 설명한 내용과 동일합니다. ⓐ는 '회사 자체'에 초점을 맞추고 있는 표현으로서 단순히 '명칭' 그 이상도 그 이하도 아닙니다. 반면에 '집합적 복수의 -s'가 사용된 ⓑ는 '생산하는 제품'에 초점을 맞추고 있습니다. ⓐ처럼 '명칭'이지만, 차이점은 <'다양한 종류의 제품으로 구성된 집합체'로서의 회사>라는 의미를 담고 있다는 것입니다.

　다시 본론으로 돌아오겠습니다.
　fish가 일반적으로 집합명사로 통용되고 있지만, 이에 너무 얽매일 필요가 없습니다, 다시 한 번 더 강조하지만, '화자의 주관적 선택의 영역'에서 만큼은 가장 중요한 것은 화자인 나의 '의도(시각)'입니다.

만약 구체적인 상황에서 보통명사와 동일한 특성을 갖고 있다고 화자가 판단했다면 보통명사로 취급하여 이에 따라 표현하면 될 것입니다.

한편, 지금까지의 내용은 앞에서 언급한 추상명사에 대한 관사적용에 있어서 '화자의 주관적 선택의 영역'에도 그대로 적용될 수 있습니다. 그리고 앞으로 나오게 되는 모든 '화자의 주관적 선택의 영역'도 마찬가지입니다. 그리고 앞으로 이 책을 통해서 제시되는 다양한 경우에 존재하는 '화자의 주관적 선택의 영역'이란 '화자의 주관적인 시각의 차이'를 말하는 것입니다.

한편, 이를 청자(聽者)의 입장에서 보면, 화자(話者)의 마음속에 존재하는 a, b, c, d에 대해서는 확인할 수 없고, 단지 ①, ②문장이라는 정보를 통해서 최종적으로는 <연못에는 많은 물고기가 있습니다>라는 단일의 정보만을 습득하게 됩니다. 즉 <화자(話者)가 주관적으로 어떠한 생각을 갖는지>와는 상관없이 청자(聽者)에게 전달되는 정보의 핵심은 <연못에는 많은 물고기가 있습니다>로 동일하다는 것입니다. 굳이 말하자면, 청자(聽者)는 그저 a, b, c, d 중 어느 하나를 그저 유추할 수 있을 뿐입니다.

따라서 '화자의 주관적 선택의 영역'이란 a, b, c, d 중에서 어느 하나를 객관적인 기준에 의해서 정확하게 선택하여, 이에 맞게 ①, ②문장 중 어느 하나를 정하라는 의미가 아니라, ①, ②문장 중 어느 하나를 선택하더라도 큰 문제가 되지 않기 때문에 a, b, c, d 각각에 너무 세세하게 집착하지 말라는 것입니다. 이는 특히 '영어를 외국어로 배우는 우리의 입장'에서 보면, 유연성을 갖도록 한다는 측면에서 매우 중요한 의의를 갖는다고 생각됩니다.

(2) fish는 왜 집합명사인가?

(이는 이미 앞에서 정리한 바 있지만, 반복하도록 하겠습니다.)

앞에서 영어는 여러 가지 이유로 부득이하게 원소를 명확하게 파악하기 힘든 경우에 집합에 주목하게 된다고 하였습니다. 그렇다면, 왜 fish가 집합명사인가라고 의문을 제기할 수도 있을 것 같습니다. 우리의 시각으로 보게 되면, fish는 보통명사이기 때문입니다. 실제로 영어에서도 fish는 보통명사로도 빈번하게 사용되고 있습니다.

거시적 접근

fish가 집합명사로 분류되는 것은 앞에서 보았던 furniture와는 차이가 있습니다. 물론 furniture처럼 fish도 갈치, 고등어, 명태 등 여러 종류의 물고기로 구성되어 있기 때문에, furniture와 동일한 이유로 집합명사로 분류되는 것으로 볼 수도 있을 것 같습니다. 하지만. 갈치, 고등어, 명태 등은 '형태의 유사성'이 유지되고 있기 때문에 furniture와는 같지 않습니다. 즉 fish를 집합명사로 분류하는 것에는 furniture와는 다른 시각이 담겨있습니다.

바다에서 헤엄쳐 다니는 한 종류의 '물고기 떼'를 발견했다고 상상해 보시기 바랍니다. 이해하기 쉽도록 '멸치 떼'라고 생각하면 좋겠습니다. 결론적으로 이러한 상황에서 원소로서의 한 마리의 물고기(멸치)가 무슨 의미가 있겠습니까? 이러한 경우에 대해서 영어는 원소를 명확하게 파악하기 힘든 경우로 보았고, 따라서 집합명사로 분류하는 것입니다. 이 정도에서 마치도록 하겠습니다.

이상의 내용을 토대로 지금부터는 fish에 대해서 종합적으로 정리해 보도록 하겠습니다. 먼저 결론적으로 fish는 보통명사와 집합명사 양쪽 모두로 사용되는 명사입니다.

> **fish는 보통명사와 집합명사 양쪽 모두로 사용되는 명사이다.**

fish는 기본적으로 집합명사입니다. 즉 fish의 1차적 산물(기본형)은 집합명사입니다. 그리고 fish의 2차적 산물 중의 하나가 보통명사입니다.

먼저 fish를 집합명사로 분류하는 것은 영어만이 가지고 있는, 우리말과는 다른 독특한 시각입니다. 이는 원어민들이 세상을 보는 고유의 시각으로서 그대로 받아들여야 합니다.

반면에 fish가 보통명사라는 것은 특별한 것이 아니라, 우리의 시각에도 부합하는 것으로서 매우 '상식적이고 보편적인 시각'이라고 할 수 있습니다.

따라서 영어가 fish를 '기본적으로' 집합명사로 보는 것은 맞지만, 결코 무리하게(?) 모든 상황에 있어서 fish를 집합명사로 취급한다는 것은 아닙니다. 일반적인, 그리고 '총칭적 상황'에 있어서 fish는 우리말과는 달리 영어에서는 집합명사이지만. 구체적인 상황에 있어서 '가산성'이 존재하는 경우에는 보통명사로 보아서 부정관사(a/an, -s)를 적용하게 되는 것입니다.

fish를 보통명사로 보는 경우에는 '원소의 가산성'이 존재하게 되고, 특히 fish는 <단, 복수 동형>의 단어입니다. 단수는 a fish, 복수는 fish로 사용됩니다. 참고로 간혹 fishes가 복수형태로 사용되기도 합니다.

fish가 집합명사로 취급되는 경우에는 기본적으로 fish로만 사용됩니다. 다만, 집합명사로 보는 경우에도, '종류'에 초점을 맞추는 경우에는 '종류의 가산성'이 존재하게 됩니다. 이 경우 단수는 a fish, 복수는 fishes로 나타내게 됩니다.

보통명사	(가)	a fish/ fish (단, 복수 동형) * '원소'의 가산성	
집합명사	(나)	fish	(다) a fish/ fishes * '종류'의 가산성

그리고 참고로, fish가 음식인 상황에서는 물질명사로 분류됩니다.

(3) fish와 가산성

▪ <집합명사 + '-s'> : 종류의 가산성

위 표에서 '종류'에 초점을 맞춘, 즉 '종류의 가산성'이 존재하는 (다)의 fishes에 적용된 '-es'를 어떻게 보아야 할 것인지에 설명하도록 하겠습니다. 먼저 (다)의 fishes는 '종류'에 초점을 맞추고 있기 때문에 집합명사입니다. 결론적으로 '-es'는 '일반적인 복수', 즉 '복수형 어미 -s'입니다. 왜 fishes가 집합명사인데 이 경우에는 '집합적 복수의 -s'가 아닌가라고 의문을 품을 수 있겠습니다.

집합명사가 아닌 보통, 물질, 추상, 고유명사에 적용된 '-s'는 '집합적 개념'이 존재한다는 표시로서 '집합적 복수의 -s'입니다(물론, 보통명사의 경우에 '원소의 가산성'에 대해서 적용된 '복수형 어미 -s'는 제외합니다). 그리고 고유명사를 제외한 보통, 물질, 추상명사는 '집합적 복수의 -s'가 적용되면 집합명사가 됩니다.

그런데 furniture, crowd, fish 등은 '원래 집합명사'입니다. 따라서 '집합적 개념'이 존재한다는 표시로서의 '-s'는 불필요합니다.

> furniture, crowd, fish 등은 원래 집합명사이다.
> 따라서 '집합적 개념'이 존재한다는 표시로서의
> '-s'는 불필요하다.

결국 furnitures, crowds, fishes 등과 같이 <'원래' 집합명사>에 적용된 '-s'는 '종류의 가산성'을 나타내는 '복수형 어미 -s'로 보아야 합니다. 왜냐 하면, 반복이지만 이들 단어에는 '집합명사'임을 나타내는 '집합적 복수의 -s'를 적용할 필요가 없기 때문입니다.

집합명사	+	'-(e)s'	⇨	복수형 어미 -s	종류의 가산성
보통명사	+	'-(e)s'	⇨	'집합적 복수의 -s'	집합적 개념
물질명사					
추상명사					
고유명사					

*보통명사에 있어서 '원소의 가산성'에 대해서 적용된 '복수형 어미 -s'는 제외합니다.

▪ 원소의 가산성 VS 종류의 가산성

다시 본론으로 돌아오겠습니다. 앞에서 설명한 내용을 다시 반복하자면, fish를 보통명사로 볼 것인가, 아니면 집합명사로 볼 것인가는, 객관적인 기준이 존재하는 것이 아니라 많은 부분 '화자의 주관적 판단'에 맡겨져 있습니다. 물론 상황에 따라서는 선택의 여지없이 어느 한쪽으로 결정될 수밖에 없는 경우도 있겠지만, 많은 경우에 있어서 이를 결정하는데 있어서는 화자의 주관적인 판단이 가장 중요합니다. 즉 화자가 '동일한 상황'에 대해서 어떠한 시각으로 나타내려고 하는지에 따라서 fish를 보통명사로 나타낼 것인지, 아니면 집합명사로 나타낼 것인지가 결정된다는 것입니다.

결론적으로 fish뿐만 아니라, 거의 모든 명사에 대해서 이를 집합명사로 볼 것인지, 아니면 다른 종류의 명사(보통명사, 물질명사, 추상명사)로 나타낼 것인지는 '화자의 주관적인 판단'에 달려있습니다(물론 지금까지 우리가 알고 있는, 특정 단어가 '일반적으로' 보통명사, 물질명사, 추상명사, 집합명사, 고유명사인지에 대한 정보는 여전히 유효하고, 또한 중요합니다).

거시적 접근

> 어떠한 명사를 집합명사를 볼 것인지, 아니면 다른 종류의 명사(보통명사, 물질명사, 추상명사)로 나타낼 것인지는 '화자의 주관적인 판단'에 달려있다.

따라서 화자는 개인적인 판단에 따라서 fish, a fish, fishes 중에서 적당한 표현을 사용하면 됩니다.

앞에서 설명했듯이, '화자의 주관적 선택의 영역'이란 '화자의 주관적인 시각의 차이'를 말하는 것으로서, '객관적인 실체적 상황의 차이'를 의미하는 것은 아닙니다. 이는 결국 어느 것을 선택하더라도 '실체적 의미'에 있어서 큰 차이가 없다는 것입니다. 동일한 상황에 대해서 화자가 이를 어떠한 시각으로 나타내려고 하는지에 의해서, 집합명사로 나타낼 것인지, 아니면 다른 종류의 명사(보통명사, 물질명사, 추상명사)로 나타낼 것인지가 결정되게 됩니다.

좀 더 논의를 이어가 보도록 하겠습니다. 앞에서 제시했던 문장을 다시 제시하도록 하겠습니다.

- **연못에는 많은 물고기가 있습니다.**
  ① There are a lot of **fish** in this pond.
  ② There are a lot of **fishes** in this pond.

fish에 '가산성'이 존재하는 경우는, i)'개체(원소)'로 파악되는 상황(보통명사: 원소의 가산성 - 아래 문장③)과 ii)'종류'로 파악되는 상황(집합명사: 종류의 가산성 - 문장②)의 두 가지 상황이 가능합니다.

i) 원소의 가산성 - 보통명사

먼저 물고기 하나하나를 개별적으로 생각하는 상황(문장③)이라면, '원소의 가산성'에 해당됩니다. 이때, fish는 보통명사로서 다음 예문과 같이 사용됩니다.

③ He caught five fish.
　　그는 다섯 마리의 물고기를 잡았다.

ii) 종류의 가산성 - 집합명사

다음으로 물고기의 '종류에 초점'을 맞추는 상황(문장②)이라면, '종류의 가산성'에 해당됩니다. 이때 fish는 집합명사로서 위 ②번 문장과 같이 나타내게 됩니다.

그리고 '종류에 초점'을 두지 않고 단순히 fish가 한 무더기의 물고기라는 '집합적 의미'로 사용된 상황이라면, 집합명사로서 위 ①번 문장과 같이 사용됩니다. 이는 앞에서 이미 a~d를 통해서 설명했던 내용입니다.

①, ②, ③에 대해서 예문을 더 보도록 하겠습니다.

① 집합명사

There is a large shoal of fish.
　큰 무리의 물고기 떼가 있다.
This river is rich in fish.
　이 강에는 물고기가 많다.
He caught a lot of fish.
　그는 물고기를 많이 잡았다.

② 집합명사 - 종류에 초점

Look at **the fishes** in the aquarium!
　수족관의 물고기를 봐라!

③ 보통명사 - 개체에 초점(단, 복수 동형)

He watched **a fish** swimming in a pond.
　그는 연못에서 헤엄치고 있는 물고기 한 마리를 보고 있다.
I caught **many fish**.
　나는 많은 물고기를 잡았다.

다음으로 식품(음식)으로서의 fish는 물질명사로서 불가산명사입니다. 따라서 무관사 ∅가 적용되었습니다.

I ate **much fish**.
　나는 생선을 많이 먹었다.
Do you like **fish**?
　생선을 좋아합니까?
He like to eat **fish**.
　그는 생선 먹기를 좋아한다.

마지막으로, 음식으로의 생선의 경우에도, 생선 하나하나를 개별적으로 생각하는 상황이라면 다음 문장에서처럼 수사가 사용될 수 있습니다. 수사가 사용되었다는 것은 가산성이 존재한다는 의미이고, 이는 보통명사가 되었다는 것입니다.

He bought **five fish** at the market.
그는 시장에서 생선 5마리를 샀다.

지금가지 정리한 내용을 표로 정리하면 다음과 같습니다.

		가산성	단수/복수	
①	집합명사	X (불가산명사)	fish	■ 하나의 무리 - 종류에 초점 X ■ 단일 종류일 경우
②	집합명사	O (종류의 가산성)	a fish/ fishes	종류에 초점
③	보통명사	O (원소의 가산성)	* a fish/ fish	하나하나를 개별적으로 생각하는 상황
④	물질명사	X (불가산명사)	fish	음식으로서의 fish

* fish가 보통명사인 경우에는 '단, 복수 동형'입니다.

이처럼 fish는 다양한 상황에 다양한 형태로 사용될 수 있습니다. 중요한 점은, 상황에 대한 판단과 자신감이 될 것입니다. 즉 객관적인 외부의 기준을 맹목적으로(?) 쫓아서 표현을 만드는 것이 아니라, 화자인 나의 주관적 판단에 따라 그림을 그리듯이, 그리고 물 흐르듯이 그대로 표현하면 되는 것입니다. 주관적인 나의 판단이 가장 중요한 것이기 때문에, 외부에 존재하는 문법적 기준에 지나치게 얽매일 필요가 없습니다.

다시 한 번 더 강조하고자 하는 점은, 위 표의 ②번처럼 어떠한 명사라도 '종류'를 나타낼 경우에는 '가산성'이 존재하게 되어 부정관사 a/an과 '복수형 -s'를 사용할 수 있습니다. 이는 '종류의 가산성'입니다.

다음 문장들도 '종류에 초점'을 둔 표현, 즉 '종류의 가산성'이 존재하는 문장으로 이해하면 되겠습니다.

■ fruit

먼저 fruit에 대해서 살펴보겠습니다. 다음은 집합명사 fruit가 '종류에 초점'을 둔 표현, 즉 '종류의 가산성'이 존재하는 문장입니다.

> Apples, pears, bananas, and peaches are **fruits**.
> 사과, 배, 바나나, 그리고 복숭아는 과일이다.
>
> They sell **various Thai fruits** at the store.
> 그 가게에서는 태국에서 난 여러 과일을 판다.

참고로 fruit는 아니지만, 다음 문장도 '종류의 가산성'이 존재하는 문장입니다.

> Earth is our home, and we live with **many animals and plants**.
> 지구는 우리의 집이고 우리는 많은 동물, 식물들과 함께 살고 있습니다.

'종류에 초점'을 둘 경우에, 다음 문장에서처럼 부정관사 a/an도 사용됩니다.

- a fruit = a kind of fruit

A peach is a popular fruit. (한 종류)
복숭아는 인기 있는 과일이다.

Are tomatoes a fruit or vegetable?
토마토는 과일입니까, 아니면 채소입니까?

Bananas are a tropical fruit.
바나나는 열대 과일입니다.

다음 문장을 비교해 보시기 바랍니다.

- 마음껏 과일을 드세요.

A: Eat as much fruit as you like.

B: Eat as many fruits as you like.

비슷한 두 문장이지만 의미에 차이가 있습니다. A에서는 단순히 '과일을 많이 드세요'라고만 말하고 있는 것에 비해, B에서는 '되도록 다양한 종류의 과일을 드세요'라는 의미를 나타내고 있습니다.

어떠한 단어이든지 '음식'의 의미로 사용된 경우에는 물질명사입니다. 따라서 A문장에서의 fruit는 '음식'을 의미하기 때문에 물질명사입니다.
그리고 B문장에서 fruits는 '음식'의 의미이기는 하지만 '종류'에 초점을 두고 있기 때문에 '집합명사'입니다. 보통명사, 물질명사, 추상명사에 '종류'의 개념이 첨가되면 모두 집합명사가 됩니다.

거시적 접근

■ flower

이번에는 flower에 대해서 살펴보겠습니다.

① 집합명사 - 종류의 가산성

먼저 flower를 집합명사로 볼 경우에 대해서 생각해 보겠습니다.

- 나는 꽃을 좋아한다.
C: I like **a flower**.
D: I like **flowers**.

집합명사에 대해서 부정관사(a/an, -s)가 적용되어 있기 때문에, 이는 '종류의 가산성'이 존재하는 경우라고 볼 수 있습니다. 위에서 두 문장 모두 문법적으로는 맞지만, 사람이 꽃을 좋아한다면 한 가지 종류만 좋아하는 것이 아니기 때문에 '여러 종류'를 의미하는 D가 일반적인 표현으로서 자연스럽습니다.

② 보통명사 - 원소의 가산성 or 총칭

이번에는 flower를 보통명사로 보아 '종류'가 아닌 '개체(원소)'의 측면에서 다음과 같이 나타낼 수도 있습니다.

E: I like **a flower**. - 나는 '어떤' 꽃을 좋아한다.
　　　　　　　　　　 - 나는 좋아하는 꽃이 하나 있다.

F: I like **flowers**. - 나는 꽃이라면 '어떤 꽃이든' 좋다.

해석상 '나는 꽃을 좋아한다'라는 일반적인 의미로는 F문장이 더 적절합니다. 이에 대해서는, 내용상 총칭문이기 때문에 a flower보다는 flowers 형태가 총칭 표현으로서 좀 더 일반적이라는 설명이 가능합니다.

설명을 이어 나가기 전에, 한 가지만 언급하도록 하겠습니다.
위에서 살펴본 fruit와 flower는 '1차적 산물(기본형)'은 집합명사이지만, 일상생활에서 흔하게 접하는 대상이기 때문에 보통명사로도 자주 사용되는 단어입니다. 이 보다 먼저 살펴본 fish도 마찬가지입니다. 쉽게 말해서 영어에서 fruit, flower, fish는 집합명사와 보통명사로 사용되는 비율이 거의 50:50 정도 되는 단어들 이라고 생각됩니다.
특히 fruit, flower, fish를 집합명사로 보는 것은 영어에 존재하는 독특한 관점으로서, 우리의 시각에서는 집합명사가 아닙니다. 이러한 이유로 우리 입장에서는 이 세 단어에 대해서는 집합명사로 받아들이는 것이 자연스럽지는 않습니다. 이러한 이유 때문에 fruit, flower, fish를 특별히 예로 들어 정리하고 있는 것입니다.

다시 본론으로 돌아와서 논의를 이어가도록 하겠습니다.
'종류의 가산성'에 대해서 설명하다가 갑자기 이와 상관없는 [② 보통명사]에 대해서 정리한 것은, 결론적으로 어떠한 경우(① or ②)라 할지라도 like동사의 목적어로는 일반적으로 복수형인 flowers가 선호된다는 점을 확인하기 위해서입니다.

결국 이러한 측면 때문에, 일반적으로 like(좋아 한다)와 hate(싫어한다) 동사 뒤에는 복수명사가 자주 등장합니다. 즉, 일반적으로는 '총칭 표현'으로서 부정관사 a/an 표현(a flower), 정관사 the 표현(the flower), '복수형 -s' 표현(flowers) 모두 가능하지만 like와 hate 동사의 경우에는 [like + 복수명사], [hate + 복수명사] 형태만 사용됩니다. 즉 일반적으로 like와 hate를 사용한 총칭표현인 경우에는 복수명사만 사용된다는 것입니다.

거시적 접근

    I like a dog.   - '어떤' 개를 좋아한다.
                        좋아하는 개가 한 마리 있다.

    I like the dog. - '특정' 개를 좋아한다.

    I like dogs.   - **'모든' 개를 좋아한다.**
                        개라면 어떤 개이든 좋다.

    I hate a girl.   - '어떤' 여자를 싫어한다.
                        싫어하는 여자가 한명 있다.

    I hate the girl. - '특정' 여자를 싫어한다.

    I hate girls.   - **'모든' 여자를 싫어한다.**
                        여자라면 어떤 여자이든 싫다.

예를 하나 더 보겠습니다. 보통명사에 '집합적 복수의 -s'가 적용되어 집합명사가 된 경우입니다.

    [종류 - 보통명사]
    ▪ 나는 운전하는 것을 좋아한다.
  G: I love to drive a car.
  H: I love to drive cars.

문법적으로 두 문장 모두 맞는 문장이고 뜻에서도 큰 차이가 없습니다. 다만, 일반적으로 자동차를 운전할 때는 여러 차를 동시에 몰 수 없기 때문에 단수의 개념인 G문장이 좀 더 적절하다고 할 수 있습니다. 그러나 '여러 종류'의 자동차를 운전해보는 것을 좋아할 때는 H를 사용할 수도 있을 것입니다.

이러한 이유로 문장 H의 cars는 집합명사로 볼 수 있습니다. H문장에서 보통명사인 car에 '종류'의 개념이 첨가된 cars는 집합명사인 것입니다.

이번에는 추상명사에 '집합적 복수의 -s'가 적용된 경우입니다.

[종류 - 추상명사]

Advances in scientific knowledge are astonishing.
과학 지식의 진보는 놀랄 정도이다.

위 문장에서서 advances 역시 추상명사인데도 '복수형 -s'가 사용된 것은, '물리학, 화학, 공학, 의학' 등 여러 '종류'의 분야에서 발생한 발달을 의미하고 있기 때문으로 해석될 수 있습니다. 이렇게 본다면, advances는 '종류'의 개념이 담겨져 있기 때문에 집합명사입니다.

물론 advances를 여러 차례의 사건이나 행위를 의미하는 것으로 볼 수도 있습니다. 이렇게 본다면 advances는 '추상명사'입니다. 정확히 말하면 <가산성이 존재하는 추상명사>입니다.

미리 언급하자면, 기본적으로 불가산명사인 '추상명사'에 부정관사(a/an, -s)가 사용되는 상황은 대표적으로 ①행위 및 사건, ②종류의 두 경우가 됩니다.

■ [부정관사(a/an, -s) + 추상명사]

　　①행위 및 사건　　　　②종류

거시적 접근

추상명사가 <①행위 및 사건>을 나타내는 경우에는 가산명사, 정확히 말하면 <가산성이 존재하는 추상명사>인 것이고, <②종류>를 나타내는 경우는 집합명사로 볼 수 있습니다.

아마도 추상명사에 대해서 '종류'라는 개념은 많이 접해보지 못했을 것이라고 생각됩니다. 따라서 추상명사에 적용된 '②종류'의 개념에 대해서 미리 기억하시기 바랍니다. '①행위 및 사건'에 대해서는 추상명사에 대해서 정리하면서 뒤에서 자세히 다루게 됩니다.

지금까지 '종류'를 나타내는 경우에도 가산성이 적용된다는 것에 대해서 정리하였습니다. 앞으로 명사에 '-s'가 적용되어 있는 경우, 무조건 복수형이라고 판단하지 마시고, '종류'의 개념인지에 대해서 생각해 보시기 바랍니다. 사실 명사에 적용된 '-s'는 크게 보아서 ⓐ원소(개체)의 복수, ⓑ종류의 복수, ⓒ'집합적 복수의 -s' 중 하나입니다. '크게 보아서'라는 표현에서 추측할 수 있듯이, 명사에 적용된 '-s'의 용법은 다음의 3가지 이외에도 다양합니다.

■ 명사 + '-s'

ⓐ원소(개체)의 복수를 나타내는 -s
ⓑ종류의 복수를 나타내는 -s
ⓒ집합적 복수의 -s

ⓐ, ⓑ, ⓒ에 대해서 명확하게 구분되는 경우도 있지만, 많은 경우 중의적이어서 실제로 문장에서는 화자의 정확한 의도를 알 수 없기 때문에 이를 정확히 구분하는 것이 쉽지는 않습니다. 그럼에도 불구하고 이는 앞으로 많은 예문을 통해서 학습자들이 이러한 상황에 익숙할 수 있도록 해결해 나가야 할 사항입니다. 아무튼 여기서 가장 중요한 내용은, 영어는 '종류에 초점'을 둔 경우에 가산성이 존재하여 부정관사(a/an, -s)를 사용할 수 있다는 점입니다.

현재 종류와 관련해서 다음과 같은 2가지 측면에 대해서 설명하고 있습니다.

> (A) 집합명사와 '종류'
> (B) 부정관사 a/an + 형용사 + 명사

이번에는 이중에서 두 번째 내용에 대해서 정리하도록 하겠습니다.

(B) [부정관사 a/an + 형용사 + 불가산명사]

일반적으로 다음 예문 B, D와 같이 불가산 명사에 형용사가 첨가된 경우, 부정관사 a/an이 사용됩니다. 이 경우 형용사는 종류(a kind of~)나 정도(a degree of~)를 나타내게 됩니다.

A: Life is beautiful.

B: She has a beautiful life.

C: I like milk.

D: This is an excellent milk.

물론 명사에 형용사가 사용되었을 경우, 부정관사 a/an이 사용되는 빈도가 월등히 높지만, 무조건 항상 100% 부정관사 a/an을 적용하는 것은 아닙니다.

당연히 특정한 것을 지칭하는 경우에는 다음 예문처럼 정관사 the를 사용할 수 있습니다.

We enjoyed **the beautiful sigh**t to the full.
　　우리는 그 아름다운 경치를 만끽했다

The excellent menu is complemented by a good wine list.
　　이 뛰어난 메뉴에는 금상첨화로 훌륭한 와인 목록이 덧붙여져 있습니다.

이에 대해서 일반적으로 '종류'이기 때문이라고 합니다. 즉 불가산명사가 형용사를 동반하는 경우, '종류'를 의미하기 때문에 부정관사 a/an을 사용할 수 있다고 정리됩니다.
예문을 보하도록 하겠습니다.

■ 물질명사

- I drink **wine** with a meal.　　　　⇨
　　나는 식사와 함께 포도주를 마신다.

　　- Port is **a strong red wine**.
　　　　Port는 강한 적포도주의 일종이다.
　　- This is **an excellent wine**.
　　　　이것은 품질이 우수한 포도주이다.
　　- This is **a special wine**.
　　　　이것은 특별한 포도주이다.

- Fog is dangerous for driving. ⇨
  안개는 운전에 위험하다.

  We had **a dense fog** last night. (cf. dense fog도 가능)
  지난밤에는 안개가 짙게 끼었다.

- There were many helicopters in **the sky**. ⇨

  There were many helicopters in **a cloudy sky**.

Various tobaccoes are produced in Korea.
한국에는 여러 종류의 담배가 생산된다.

The crash caused **a bright flash**, with rocks and soil glowing in the background.   *glow – 빛나다
그 충돌은 밝은 빛을 일으킴과 동시에 돌과 흙이 뒤에서 반짝였다.

■ 추상명사

- He suffered from **headache**. ⇨

  He has **a terrible headache**.

- He's uncertain **in temper**. ⇨

  He has **a bad temper**.

거시적 접근

A mere 5.4 percent said they never use bad words.
불과 5.4%만이 전혀 욕을 하지 않는다고 말했다.

This child has **a high temperature**.
그 아이는 열이 높았다.

Wind energy is **an interesting experiment**, but it requires a large infrastructure.
풍력 에너지는 재미있는 실험이지만 그것은 많은 생산설비가 필요하다.

She was inspired with **a new courage**.
그녀는 새로운 용기로 고무되어 있다.

The colonel suddenly felt moved by **a strange pity**.
대령은 갑자기 이상한 동정으로 감동을 느꼈다.

This job requires **a deep understanding** of English.
이 일은 영어에 대한 깊은 이해가 요구된다.

She sometimes shows **a terrible anger**.
그녀는 가끔 무서울 정도로 화를 낸다.

I must thank you for giving my son **a kind treatment**.
내 아들에게 친절히 대해 주신 것에 감사하지 않을 수 없습니다.

Indonesia has **a tropical climate**.
인도네시아는 열대성 기후를 가지고 있습니다.

Some children just don't fit in well with **an academic environment**.
일부 어린이들은 학교 환경에 잘 어울리지 못한다.

Early settlers had **a tough time** learning how to farm the land and survive.
초기 개척자들은 땅을 경작하고 생존하는 법을 배우느라 힘겨운 시간을 보냈다.

Even at the age of 108 she still has **a keen mind**.
108살의 나이에도 그녀는 아직 정신이 또렷하다.

If you talk to somebody about your problem, you can come to see it **in a different light**.
만약 당신의 문제에 대해 다른 사람에게 말한다면 당신은 그것을 다른 시각에서 볼 수 있게 된다.

한편, 다음 예문과 같이 형용사구나 절에 의해서 후위수식을 받는 경우에도 종류를 나타내는 부정관사 a/an이 사용될 수 있습니다.

She felt **a happiness** [that she couldn't quite hide.]

그녀는 완전히 감출 수 없는 행복을 느꼈다.

다음 지문에서는 a great win, a really tough match, a total team victory와 같은 [부정관사 a/an + 형용사 + 명사]의 형태가 많이 등장합니다. 청자와 화자가 모두 알고 있는 '특정한 승리(the win, the victory)'와 '특정한 시합(the match)'에 대해서 대화하고 있지만, 앞에 형용사가 첨가되어 모두 부정관사 a/an을 사용하였음에 주목해 주시기 바랍니다.

거시적 접근

W: Steve, congratulations on **a great win** today!
M: Thanks. It was **a really tough match**.
W: You played particularly well, scoring two goals.
M: Yeah, but it was **a total team victory**. Everyone played well.

여: Steve, 오늘 대단하게 이긴 것에 대해 축하합니다.
남: 고맙습니다. 정말로 힘든 경기였어요.
여: 당신이 특히 잘 했어요, 두 골이나 넣으셨고요.
남: 그래요, 하지만 팀 전체가 승리한 거예요. 모두 다 잘 했어요.

앞에서 불가산명사인 추상명사에 부정관사(a/an, -s)가 사용되는 상황은 '① 행위 및 사건'과 '②종류'의 두 경우라고 하였습니다.

① 행위 및 사건

먼저 '행위 및 사건'은 앞에서 살펴보았던 것처럼, [(100%) 우리들의 머릿속에서 관념적, 개념적으로만 존재하는 '비가시적이고 추상적인(구체적이지 않는) 대상' - 무관사 ∅]인 경우를 제외한 모든 경우에 해당되고, 이에 대해서는 부정관사(a/an, -s)를 사용할 수 있습니다.

한편 '행위 및 사건'은 다음과 같이 3가지 경우로 나누어 볼 수 있습니다.

▪ 한 차례(일회성)의 행위	⇨	부정관사 a/an
▪ 여러 차례의 행위	⇨	복수형 -s
▪ 규칙적으로 지속적인 행위	⇨	무관사 ∅

*무관사 ∅의 경우는 총칭 표현으로 볼 수도 있음.
*일단 '사건'의 경우는 제외하고, '행위'로만 정리하였습니다. 물론 '사건'의 경우도 크게 다르지 않습니다.
*'복수형 -s'의 경우는 상황에 따라서 '여러 차례의 행위' 외에도 총칭 등 적용해야 하는 다양한 이유를 가지고 있습니다. 이에 대해서는 나중에 차례대로 정리될 것입니다.

추상명사는 '구체적인 행위나 사건'을 표현하는 경우 관사를 적용하게 되는데, 이러한 경우에는 위와 같은 기준에 의하게 되는 것입니다. 다음 문장 중에서 적절한 것은 무엇인지 판단해 보시기 바랍니다.

▪ 이 법률은 보통 사람들에게 압력을 가하고 있다.

A: This law puts **pressure** on ordinary people. (O)

B: This law puts **a pressure** on ordinary people. (X)

위 문장의 내용이 <한 차례(일회성)의 행위>, <여러 차례의 행위>, <규칙적으로 지속적인 행위> 중 어느 것에 해당되는지 판단해 보시기 바랍니다. 위 문장은 내용상 총칭문의 성격을 가지고 있기 때문에 <지속적인 행위>에 해당된다고 할 수 있습니다. 따라서 무관사 ∅가 적용된 B문장이 적절합니다.

거시적 접근

예문을 더 보도록 하겠습니다. 다음 두 문장을 비교해 보시기 바랍니다.

C: He does **management consulting**.
그는 경영 자문(조언)을 하고 있다.

D: He did **a management consulting** for her.
그는 그녀를 위해 경영 자문(조언)을 했다.

C문장의 management consulting은 의미상 '행위'이면서 무관사 ∅입니다. 따라서 '지속적인 행위'임을 나타내고 있습니다.
반면에 D문장의 a management consulting은 '한 번의 행위'를 의미합니다.
다음 예문도 비교해 보시기 바랍니다.

E: There was **silence** between us.
우리 사이에는 침묵이 흘렀다.

F: There was **a silence** between us.
우리 사이에는 **약간의 침묵**이 흘렀다.

G: There was **a long silence** between us.
우리 사이에는 **긴 침묵**이 흘렀다.

H: There were **silences** between us.
우리 사이에는 **여러 번** 침묵이 흘렀다.

먼저, E문장의 silence는 무관사 ∅입니다. 종류나 횟수 등에 관한 것은 모두 관심사항이 아닙니다. 오로지 '침묵'이라는 '추상적인 개념(의미)'만을 나타내고 있습니다. F와 H문장은 해석을 통해서 쉽게 이해할 수 있을 것입니다.

한편, G의 a long silence는 [부정관사 a/an + 형용사 + 추상명사]형태의 단어로서 일단 '종류'를 나타내고 있다고 이해하면 되겠습니다. 이에 대해서는 앞으로 추상명사를 설명하면서 여러 차례 자세히 다루도록 할 것입니다.

지금까지 정리한 내용에 대해서 예문을 제시하도록 하겠습니다. 특별한 설명은 하지 않겠습니다.

■ advance

Science has made remarkable **advance**.
과학은 현저한 진보를 이룩했다.

Troops made **an advance** into enemy territory.
군대는 적지로 전진했다.

The company made particularly remarkable **advances** in the Middle East, Russia and the US.
그 회사는 중동, 러시아와 미국에서 특히 주목할 만한 발전을 이루었다.

■ effort

She made zealous **effort** to pass the exam.
그녀는 시험에 통과하기 위해 열심히 노력한다.

He made **an effort** to master the software.
그는 소프트웨어를 숙달하느라고 애를 썼다

All you have to do right now is to make **efforts**.
네가 당장 해야만 하는 일은 노력하는 것이다.

거시적 접근

■ progress

She made rapid **progress** in English.
그 여자의 영어는 빠르게 진보했다.
  cf. 영어의 진보(progress in English)는 '1회성 행위'가 아닌
   '지속적인 과정'

She made **a progress** towards the Queen.
여왕 앞으로 나아갔다. - 1회성 행위

② 종류
 - [부정관사 a/an + 형용사 + 불가산명사]

영어에서 '종류'와 관련된 내용은, 앞에서 '의미적 차원'에서 정리한, [ⓐ'종류에 초점'을 맞추어 접근한 경우 - '종류의 가산성'이 존재하는 경우]와 '형식적 차원'에서 [ⓑ명사에 형용사가 적용된 경우]의 두 가지로 나누어 볼 수 있습니다. 이러한 두 경우에 대해서 일반적으로 '종류'의 차원에서 부정관사(a/an, -s)를 사용할 수 있게 됩니다.

[ⓐ'종류에 초점'을 맞추어 접근한 경우]에 대해서는 앞에서 충분히 정리하였습니다. 이번에는 [ⓑ명사에 형용사가 적용된 경우]에 대해서 살펴보겠습니다. 바로 앞에서 간략하게 정리한 내용이지만, 좀 더 자세히 살펴보도록 하겠습니다.

지금부터는 명사를 '불가산명사'로 한정하여 정리하도록 하겠습니다.
일반적으로 다음 예문 B와 같이 불가산 명사에 형용사가 첨가된 경우, 부정관사 a/an이 사용됩니다(부정관사 a/an + 형용사 + 불가산명사).

A: He likes **class discussion**.
　　그녀는 학급 토론을 좋아한다.

B: He likes **a lively class discussion**.
　　그녀는 활발한 학급 토론을 좋아한다.

C: We had **a class discussion** yesterday.
　　우리들은 어제, 학급 토론을 했다.

먼저 A에서 class discussion은 [우리들의 머릿속에서 관념적, 개념적으로만 존재하는 '비가시적이고 추상적인(구체적이지 않는) 대상]이기 때문에, 무관사 ∅가 적용되었습니다. A의 class discussion은 '구체적인 사건이나 행위'가 아닙니다. 총칭적 상황입니다.

다음으로 B는 lively라는 형용사가 적용되었기 때문에 '종류'를 나타내는 부정관사 a/an이 적용되었습니다. 이는 [부정관사 a/an + 형용사 + 불가산명사]형태입니다. 이를 의미적으로 보게 되면, 그는 학급 토론(class discussion)이라면 뭐든지 무조건 좋아하는 것이 아니라, 많은 학급 토론 중에서 '활발한' 학급 토론을 좋아한다는 의미입니다. 즉, a lively class discussion은 여러 '학급 토론' 중에서도 '활발한 학급 토론'이란 '하나의 종류'를 나타내고 있습니다.

마지막으로 C에서 class discussion에 대해서 보겠습니다. 우선 discussion 앞에 있는 단어 class가 형용사가 아니기 때문에 [부정관사 a/an + 형용사 + 불가산명사]형태는 아닙니다. 문장의 내용상, 행위를 나타내고 있습니다. 부정관사 a/an이 적용되었기 때문에 <한 번의 행위(학급 토론)>를 나타내고 있습니다. 만약 학급토론을 여러 번 진행하였다면, '여러 차례의 행위'라는 의미가 나타날 수 있도록 '복수형 -s'를 사용하여 다음 예문처럼 class discussions라고 표현했을 것입니다.

거시적 접근

We had **class discussions** yesterday.
　우리들은 어제, 여러 차례의 학급 토론을 했다.

그리고 만약 학급토론이 '규칙적으로 지속적인 행위'인 경우에는 다음과 같이 무관사 ∅가 적용됩니다.

We had **class discussion** every monday.
　우리들은 매주 월요일마다 학급 토론을 한다.

이번에는 유일물(유일명사)인 the moon에 대해서 [부정관사 a/an + 형용사 + 불가산명사]형태를 살펴보겠습니다.

■ the moon　　⇨

　a crescent moon(초승달), a half moon(반달),
　a full moon(보름달), an old moon(그믐달)
　a new moon(새달), a wonderful moon(멋진 달), etc.

A bright moon was coming up over the Mt. Nam.
　남산 위로 밝은 달이 떠오르고 있었다.

We walked along a beach under **a hot August sun**.
　우리들은 뜨거운 8월의 태양 아래서 해변을 걸었다.

[부정관사 a/an + 형용사 + 불가산명사]형태에 대해서는 잠시 뒤에 다양한 시각에서 설명이 이루어지게 됩니다.

그 전에 [부정관사 a/an + 형용사 + 불가산명사]형태에 대해서 몇 가지 사항을 정리하겠습니다.

- 예외

한편, 불가산명사에 형용사가 첨가되었다고 해서 모든 경우에 부정관사 a/an을 사용하는 것은 아닙니다. 다음 세 가지 경우에는 상대적으로 무관사 Ø가 많이 사용됩니다. 즉 부정관사 a/an이 사용되지 않는다는 것입니다. '예외적인 경우'로 보면 되겠습니다. 하나는 명사에 관한 것이고, 두 개는 형용사에 관한 것입니다.

```
A. 명사
B. 형용사   ① 크기를 나타내는 형용사
            ② 명사형 형용사
```

A. 명사

먼저 모든 명사가 <불가산 명사에 형용사가 첨가된 경우, 부정관사 a/an이 사용된다>는 정리에 부합하는 것은 아닙니다. '집합명사'의 경우는 앞에 형용사가 위치한다고 하더라도 다음 예문과 같이 부정관사 a/an을 적용하지 않습니다.

- 그것은 좋은 충고였다.

That was **a good advice**. (X)

That was **good advice**. (O)

- 얼마나 아름다운 풍경인가!

What **a beautiful scenery**! (X)

What **beautiful scenery**! (O)

- 그는 잘못된 정보를 가지고 있다.

He has **a wrong information**. (X)

He has **wrong information**. (O)

B. 형용사

다음으로 모든 형용사가 <불가산 명사에 형용사가 첨가된 경우, 부정관사 a/an이 사용된다>는 정리에 부합하는 것은 아닙니다.

① 크기를 나타내는 형용사

일반적으로 크기를 나타내는 many, much, few, little, some, 수사 등의 수량형용사(Quantitative Adjective)인 경우에는 부정관사 a/an을 사용하지 않고 무관사 ∅가 적용되는 빈도가 더 높습니다.

I get **great pleasure** out of work like this.
　　나는 이와 같은 일의 결과에서 커다란 즐거움을 얻는다.

She showed **great courage**.
　　그녀는 커다란 용기를 보여주었다.

He displays **striking originality** in his art.
　　그는 그의 예술에서 놀라운 독창력을 보여 준다.

그러나 다음 예문처럼 부정관사 a/an이 적용되는 경우도 많습니다.

He showed **a great concern** for my future.
　　그는 내 장래를 상당히 걱정해 주었다.

It's **a great joy**[**a great pleasure**] to watch baseball games.
　　야구 시합을 보는 것은 즐겁다.

It was **a great surprise** for her to meet her ex-husband there.
　　그곳에서 헤어진 남편을 만난 것은 그녀에게 큰 놀라움이었다.

따라서 이 부분에 대해서는 탄력적으로 대처하면 될 것 같습니다.

② 명사형 형용사

아래 예문처럼 '명사형 형용사'가 사용된 경우에는 무관사 ∅인 경우가 많이 확인됩니다.

참고로, 현재 다루고 있는 [형용사 + 명사] 형태는 [형용사 + 불가산명사]를 의미한다는 점을 확인하도록 하겠습니다. 왜냐하면, [형용사 + 가산명사(보통명사)]의 경우는 형용사의 유무와 관계없이 항상 부정관사 a/an이 적용되어야 하기 때문입니다.

For the first time in **musical history**, the piece has been financed by the municipal government.
뮤지컬 사상 최초로, 그 작품은 시정부의 자금을 받았다.
*municipal – 시의

The plane, which uses **solar energy**, is already a record breaker.
태양 에너지를 사용하는 그 비행기는 이미 기록을 깼다.

'명사형 형용사'란 musical(←music), solar(←sun) 등과 같은 형용사를 말합니다. 이는 뒤에서 climate change, mind control 등과 같은 [명사 + 불가산명사]형태의 경우 무관사 ∅가 적용되는 경우가 많다고 하는 것과 연결되는 내용이 됩니다.

물론 '명사형 형용사'라고 하더라도 항상 무관사 ∅인 것은 아닙니다. 이는 특별한 것은 아니고, water, wisdom 등과 같은 단일 단어의 물질명사와 추상명사(불가산명사)가 항상 무관사 ∅인 것은 아닌 것과 동일한 측면에서 이해하면 되겠습니다. 즉 <'종류'의 개념으로 부정관사 a/an을 적용하는 문제>는 [형용사 + 불가산명사]인 경우에만 문제가 되는 것이고, [명사 + 불가산명사]는 단일 단어의 물질명사와 추상명사처럼 접근하면 됩니다.

■ [부정관사 a/an + 형용사 + 불가산명사]
- 다양한 시각에서의 조망

마지막으로 <불가산 명사에 형용사가 첨가된 경우, 부정관사 a/an이 사용된다>는 정리에 대해서 다양한 시각에서 생각해 보도록 하겠습니다. 이에 대한 '이유'는 크게 의미적 기준과 구조적(형식적) 기준으로 나누어집니다.

알아둘 점은 이하에 정리될 내용의 일부는 [부정관사 a/an + 형용사 + 불가산명사]형태뿐만 아니라, 형용사가 제외된 [부정관사 a/an + 불가산명사] 형태에 대해서도 <'어떠한 기준(이유)'에 의해서 부정관사 a/an이 적용되었는지>를 설명해 줄 수도 있습니다. 따라서 이하의 내용은, [부정관사 a/an + 형용사 + 불가산명사]형태에만 한정된 내용이 아니라, 모든 경우(상황)에 있어서의 불가산명사, 특히 추상명사에 대한 관사적용에 대한 기준으로서도 어느 정도 적용해 볼 수 있는 내용입니다.

[부정관사 a/an + 형용사 + 불가산명사]에서 부정관사 a/an을 적용하는 것에 대해서는 일단 6가지 정도의 측면에서 설명 가능합니다. 다른 측면도 있지만, 나머지 부분은 추상명사의 관사적용에 대해서 설명하면서 정리하도록 하겠습니다.

아무튼 어디에서도 이러한 내용에 대해서 설명하지 않고 있기 때문에, 그리고 어느 하나의 기준에 의해서만 명확하게 설명되는 경우가 많지 않기 때문에 다소 조심스럽지만 관사 적용, 특히 추상명사의 관사적용을 이해하는데 도움이 될 것입니다.

결국 지금부터 정리할 내용은 절대적 기준으로서 반드시 어느 하나만을 선택해야 하는 것이 아니고, 각각이 나름대로 의미가 있기 때문에 상호보완적으로 모두를 활용하는 것이 필요합니다. 이러한 종합적인 접근은, 결국 학습자들의 관사적 판단에 많은 도움이 될 것입니다.

거시적 접근

아래 제시되는 6가지 기준 중 '**구조적 기준**'인 4번을 제외한 나머지 5개는 모두 '**의미적 기준**'으로서 [부정관사 a/an + 형용사 + 불가산명사]형태 뿐만 아니라, <단일 단어인 경우를 포함하는 '모든 형태의 불가산명사'>, 특히 <추상명사에 부정관사 a/an을 적용하는 상황>을 이해하는데 도움이 될 것입니다.

다시 한 번 강조하지만, 가산명사(보통명사)의 경우는, 즉 [부정관사 a/an + 형용사 + 보통명사]형태는 '당연한 것'으로서 아래의 설명에 해당되지 않습니다.

---

1. 종류
2. 필요충분조건
3. 부정관사 a/an의 의미
4. 구조적 구별
5. 일부분
6. 아직 발생하지 않은 것 – 아직 존재하지 않는 것

차례대로 살펴보도록 하겠습니다.

1. 종류

이는 앞에서 이미 살펴본 내용입니다. 영어에서 '종류'는 가산성이 존재한다고 하였습니다.

따라서 '종류에 초점을 맞추는 경우'에는 '종류의 가산성'이 존재하게 되고, 따라서 불가산명사의 경우에도 부정관사 a/an을 적용할 수 있습니다.

이러한 측면에서 불가산명사에 형용사가 사용된 경우, 이는 '종류'에 해당되기 때문에 부정관사 a/an을 적용할 수 있다는 것입니다. 이미 앞에서 충분히 다루었기 때문에, 그리고 조금 뒤에 다시 간략하게 다루기 때문에 이 정도에서 마치도록 하겠습니다.

2. 필요충분조건(부정관사 a/an VS 정관사 the)

설명에 앞서 먼저, 이 부분은 <왜 정관사 the를 사용하지 않고 부정관사 a/an을 사용하는가>, 그리고 반대로 <왜 부정관사 a/an을 사용하지 않고 정관사 the를 사용하는가>에 대한 내용이라는 것을 알려 드립니다(부정관사 a/an VS 정관사 the).

필요충분조건은 필요조건, 충분조건과 함께 사용되는 용어로서, 아마 대부분 알고 있을 것입니다. 갑자기 이러한 용어를 언급하는 이유는 부정관사 a/an과 정관사 the의 차이를 설명하는 경우에 있어서 매우 중요한 역할을 하기 때문입니다. 특히 명확하게 구별이 되는 사항이 아닌 경우로서, 우리의 입장에서 판단이 쉽지 않는 미묘한 경우에 있어서 좀 더 명확한 기준을 제시해 줄 수 있습니다.

처음 접하는 내용이기 때문에 이해가 가지 않을 수도 있겠지만, 상당한 도움이 될 것입니다. 이에 대해서는 나중에 정관사 the부분에서 자세히 다루게 됩니다. 혹시 궁금하다면, 정관사 the부분으로 가서 먼저 확인해도 되겠습니다.

여기에서는 필요충분조건, 필요조건, 충분조건에 대한 별도의 용어적 설명 없이, 즉 이들 용어와는 직접적으로 연관시키지 않고 간단하게 언급하도록 하겠습니다. 여러분께서는 이하의 내용이 나중에 정관사 the 부분에서 설명할 <필요충분조건>과 관계가 있다는 것에 대해서만 미리 인지하시기 바랍니다.

거시적 접근

Efforts to change lead frequently to important improvement and growth in our lives.
변화하려는 노력은 자주 우리 삶에서의 진보와 성장을 이끈다.

위 예문에서, efforts에 정관사 the를 사용하지 않고, 부정관사(a/an, -s)를 적용하였는지에 대해서 한번 생각해 보시기 바랍니다. 즉 the effort가 아니고 왜 efforts일까에 대한 의문입니다.

이에 대해서 여러 측면에서 접근할 수 있을 것입니다. 아마도 지금까지 문법적 정리가 그랬듯이 어떠한 설명도, 너무나 추상적이기 때문에 100% 명확하지 않을지도 모르겠습니다. 그러나 <필요충분조건>의 기준은 나름대로 명확합니다.

이번에는 다음 내용에 대해서 옳고 그름을 따져 보시기 바랍니다.

<'모든' 변화하려는 노력>은
우리 삶에서의 진보와 성장을 이끈다.

위 문장에서 관사의 선택과 관련해서 중요한 측면은, <'모든' 변화하려는 노력>이 항상 <우리 삶에서의 진보와 성장>으로 이어지느냐 하는 것입니다. 결과적으로 위 문장은 일반적으로 거짓인 명제가 됩니다. 일반적으로 '모든 노력이 긍정적인 효과를 얻지 못한다는 것'은 상식적인 내용입니다.

즉, '모든 변화하려는 노력(the efforts to change)'이 언제나 중요한 개선과 성장으로 귀결되지는 않습니다. 노력을 하더라도 항상 100% 성공하는 것이 아니라, 오히려 실패할 수도 있는 것입니다. 따라서 위 문장이 참인 명제가 되기 위해서는 다음과 같이 '모든'을 제거하든지, 아니면 '대부분', '많은' 등으로 바꾸어 주어야 합니다.

변화하려는 노력은 우리 삶에서의 진보와 성장을 이끈다.

'대부분' 변화하려는 노력은 우리 삶에서의 진보와 성장을 이끈다.

'많은' 변화하려는 노력은 우리 삶에서의 진보와 성장을 이끈다.

이러한 측면에서 '모든 것(전체)'을 의미하는 정관사 the는 적절하지 않고 부정관사(a/an, -s)가 사용되어야 합니다. 결론적으로 정관사 the는 '모든(전체)'에 해당되는 경우에 사용할 수 있음을 알 수 있습니다. 예문을 하나 더 보도록 하겠습니다.

- 제대로 된 교육은 돈이 많이 든다.

① A good education is expensive. (O)
② The good education is expensive. (X)

위 예문에서 문장 ②처럼 정관사 the를 적용하여 the good education이라고 하면 적절하지 않는다는 것은, 의미상 명확합니다. '모든(the)' good education이 돈이 많이 드는 것은 아니기 때문입니다. 다음 예문도 같은 논리로 접근하면 됩니다.

- 우리는 흡연이 해롭다는 과학적 증거를 가지고 있다.

① We have **scientific proof** that cigarette smoking is harmful. (O)
② We have **the scientific proof** that cigarette smoking is harmful. (X)

위 예문도 마찬가지입니다. 내용상 '모든(the) 과학적 증거' 또는 '전체(the) 과학적 증거'를 가지고 있다는 의미가 아니기 때문에 '전체(100%)'를 의미하는 정관사 the를 사용한 문장 ②는 적절하지 않습니다.

마지막으로 예문 하나를 더 보겠습니다.

- **그녀는 영어에 대한 깊은 지식을 가지고 있다.**

She has **a deep knowledge** of English. (O)
She has **the deep knowledge** of English. (X)

상식적으로 그녀가 영어의 '모든(the)' 지식을 가지고 있을 수는 없기 때문에, 정관사 the를 적용한 the deep knowledge는 논리적으로 맞지 않습니다. 참고로 다음과 같은 문장은 가능합니다.

She studied about **the knowledge** of English.
  그녀는 영어에 대한 지식을 공부하였다.

위 문장이 가능한 이유는 전치사 about 때문입니다. about은 '대략'이라는 <'100%'가 아니라는 의미>를 담고 있기 때문입니다.

이상의 내용은 관사와 관련해서 매우 유용한 내용이라고 생각합니다. 현재 내용을 읽으면서 많은 분들이 공감해 주실 수도 있고, 반대로 이해가 잘 가지 않는다고 느끼실 분도 있을 것입니다.
혹시 이에 대해서(필요충분조건) 지금 더 궁금하다면 정관사 the부분으로 가서 찾아 읽어 보시기 바랍니다.

3. 부정관사 a/an의 의미

앞에서 불가산 명사에 형용사가 첨가된 경우, 부정관사 a/an이 사용되고, 이 경우에 형용사는 종류(a kind of~)나 정도(a degree of~)를 나타내게 된다고 정리하였습니다. 그리고 또한 앞에서 [부정관사 a/an + 형용사 + 불가산명사]의 형태가 '종류'를 나타낸다고도 하였습니다.

이러한 설명의 연장선상에서 우리말로 '일종의' 정도의 해석이 가능한 경우에는 부정관사 a/an이 적용될 수 있을 것입니다. '일종의'라는 의미는 일단 '전체'는 될 수 없고, <'복수의 종류' 중에서 어느 하나의 종류>를 의미하는 개념입니다.

예문을 보도록 하겠습니다.

> Lightning can strike even out of **a clear blue sky**.
> ①번개는 맑고 푸른 하늘에서도 칠 수 있습니다.
> → ②번개는 **(일종의)** 맑고 푸른 하늘**(중의 하나)**에서도
>   칠 수 있습니다.

이처럼 부정관사 a/an의 경우는 '우리말 해석'이 도움이 됩니다. 즉 기존 문법책에서 정리하고 있는 부정관사 a/an의 용법에서 확인할 수 있는 '하나의', '어떤' 등의 해석에 해당되는 경우에 부정관사 a/an을 적용하게 된다고 접근하는 것이 도움이 된다는 것입니다.

예문을 하나 더 보도록 하겠습니다.

> We are now living in **a cold hearted society**.
>   지금 우리는 이렇게 **(일종의)** 냉정한 사회**(중의 하나)**에서
>   살고 있다.

4. 구조적 구별

앞 3개의 기준이 '의미적 기준'이었다면, 이번에 설명할 내용은 '형식적, 구조적 기준'에 대한 내용이 됩니다.

> ■ 이 부분에서는 [부정관사 a/an + 형용사 + 불가산명사]형태에 대해서 '의미의 측면'은 배제하고 오로지 '구조적 측면'으로만 접근하여 설명할 것입니다.

영어 문법의 근본 원리는 '혼동과 구별'입니다. 영어는 언어적 특성상 '혼동'의 가능성이 매우 크기 때문에 '형식적, 구조적 구별'이 매우 중요합니다. 이러한 '형식적, 구조적 구별'의 문제를 해결하기 위해서 오랜 세월에 걸쳐서 많은 '문법적 장치'들이 고안되었습니다. 결국 영문법의 많은 내용들이 '(형식적, 구조적) 혼동'의 문제를 해결하기 위한 '구별'의 차원에서 등장한 것입니다. 그리고 그 중에서 대표적인 것이 관사입니다.

이 부분에서는 <두 단어 이상으로 이루어진 복합(합성) 명사>에 대한 '형식적, 구조적 구별'의 관점에서 살펴보도록 하겠습니다.

먼저, '형식적, 구조적 구별'의 측면에서 보게 되면, 당연히 하나의 단어로 이루어진 명사(단일 명사)보다는 다음 예문들과 같이 <두 단어 이상으로 이루어진 복합(합성) 명사>에 대해서 관사 적용의 필요성이 상대적으로 높다고 할 수 있을 것입니다.

①The annual precipitation rate in this area amounts to 3,000 millimeters.
　　이 지방의 연간 강수량은 3,000밀리미터에 달한다.

②WFP officials have launched **a public awareness initiative** aimed at closing this funding gap.
　　세계식량계획 직원들은 이러한 자금 격차를 줄일 목적으로 대중의 인식을 촉구하는 운동을 시작했다.

③And senior officials and ministers called for endorsing an initiative to fight **a potential bird flu pandemic**.
　　그리고 고위관리들과 각료들은 조류독감에 대처할 이니셔티브의 지지를 요청했다."
　　　*endorse - 지지하다　　*pandemic - 전국적인 유행병

즉 단일 단어(하나의 단어로 이루어진 단어)'에 비해서 '혼동의 가능성'이 더 높기 때문에, 관사의 '명사의 표지(sign of noun)'로서의 역할과 '단어(명사)의 시작 또는 마지막'을 나타내는 역할이 '상대적으로 더 중요하게 됩니다.

이는 그만큼 복합(합성) 명사의 경우에는 '전체 단어'를 파악하는 것이 상대적으로 더 어렵기 때문에 관사의 필요성이 크다는 것입니다. 위 예문 중 ②번 ③번 문장을 관사를 제거하고 보게 되면 이러한 점에 대해서 충분히 이해할 수 있을 것입니다. 특별한 설명은 하지 않겠습니다.

[②-1]WFP official have launched public awareness initiative aimed at closing this funding gap.

[③-1]And senior official and minister called for endorsing initiative to fight potential bird flu pandemic.

A. '단어(명사)의 시작'을 나타내는 기능

한편 <두 단어 이상으로 이루어진 복합(합성) 명사>에 있어서는 관사가 수행하는 다수의 기능 중에서 특히 <'단어(명사)의 시작 또는 마지막'을 나타내는 역할>이 가장 핵심이라고 할 수 있습니다.

> <두 단어 이상으로 이루어진 복합(합성) 명사>에 있어서는, 관사가 수행하는 다수의 기능 중에서 <'단어(명사)의 시작 또는 마지막'을 나타내는 역할>이 가장 핵심이다.

*<'단어(명사)의 시작 또는 마지막'을 나타내는 역할>을 이하에서는 <'단어(명사)의 시작'을 나타내는 역할>이라고 하겠습니다. 그리고 별도의 설명이 없는 한, 이에는 <'단어(명사)의 마지막'을 나타내는 역할>이 포함되어 있습니다.

*<'단어(명사)의 시작'을 나타내는 역할>은 전위관사인 부정관사 a/an과 정관사 the의 영역이고, <'단어(명사)의 마지막'을 나타내는 역할>은 후위관사 -s의 기능입니다.

왜냐하면, 복합(합성) 명사에 있어서는 '명사의 표지(sign of noun)'로서의 역할의 경우는 완벽하게 100% 완수되지 못할 수도 있기 때문입니다. 이에 대해서는 바로 뒤에 설명됩니다.

물론, 부정관사 a/an과 정관사 the는 항상 명사 앞에 위치하기 때문에 <'단어(명사)의 시작'을 표시해 주는 역할>은 자동적으로 수반되는 기능이 됩니다. 따라서 어찌 보면 관사의 <'단어(명사)의 시작'을 표시해 주는 역할>은 특별한 내용이 아니라고 볼 수도 있겠지만,

이는 다음 두 가지 점에서 의의가 있습니다.

1 관사의 '명사의 표지' 기능은 우리가 '단어 전체'를 완벽하게 파악하게 되었을 경우 완수되는 것입니다. 우리가 문장에서 관사가 적용된 복합(합성) 명사를 보았을 때, 관사로 인해 일단 명사라는 것은 파악했지만, '단어가 끝나는 지점'을 알 수 없어서 여전히 '단어 전체'를 쉽게 파악할 수 없는 상황이 존재할 수도 있습니다.

이러한 경우에, 관사가 '명사의 표지' 기능을 수행하고 있기는 하지만, '명사의 표지' 기능의 모든 역할을 100% 완전하게 완수(성공)했다고 볼 수는 없습니다. 이러한 경우, 관사는 우리에게 '단어(명사)의 시작'을 알려주는 역할만을 완수하고 있다고 할 수 있을 것입니다.

물론 이는 상대적이기 때문에 동일한 상황이라 할지라도, 만약 단어 전체를 모두 파악한 사람에게는 '명사의 표지' 기능도 완수한 것이 될 것입니다.

지금까지의 내용을 정리하면 다음과 같습니다.

- 관사는 ①<'명사의 표지(sign of noun)'로서의 역할>과 ②<'단어(명사)의 시작'을 나타내는 역할>을 수행한다.

- 이 중에서 ②<'단어(명사)의 시작'을 나타내는 역할>은, 관사가 존재함과 동시에 100% 완수된다. 즉 관사가 존재하기만 하면 '단어(명사)의 시작'이라는 것을 누구나 파악할 수 있다.

- 반면에 ①'명사의 표지(sign of noun)'로서의 역할은 '전체 단어'를 파악해야만 비로소 완수되는 것이기 때문에, 관사가 존재하는 것과 동시에 100% 완수되는 것은 아니다. 왜냐하면, <두 단어 이상으로 이루어진 복합(합성) 명사>에 대해서는 '단어가 끝나는 지점'을 파악하지 못했을 경우에는 '전체 단어'가 파악된 것으로 볼 수 없기 때문이다.

거시적 접근

그리고 참고로, 뒤에서 제시되겠지만, 부정관사 a/an이 적용된 경우라고 하더라도 명사가 아닌 단어가 존재하기도 합니다. 물론 흔한 경우는 아닙니다.

결국 제가 전하려고 하는 내용은, 관사가 '단어(명사)의 시작'을 알려주는 것은 '기초적인 기능'으로서, 어떠한 경우에라도 관사가 존재하기만 하면 100% 완수하는 기능이라는 것입니다.

> '단어(명사)의 시작'을 알려주는 것은 '기초적인 기능'으로서, 어떠한 경우에라도 관사가 존재하기만 하면 100% 완수하는 기능이다.

특히 이러한 관사의 <'단어(명사)의 시작'을 알려주는 기능>은 영문에 익숙하지 않는 사람들에게 있어서 가장 기본적인 기능이라는 의미가 있을 뿐만 아니라, 매우 파악하기 쉽다는 장점까지 있습니다.

지금까지 내용을 예문을 통해서 살펴보도록 하겠습니다.
먼저 아래 예문은 본래 문장에서 관사를 모두 제거한 상태입니다. 해석해 보시기 바랍니다.

It must also depend upon activities of plants for continued oxygen supply for its respiration.

다음은 원래 문장입니다.

①It must also depend upon ②the activities of ③plants for ④a continued oxygen supply for ⑤its respiration.
　동물들은 호흡하기 위하여 지속적으로 산소를 공급하는 식물의 활동에 의존한다.

　문장을 구성하는 제 1의 핵심요소는 명사와 동사입니다. 동사는 원칙적으로 하나의 문장에 1개만 존재하기 때문에, 결국 가장 많이 등장하는 것은 당연히 명사입니다. 따라서 명사를 명확하게 확인하는 것은 영문의 구조와 내용을 파악하기 위해서 가장 우선되는 중요한 사항 중의 하나입니다.

　이러한 이유로 영어는 다양한 '명사의 표지'를 두고 있습니다. 전치사와 소유격 등도 뒤에 100% 명사가 나온다는 정보를 주게 됩니다. 그리고 가장 대표적인 '명사의 표지'는 관사입니다.

　위 문장에서 명사는 ①~⑤의 총 5개입니다.
　이 중에서 ②번과 ④번에 전위관사가 적용되어 있습니다. ②번과 ③번에는 후위관사 '-s'가 사용되어 있습니다.

　특히 ②번 [the activities]의 경우는 전위관사 the와 후위관사 '-s'가 동시에 적용되어 있습니다. '단어의 시작'을 알려주는 전위관사 the와 '단어의 마지막(끝)'을 알려주는 후위관사 '-s'로 인해서 ②번 the activities는 단어 전체를 쉽게 파악할 수 있기 때문에 정관사 the는 '명사의 표지 기능'을 완벽하게 수행할 수 있습니다. 당연히 앞에서 언급한 것처럼 정관사 the는 자동적으로 '단어(명사)의 시작'을 알려주는 역할도 하고 있습니다.
　이러한 두개의 기능(명사의 표지로서의 기능 + 단어의 시작과 끝을 알려주는 기능)으로 인해서 ②번 [the activities]에 적용된 정관사 the는 '구조적 구별'이라는 역할을 100% 수행하게 되고, 이는 결국 원활한 의사소통에 기여하게 됩니다.

④번 [a continued oxygen supply]는 2개 이상의 단어로 이루어진 복합명사입니다. supply는 동사로도 사용되는 단어이기 때문에 '단어 전체'를 파악하는데 있어서 혼동이 될 수도 있겠습니다. '단어 전체'를 모두 파악할 수 있다면 문제가 없겠지만, 만약 '단어 전체'를 파악하는데 있어서 어려움을 겪게 되면, 이 경우 부정관사 a/an은 '명사의 표지 기능'을 수행하고 있기는 하지만, '명사의 표지 기능'을 100% 완수하고 있다고 말할 수는 없습니다.

반면에, 당연히 부정관사 a/an은 '단어(명사)의 시작'을 알려주는 역할은 100% 완수하고 있습니다.

2 다음으로 관사가 '단어(명사)의 시작'을 표시해 주는 역할을 한다는 것은, 후위관사 '-s'가 '단어의 마지막(끝)'을 나타내 준다는 것과 대비된다는 측면에서 의미가 있습니다.

부정관사 a/an & 정관사 the	전위 관사	'단어의 시작'을 표시해 준다.
'-s'	후위 관사	'단어의 마지막(끝)'을 표시해 준다.

먼저 참고로, 관사의 하나인 무관사 ∅는 전위관사도 후위관사도 아닙니다. 전위관사나 후위관사가 되기 위해서는 '단어의 시작'이나 '단어의 마지막(끝)'을 나타낼 수 있어야 하는데, 무관사 ∅는 이와는 거리가 있기 때문입니다.

후위관사 '-s'가 '단어의 마지막'을 나타내 준다는 것의 의미에 대해서 이미 앞에서 정리한 바 있습니다. 따라서 특별한 설명을 하지 않겠습니다.

위에서 제시한 문장에 대해서 전위관사(부정관사 a/an, 정관사 the)와 후위관사(-s)를 진하게 표시해 보겠습니다. 이들이 '단어의 시작'과 '단어의 마지막'을 나타낸다는 것을 확인해 보시기 바랍니다.

It must also depend upon **the** activit**ies** of plant**s** for **a** continued oxygen supply for its respiration.

전위관사와 후위관사에 대해서 위 예문은 다음과 같이 정리할 수 있습니다.

② the activities	전위관사 & 후위관사가 존재
	단어의 **시작과 마지막**을 알 수 있음
③ plants	후위관사만 존재
	단어의 **마지막**을 알 수 있음
④ a continued oxygen supply	전위관사만 존재
	단어의 **시작**을 알 수 있음

　지금까지 관사의 '단어(명사)의 시작'을 나타내는 기능에 대해서 잠시 살펴보았습니다. 참고로 관사가 '명사의 표지' 기능을 수행한다고 했을 때, 사실 '명사의 표지' 기능은 관사만의 전유물은 아닙니다. <문법없이독해하기>에서 정리한 것처럼 전치사, 소유격 등도 뒤에 반드시 명사가 위치하기 때문에 '명사의 표지' 기능을 수행하고 있다고 말 할 수도 있습니다.
　그리고 위 문장에서 respiration의 명사형 어미 '-tion'도 넓게 보면, '명사의 표지'로 볼 수 있습니다. '-tion, ity, -ment' 등과 같은 '명사형 어미'가 존재하는 단어들은, 무조건 명사이기 때문에 앞에서 정리했듯이 다음과 같은 두 가지 특성을 가지고 있습니다.

거시적 접근

①첫째, 관사가 적용되는 비율이 다른 명사들과 비교해 보았을 때, 현저하게 낮습니다. 즉 대부분 무관사 ∅입니다. 이는 '-tion, ity, -ment' 등이 이미 명사임을 나타내 주기 때문에 별도로 '명사의 표지'로서의 기능이 필요하지 않기 때문인 것으로 보입니다.

②둘째, 다른 품사로는 사용되지 않고 항상 명사로만 사용됩니다. <이제영어의의문이풀렸다1>에서 설명한 것처럼 영어의 중요한 특징 중의 하나가 대부분의 단어가 다양한 품사로 사용된다는 것입니다. 그런데 respiration 등과 같은 '명사형 어미'가 존재하는 단어들은 다른 품사로는 사용되지 않습니다.

■ '명사형 어미'의 단어

1. 무관사 ∅의 비율이 월등히 높다.
2. 다른 품사로는 사용되지 않고 항상 명사로만 사용된다.

다시 본론으로 돌아와서 <두 단어 이상으로 이루어진 복합(합성) 명사>에 있어서 관사의 '구조적 구별'의 측면에 대해서 좀 더 살펴보겠습니다.

아래 예문은 원래 문장에서 관사를 모두 제거한 상태입니다. 해석해 보시기 바랍니다.

①Cyber baby boom began on television comedy show last year.

②Increased population brought more demand for food, and more money went into farming.

다음은 원래 문장입니다.

①The "cyber baby boom" began on a television comedy show last year.
'사이버 아기 붐'은 지난 해 TV 코미디 쇼에서 시작되었다.

②The increased population brought more demand for food, and more money went into farming.
인구가 증가는 음식에 대한 더 많은 수요를 야기하였고, 더 많은 돈이 농업에 사용되었다.

물론 관사가 제거 된 경우에도 해석이 원활하게 이루어진 분들도 있겠지만, 일반적으로 관사가 사용된 경우가 훨씬 문장의 구조와 의미를 파악하는데 있어서 수월하다는 것을 부인하기는 힘들 것입니다. 이것이 바로 영어에서 관사가 존재하는 제 1의 이유입니다.

이에 대해서 두 단어 이상으로 이루어진 단어의 경우, '단일 단어'보다는 상대적으로 내용이 구체적이기 때문에 '의미적'으로 관사를 사용할 가능성이 높아진다고도 볼 수도 있겠으나, 영어라는 언어의 특성상 '형식적, 구조적 측면'이 매우 중요하고, 따라서 이러한 점은 반드시 고려되고 분석되어야 합니다.
결국 이러한 이유 때문에, 물질명사나 추상명사와 같은 불가산명사도 복합(합성) 명사를 구성하는 단어의 수가 많아질수록, 무관사 ∅가 적용되는 경우가 줄어들게 됩니다. 그리고 다음 예문처럼 3단어 이상으로 구성된 경우에는 거의 대부분 관사가 사용됩니다.

거시적 접근

Based on far-reaching strategies, the new government should take fresh initiatives in improving **the corporate investment environment**.   - 3단어
원대한 전략을 세운 뒤 새 정부는 기업의 투자 환경을 개선할 수 있도록 주도해야 한다.   *far-reaching - 원대한

The meeting is expected to adopt a Seoul initiative on green growth, a ministerial declaration and **a detailed regional implementation plan** for the region.   - 4단어
이번 회의는 각료선언으로 이 지역에서의 구체적인 실시계획인 "녹색성장"에 대한 서울 이니셔티브를 채택할 것으로 보인다.
   *implement - 시행하다

이는 그만큼 단어의 수가 많아질수록 관사의 <'명사의 표지' 기능>과 <'단어의 시작'을 표시하는 기능>이 원활한 의사소통을 위해서 중요해 진다(필수적이다)는 의미로 볼 수 있습니다.

복합(합성) 명사를 구성하는 단어의 수가 많아질수록, 관사의 <'명사의 표지' 기능>과 <'단어의 시작'을 표시하는 기능>이 원활한 의사소통을 위해서 중요해 진다.

B. [명사 + 명사] VS [형용사 + 명사]

다음으로, <두 단어 이상으로 이루어진 복합(합성) 명사>의 경우에도 [명사 + 명사]의 형태인지, 또는 [형용사 + 명사]의 형태인지에 따라 관사 적용에 있어서 차이가 있습니다. 당연히 여기에서의 명사는 불가산명사를 의미합니다.

가산명사인 보통명사는 '원래' 부정관사 a/an과 정관사 the 등과 같은 모든 관사형태를 적용해야 하기 때문에 특별하게 설명할 필요가 없습니다. 이는 다시 말하면, 이하의 설명은 모두 불가산명사를 염두에 둔 설명이라는 의미입니다.

[명사 + 명사]   VS   [형용사 + 명사]

---

① 명사 + 명사

먼저 [명사 + 명사]인 경우에는, 아래 예문처럼 두 번째 명사가 불가산명사인 경우에 있어서 무관사 ∅인 경우를 많이 찾아 볼 수 있습니다.

Climate change is likely to hurt some nations more than others.
　　기후 변화는 다른 나라들보다는 일부 나라들을 더 다치게 할 것 같다.

This is because his level of **mind control** is amazing.
　　그의 정신 통제력 레벨이 놀랍기 때문이랍니다.

① 형용사 + 명사 = [부정관사 a/an + 형용사 + 명사]

그러나 이와 달리 [형용사 + 불가산명사]의 형태는 대부분 부정관사 a/an이 적용되게 됩니다. 이는 일단, 현재 정리하고 있는 [부정관사 a/an + 형용사 + 불가산명사]의 형태와 부합됩니다. 이처럼 [명사 + 명사] 형태와는 달리 [형용사 + 명사] 형태에는 왜 거의 대부분 부정관사 a/an이 적용되는가에 대해서 '구조적 구별'의 측면에서 살펴보겠습니다.

거시적 접근

결론적으로 이는 영어에서 형용사가 가지고 있는 '구조적 특징' 때문입니다.

기존 문법에서 '영어의 5형식'이 의미하는 것은, 영어의 모든 문장은 5가지 형식 중 어느 하나로 분류될 수 있다는 것입니다. 5형식을 살펴보면, 이를 구성하는 것은 명사, 동사, 형용사뿐입니다. 이는 영어의 모든 문장은 5형식으로 분류될 수 있고, 결국 영어의 모든 문장의 핵심은 명사, 동사, 형용사의 3가지 품사로만 이루어져 있다는 것입니다.

한편, 영어라는 언어의 특성상 '구조적 구별'은 매우 중요합니다. 그런데 잘 살펴보면, 구조적 구별이란 문장을 구성하는 핵심 요소인 ⓐ명사, ⓑ동사, ⓒ형용사를 어떻게 하면 혼동되지 않고 잘 파악할 수 있도록 할 것인가의 문제로 귀결되고 있습니다.

ⓐ먼저, 명사를 구조적으로 잘 파악할 수 있도록 하는 장치는 관사입니다.
ⓑ그리고 동사를 잘 파악할 수 있도록 하는 장치는 앞에서 말했던 것처럼 [주어 + 동사]의 경우 [-s, -s]형태는 피한다는 정리입니다(구조적 법칙 Ⅱ). 이러한 정리와 관련 있는 것이 <3인칭 단수 현재형인 경우 동사에 '-s'를 사용한다>는 문법사항입니다.
ⓒ그렇다면 형용사를 잘 파악할 수 있도록 하는 장치는 무엇일까요?

문장을 구성하는 핵심 요소(품사)		구조적 구별 장치
ⓐ 명사	⇨	관사
ⓑ 동사	⇨	[주어 + 동사]의 경우 [-s, -s]형태는 피한다. - 구조적 법칙 Ⅱ
ⓒ 형용사	⇨	?

이를 파악하기 위해서는 잠시 설명이 필요합니다.

형용사는 두 가지 기능을 가지고 있습니다. 먼저 모두 알고 있듯이 기본적으로 형용사는 명사 앞에 위치하여 명사를 수식하는 역할을 합니다(한정적 용법). 그리고 다음 예문에서처럼 2형식과 5형식에서 보어로 사용되기도 합니다(서술적 용법).

- [2형식]   This cookie tastes **great**!
  이 쿠키는 맛이 대단하다!
- [5형식]   His love made her **happy**.
  그의 사랑은 그녀를 행복하게 했다.

동일한 형용사이지만, 기능이 같지 않습니다. 앞에서 문장을 구성하는 핵심 요소 중 하나가 형용사라고 했을 때, 이 경우에 해당되는 형용사는 서술적 용법의 형용사를 의미합니다. 즉 한정적 용법의 형용사는 이에 해당되지 않습니다.

결국 형용사를 잘 파악할 수 있도록 하기 위해서는 두 개의 관점이 요구 되는 것입니다. 즉 형용사에 대해서 i)명사와 동사 등과 같은 다른 품사의 단어들과의 구별도 중요하지만, ii)한정적 용법의 형용사와 서술적 용법의 형용사를 구별하는 것도 중요한 과제가 됩니다.

i)먼저, 형용사를 명사와 동사라는 다른 품사와의 구별하는 방식은 명사에 전위관사(a/an, the)와 후위관사(-s)를 상황에 맞게 적용하는 것이 대표적입니다. 또한 [주어 + 동사]가 [-s, -s]와 [∅, ∅]가 되는 것을 피한다는 것도, 이와 관련된 중요한 내용 중의 하나입니다. 즉 형용사에 특별한 조치(?)를 취하는 것이 아니라, 이미 존재하는 명사와 동사를 구분하기 위한 조치들이 결과적으로 형용사를 구별할 수 있도록 한다는 것입니다.

ii) 다음으로, 영어가 '서술적 용법의 형용사'와 구별하여, '한정적 용법의 형용사'를 잘 파악할 수 있도록 하기 위해서 만든 방법은 <'서술적 용법의 형용사'와 혼동이 될 수 있는 '한정적 용법의 형용사'>에 대해서 부정관사 a/an을 첨가하여, 구별이 용이하도록 하였습니다. 이는 두 가지 경우로 나누어 볼 수 있습니다.

> (가) 부정관사 a/an + 형용사 + 명사
> (나) be동사 + 부정관사 a/an + 형용사 + 명사

위 분류는 설명의 편의상 구분한 것으로서, 사실 넓게 보면 (나)는 (가)에 포함됩니다. 즉 (나)는 (가)의 한 유형입니다. 하지만, 위 둘을 별도로 구분하는 것은 나름대로 의미가 있습니다.

(가) 부정관사 a/an + 형용사 + 명사

'한정적 용법의 형용사'와 '서술적 용법의 형용사'를 구별하기 위해서, 한정적 용법의 형용사에 대해서는 일반적으로 부정관사 a/an을 적용합니다. 즉, '보어로 사용된 서술적 용법의 형용사'와 '명사를 앞에서 수식하는 한정적 용법의 형용사'를 확실하게 구별하기 위해서 한정적 용법의 [형용사 + 명사]형태의 경우에는 부정관사 a/an이 거의 대부분 적용되는 것입니다.

다음 문장을 보시기 바랍니다.
문장의 정확한 해석이 목적이 아니라, '구조적 구별'에 대한 설명을 위한 것이기 때문에 잠깐 확인만 하면 되겠습니다.

A ①It has been long fought debate in arena of climate change.

②These may be stressful, but feeling stress is natural, necessary part of recognizing weakness and trying out new behavior.

위 문장은 원래 문장에서 관사가 제거된 문장입니다.
 만약 위 A의 예문 ①에서 [long fought debate 부분]과 예문 ②에서 [natural, necessary 부분]에서 조금이라도 혼동을 겪었다면, 지금부터 정리할 내용을 이해하는데 도움이 될 것 같습니다.
 참고로 위 A의 ②에서 쉼표(,)까지 제거하면 다음과 같습니다.

②These may be stressful but feeling stress is natural necessary part of recognizing weakness and trying out new behavior.

훨씬 더 파악하기 힘든 문장이 되었습니다. 이처럼, 영어에서 쉼표(,), 마침표(.) 등과 같은 구두법은, **우리말에서의 구두법과는 완전 다른 차원의 중요성**을 갖고 있습니다. 원래 문장은 B와 같습니다.

B ①It has been **a long fought debate** in the arena of climate change.
  항공기 연료에 대한 과세는 기후 변화의 무대에서 오랜 논쟁이 되어왔다. *arena - 경기장, 투쟁 및 활동의 장소

거시적 접근

②These may be stressful, but feeling stress is **a natural, necessary part** of recognizing a weakness and trying out a new behavior.
　이것들은 스트레스가 될 수 있지만, 스트레스를 느끼는 것은 우리의 약점을 파악하고 새로운 행동을 시도하는 데 있어서 자연스럽고 필요한 부분이다.

위 B는 A에 '명사표시의 기능'을 하는 부정관사 a/an이 첨가된 것입니다. 부정관사 a/an의 '명사표지의 기능'은, 부정관사 a/an 뒤에 나오는 단어가 명사라는 것을 나타내 주는 것입니다. 한편, 실제 영문을 접하는 경우, 특히 회화에 있어서 부정관사 a/an은 우리들에게 '전체 단어'가 제시되기 전에 미리, 뒤에 명사가 나오게 된다는 것을 알려주는 '신호'의 역할을 한다고 할 수 있습니다.

■ 부정관사 a/an의 '명사표시 기능'

　뒤에 나오는 단어가 명사라는 것을 나타내 준다.

⇨　'전체 단어'가 제시되기 전에 미리, 뒤에 명사가 나오게 된다는 것을 알려주는 역할을 한다.

---

*'명사표시 기능'은 정관사 the도 해당됩니다.

결국 <형용사 앞에 부정관사 a/an이 있다는 것>은 일반적으로, 앞에서 보았던 a cold(감기)처럼 '형용사가 명사로 전성된 경우'를 제외하면, 대부분의 경우는 형용사 뒤에 수식을 받는 명사가 나오게 된다는 것을 대비하라는 표지라고 보아야 합니다. 이는 결국 부정관사 a/an 뒤의 형용사는 한정적 용법의 형용사라는 것을 의미하는 것입니다. 다음을 비교해 보시기 바랍니다.

①He is an important ...　　VS　②He is important ...

위에서 ①과 ②의 차이는 부정관사 a/an의 유무입니다. ②는 그대로 문장이 끝나는 것이 가능하지만, ①은 일반적인 경우라면 불완전한 문장으로서, 뒤에 명사가 필요합니다. 위 문장의 원래 모습은 다음과 같습니다.

[①-1]He is **an important person** in that company.
　　　　그는 그 회사에서 중요한 사람이다.

[②-1]He is **important**.
　　　　그는 중요하다.

물론 위 [①-1]에서 person이 가산명사이기 때문에, '구조적 구별'의 차원이 아니더라도 무조건 부정관사 a/an이 필요합니다. 그럼에도 불구하고 중요한 것은 부정관사 a/an 때문에 [He is an important ...] 정도만 보고도 다음 2개의 정보를 알 수 있다는 점입니다.

첫째, person을 보지 않더라도, 'an important'만으로도 뒤에
　　　　명사가 나오게 된다는 것을 미리 알 수 있다.

둘째, 'an important'에서 important는 **'한정적 용법의 형용사'** 라는 것을 알 수 있다.

결론적으로 '형용사와 관련하여' 부정관사 a/an은 서술적 용법의 형용사가 아니라는 것을 나타내 주는 역할을 하게 됩니다.

거시적 접근

■ 부정관사 a/an과 형용사

형용사 앞에 위치한 부정관사 a/an은, '서술적 용법의 형용사'가 아니라는 것을 나타내 준다.

즉, 다른 부분을 생각하지 않고, 오로지 형용사와의 관계만을 놓고 본다면, 형용사 앞에 사용된 부정관사 a/an은, [He is important.]에서와 같은 서술적 용법의 형용사는 아니라는 정보를 담고 있습니다.

이러한 측면에서, 원칙적으로 관사는 명사와 불가분의 관계를 가지고 있는 것이지만, [부정관사 a/an + 형용사 + 명사] 형태의 경우에 있어서만큼은 부정관사 a/an은 명사에 첨가된 것이라기보다는 형용사에 첨가된 것으로 볼 수도 있을 것 같습니다. 왜냐하면 [부정관사 a/an + 형용사 + 불가산명사]의 경우, '의미적'으로 보면 원래는 불가산명사이기 때문에 부정관사 a/an이 적용될 수 없기 때문입니다.

결국 명사만 놓고 보면, 의미적으로는 불가산명사이기 때문에 부정관사 a/an의 대상이 아니지만, 한정적 용법의 형용사가 첨가됨으로서 '서술적 용법의 형용사가 아니라는 의미'로서, 순전히 구조적 측면에서 부정관사 a/an 첨가되는 것으로 보아야 합니다. 이러한 이유로 '단일 단어'의 불가산명사보다 [형용사 + 불가산명사] 형태인 경우에 부정관사 a/an이 적용된 빈도가 훨씬 더 많습니다.

다음 예문을 통해서 형용사 앞에 부정관사 a/an이 놓이게 됨으로서 서술적 용법의 형용사가 아니라는 것을 나타내 주는 역할을 한다는 점을 확인해 보시기 바랍니다.

■ mad

My Daddy is **mad** about my school report.
　아빠는 내 성적표 때문에 화가 났다.

His troubles made him **mad**.
　그의 문제들은 그를 미치게 만들었다.

Only **a mad dash** got them to the meeting on time.
　미친 듯이 서둘러 간 덕분에 그들은 겨우 회의 시간에 맞출 수가 있었다.

■ warm

A kangaroo's pouch is **warm** and bright.
　캥거루의 주머니는 따뜻하고 밝다.

He kept the room **warm**.
　그는 방을 따뜻하게 유지했다.

She conceived **a warm affection** for him.
　그녀는 그에게 따뜻한 애정을 품었다.

The basement hallway is painted **a warm yellow**.
　그 지하실 복도는 따뜻한 느낌을 주는 노란색으로 칠해져 있다.

■ excited

The clown got the children **excited**.
　그 광대는 아이들을 흥분하게 했다.

He is in **an excited state**.
　그는 흥분한 상태이다.

거시적 접근

참고로 다음의 내용은 [부정관사 a/an + 형용사 + 불가산명사]형태처럼 보이지만, 앞에 나온 예와 성격에 있어서 차이가 있습니다. 부정관사 a/an이 명사에 관계하는 것이 아니라, 단지 '서술적 용법의 형용사가 아니라는 것'을 나타내 주는 역할을 한다는 것을 확인시켜주는 좋은 예라고 생각됩니다.

> A: Even though he died **a long time ago**, the whole world still remembers him.
> 비록 그는 오래 전에 세상을 떠났지만, 전 세계는 여전히 그를 기억하고 있습니다.
>
> B: It was only **a few years ago** when the whole smart fever began with just about every possible household electronics.
> 거의 모든 가전제품에 스마트기기 열기가 시작된 것은 겨우 몇 년 전 일이다.

위 A문장에서 a long time ago는 yesterday, today 등처럼 시간을 나타내는 부사로 기능하고 있습니다. 일반적으로 관사는 명사의 표시이기 때문에 문장에서 명사로 사용된 경우에만 적용됩니다. 따라서 원칙적으로 부사는 관사의 적용대상이 아닙니다. 그런데 위 예문에서는 부사로 사용되고 있는 a long time ago에 대표적인 '명사의 표지'인 부정관사 a/an이 사용되고 있습니다. 이를 어떻게 보아야 할까요? 결론적으로 a long time ago에서 부정관사 a/an은 long이라는 형용사가 서술적 용법의 형용사가 아니라는 것을 나타내기 위해서 long time ago가 명사가 아님에도 불구하고 사용된 것으로 보아야 합니다.

B문장의 a few years ago도 마찬가지입니다. 특히, 이 경우는 years의 '-s' 때문에 부정관사 a/an이 '서술적 용법의 형용사가 아니라는 것'을 나타내 주는 역할을 한다는 측면이 훨씬 더 두드러진다고 판단됩니다. a few years는 형태만 놓고 보면, [부정관사 a/an + 형용사 + 명사]입니다. 이때 years가 복수형이기 때문에 '의미상'으로만 보게 되면, 원칙적으로 부정관사 a/an은 결코 사용될 수 없을 것입니다.

결론적으로 a few years ago에 적용된 부정관사 a/an도 few라는 형용사가 서술적 용법의 형용사가 아니라는 것을 나타내기 위해서 사용된 것으로 보아야 합니다. 부정관사 a/an은 명사인 years에 적용된 것이 아니라, few에 적용된 것으로 볼 수 있다는 것입니다.

물론 부정관사 a/an이 적용되지 않고 무관사 ∅인 few로만 사용되는 경우도 있습니다. 이에 대해서 자세히 정리하는 것이 이 책의 내용에서 중요한 것이 아니기 때문에 많은 설명은 생략하기로 하겠습니다. 아무튼 few가 '부정어(=no, not)'로 적용되는 몇몇 경우를 제외하면 대부분 few 대신에 a few의 형태로 사용되고, 이때 부정관사 a/an은 1차적으로는 few가 서술적 용법의 형용사가 아니라는 것을 나타내기 위해서 사용된 것이라는 것입니다.

한편, few가 B문장에서와 같이 '한정적 용법으로 사용된 경우에도, 몇몇 문장들은 부정관사 a/an이 적용되지 않고 few로만 사용되기도 합니다. 이는 구조적 구별을 위한 원칙들이 문법책에서 명시적으로 제시되지 않고 있기 때문에, 반드시 100% 지켜져야 하는 것은 아니기 때문입니다. 따라서 부정관사 a/an을 적용하지 않고 few years ago라고 나타낸다고 해서, 이를 두고 잘못된 것이라고 말할 수 없습니다.

참고로, 위 A, B 문장에서 살펴본 a long time ago와 a few years ago의 표현에서 적용된 부정관사 a/an은, '의미적 측면'에서 다음 예문과 같은 부정관사 a/an에 존재하는 <양을 한꺼번에 '하나의 덩어리'로 나타내는 기능>으로 볼 수도 있을 것 같습니다.

    One picture is worth **a thousand words**.
       사진 한 장이 천 마디 말만큼이나 가치가 있다.
    Afghan women have **a 12 percent literacy rate** and a life expectancy of 44 years.
       아프간 여성들 중 12 퍼센트가 읽고 쓸 줄 알며, 평균 기대 수명은 44세이다.

거시적 접근

The Himachal Pradesh government is leasing the land for **a 99-year term**.
Himachal Pradesh 정부는 그 땅을 99년 기한으로 임대한다.

부정관사 a/an의 '하나의 덩어리'로 나타내는 기능'에 대해서는 부정관사 a/an 부분에서 다시 설명하도록 하겠습니다.

현재 한정적 용법으로 사용된 형용사가, 서술적 용법의 형용사와 혼동이 될 수 있을 가능성에 대해서, 이를 방지하기 위해서 부정관사 a/an을 첨가하여 구별이 용이하도록 하고 있다는 것에 대해서 정리하고 있습니다.

(나) be동사 + 부정관사 a/an + 형용사 + 명사

'be동사 구문'은 서술적 용법의 형용사가 사용될 수 있는 가장 대표적인 경우입니다. 즉 be동사는 다음 문장과 같이 형용사가 주격 보어로 사용될 수 있는 2형식 문장을 형성할 수 있는 대표적인 동사입니다.

Regular exercise **is important** for a person's health.
규칙적인 운동은 사람의 건강에 중요하다.

이러한 be동사 구문은, <be동사 뒤에 형용사가 나오는 경우>에 부정관사 a/an의 존재 여부는 매우 중요합니다. be 동사 뒤는 서술적 용법의 형용사와 한정적 용법의 형용사가 모두 가능하기 때문에 혼동의 가능성이 존재하게 됩니다. 이에 원어민들은 원활한 의사소통을 위해서는, 미리 이 둘을 구분할 수 있도록 하는 표지가 필요하다고 판단했습니다.

결국, <부정관사 a/an이 형용사 앞에 첨가되어, 미리 'be동사 뒤의 형용사'가 '서술적 용법의 형용사'가 아니라는 것을 나타내 주는 역할을 한다는 점>은 'be동사 구문'에서 분명하게 확인할 수 있습니다. 따라서 다음 예문처럼 be동사 뒤에 한정적 용법의 형용사가 나오는 경우에 '거의' 예외 없이 부정관사 a/an이 적용되게 됩니다. 물론 당연히 의미에 따라 정관사 the가 적용되기도 합니다.

I think that money **is a very important** subject.
돈은 아주 중요한 문제라고 생각합니다.

이는 앞에서 이미 살펴본 [부정관사 a/an + 형용사 + 명사]의 형태로 볼 수 있는 것으로서 새로울 것은 없습니다. 중요한 점은 다음부터입니다.

특이한 점은 이러한 현상이 be동사 뒤에 나오는 모든 핵심 요소에 대해서, '서술적 용법의 형용사가 아닌 경우'에는 부정관사 a/an을 적용한다는 것입니다. 문장을 구성하는 핵심 요소 중 be동사 뒤에 나올 수 있는 것은 명사와 형용사입니다. 이미 형용사에 대해서는 정리하였고, 남은 것은 명사입니다.

결론적으로, be동사 뒤에 명사만 나오는 경우에도 거의 대부분 부정관사 a/an을 적용하게 됩니다. 따라서 be동사 뒤에 무관사 ∅가 적용되는 경우는 흔하지 않습니다.

■ be동사 뒤에 명사만 나오는 경우에도, '거의' 대부분 부정관사 a/an을 적용하게 된다.

⇨ be동사 뒤에 무관사 ∅가 적용되는 경우는 흔하지 않다.

거시적 접근

A society **is a** network of relationships among individuals.
　　한 사회는 개인들 간의 관계의 그물망인 것이다.
I believe that success **is a** journey, not a destination.
　　나는 성공이란 목적지가 아닌 과정이라고 믿는다.
"Discipline **is the** soul of an army" was his favorite maxim.
　　"기강은 군인의 정신이다"라는 말은 그가 가장 좋아하는
　　격언이었다.

　물론 이러한 현상에 대해서 앞에서 정리한 '필요충분조건' 등과 같이 '의미적'으로 접근하여 설명할 수도 있습니다. 하지만 이해하기 쉽지 않은 영어 관사에 대해서 이와 같은 '구조적인 접근'도 상당한 도움이 될 것이라고 생각됩니다.

■ be 동사 & have 동사

　be동사와 have동사 뒤에 위치하는 '명사'에는 대부분 관사가 적용됩니다. 즉, 다른 동사들과 달리 유독 be동사와 have동사 뒤에는 무관사 Ø가 적용된 명사가 나오는 경우가 흔하지 않습니다. 앞에서 be동사 문장은 정리되었기 때문에 have동사 예문만 제시하겠습니다.

　　He **has an interest** in international politics.
　　　존은 국제 정치학에 관심이 있다.
　　The athlete **has a muscular disease**.
　　　그 선수는 근육 질환이 있다.

> 이에 대해서는 물론 '의미적'으로도 설명할 수 있겠지만, 이는 추상적인 내용으로서 설명하기도, 이해하기도 쉽지 않습니다. 따라서 일단 구조적으로 접근하는 것도 도움이 됩니다.
> 개인적인 판단으로는 be동사와 have동사가 [be + 형용사], [be + p.p], [be + ~ing], [have + p.p] 등 다양한 형태의 동사구로 사용될 수 있기 때문인 것으로 생각됩니다. 즉 이들 동사 뒤에 나올 수 있는 '서술적 용법의 형용사', p.p, ~ing 등과 혼동의 여지를 제거하기 위해서 명사가 나오는 경우 관사를 대부분 사용하는 것이라는 것입니다. 그리고 당연히 이들 동사 뒤에 [(한정적 용법의) 형용사 + 명사]가 오는 경우에도 부정관사 a/an이 적용됩니다.

정리하면, be동사 구문은 다음과 같이, be동사 뒤에 서술적 용법의 형용사(①)가 나오는 경우를 제외하면, 한정적 용법의 형용사(②)와 명사(③)가 나오는 경우에는 대부분 일반적으로 부정관사 a/an을 사용하게 됩니다.

①[be + 형용사]

He **is slow** in movement.
그는 동작이 완만하다

In India, people believe that rice **is important** to fertility.   *fertility - 다산, (토지가) 기름짐
인도사람들은 쌀이 다산에 중요하다고 믿고 있다.

②[be + 부정관사 a/an + 형용사 + 명사]

A little knowledge **is a dangerous** thing.
선무당이 사람 잡는다.
It is an important symbol of luck and wealth.
이것은은 행운과 부의 중요한 상징(중의 하나)입니다.

③[be + 부정관사 a/an + 명사]

The Sun **is a** star and the moon **is a** satellite.
태양은 항성이고 달은 위성이다.

한편 be동사 뒤에 서술적 용법의 형용사가 아닌 경우에는 모두 부정관사 a/an을 적용한다는 것은, 반대로 생각하면 일반적으로 보통 be 뒤에 관사가 없으면 일단 서술적 용법의 형용사라는 것이 됩니다.

John Neumeier's ballet adaptation of "The Little Mermaid" **is often nightmarish**.
John Neumeier가 발레로 각색한 <인어공주>는 종종 악몽 같은 느낌을 준다.   *nightmarish - 악몽 같은

물론 많지는 않지만, be동사 뒤에 무관사 Ø의 명사가 나오는 경우도 당연히 있습니다.

A proverb goes that time **is money**.
시간은 금이라는 말이 있다

Acid rain is **precipitation** containing harmful amounts of nitric acid and sulfuric acids.
산성비는 유해한 수준의 질산과 황산이 함유된 비를 말한다.

5. 일부분

이 부분은 다시 '의미적 측면'의 이유입니다.

A. 전체 - 정관사 the & 무관사 ∅

정관사 the는 '특정한 하나'이거나 또는 '전체'를 의미하는 경우에 적용됩니다. 그리고 다음으로 무관사 ∅는 불가산명사에 대해서 적용됩니다. 불가산 명사는 개념상 단위성(가산성)이 존재하지 않기 때문에 그 자체가 '하나의 덩어리'입니다.

결국, 정관사 the와 무관사 ∅의 공통점은 '하나의 덩어리'로서 모두 '전체'를 나타낸다는 것입니다.

> 정관사 the와 무관사 ∅의 공통점은 모두 '전체'를 나타낸다는 것이다.

이와 관련하여 관사를 다음과 같이 정리할 수 있습니다.

거시적 접근

가산명사	①특정한 하나	정관사 the	* 하나의 덩어리	↔ ④일부분
	②전체		* 전체	
③불가산명사		무관사 Ø		부정관사 a/an

*'복수형 어미 -s'도 부정관사 a/an과 마찬가지로 부정관사이기 때문에 '일부분'을 나타내게 됩니다.

세부적인 내용에서는 차이가 있지만, 위 표에서 ①, ②, ③은 모두 '전체'를 나타내는 것입니다. 이로부터 '전체'를 나타내는 경우는 다음과 같이 정리할 수 있습니다.

■ '전체'

①특정한 하나(the) - 특정한 하나의 '일부분'이 아니라, 온전한 특정한 하나 '전체'를 의미한다.

②전체(the) - '일부분'이 아니라 '전체'이다.

③불가산명사(Ø) - '하나의 덩어리'의 개념으로서 불가산명사의 '일부분'이 아니라 '전체'이다.

'③불가산명사'의 경우, 예를 들어 일반적으로 Ø wisdom이라고 했을 때, 이는 <전체로서의 wisdom의 개념>을 의미하는 것이지, wisdom의 일부 측면과 같은 <wisdom의 일부분>을 의미하는 것이 아니라는 것입니다.

즉 wisdom이라는 온전한 '하나의 덩어리'를 의미하는 것으로서, 이때 무관사 ∅는 불가산명사를 '전체적'으로 나타내는 것으로 파악됩니다.

결국, 정관사 the와 무관사 ∅는 '전체'를 나타내게 되는 것이지, '일부분'을 나타내지는 않습니다. 반면에 부정관사 a/an은 일부분을 나타냅니다.

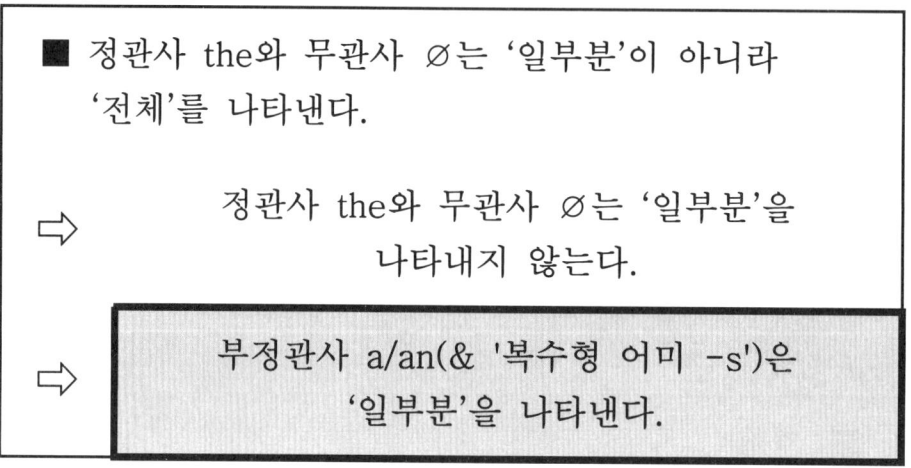

이는 다음과 같이 정리할 수 있습니다.

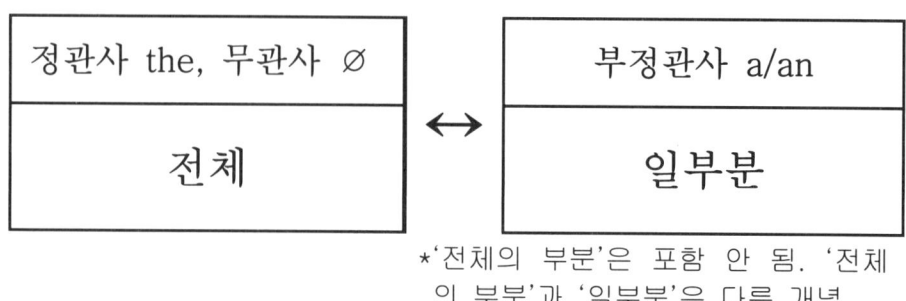

거시적 접근

이처럼 많은 부분에서 부정관사 a/an과 정관사 the는 정반대의 대조적인 의미를 가지고 있습니다. 이는 정관사 the가 부정관사 a/an이 해결할 수 없는 '의미적 영역'의 문제를 해결할 목적으로 도입되었기 때문입니다.

B. '일부분' - 부정관사 a/an

이제 다음으로 부정관사 a/an이 나타낼 수 있는 '일부분'에 대해서 살펴보겠습니다.

논의를 진행하기에 앞서, 알아둘 점 2가지를 정리하겠습니다.

①첫째, 본서에서는 apples, cars 등과 같은 복수명사에 적용되는 '복수형 어미-s'도 부정관사 a/an과 함께 '부정관사'로 분류한다고 하였습니다. 따라서 '복수형 어미-s'를 '부정관사 -s'라고 할 수도 있습니다.

이러한 이유로, [부정관사 a/an]이 '일부분'을 나타낸다는 것은, 자동적으로 [복수형 어미-s]도 '일부분'을 나타내게 된다는 것을 의미합니다.

> [부정관사 a/an]이 '일부분'을 나타낸다는 것은, 자동적으로 [복수형 어미-s]도 '일부분'을 나타내게 된다는 것을 의미한다.

따라서 이하에서 설명하는 부정관사 a/an에 대한 내용은, '복수형 어미-s'에 대해서도 그대로 적용할 수 있습니다.

②둘째, 여기서 부정관사 a/an이 나타내는 '일부분'에는 '전체의 부분'은 해당되지 않습니다. 즉 '전체의 부분'은 '일부분'과는 다른 차원의 개념이라는 것입니다.

| 일부분　　　　≠　　　　전체의 부분 |

　'전체의 부분'이란 <하나의 대상의 '특정한' 부분>을 의미합니다. 예를 들어 책상의 다리, 자동차의 앞 유리, 자동차의 바퀴, 나무의 가지, 나무의 뿌리 등이 이에 해당됩니다. 그리고 이러한 '전체의 부분'은 일반적으로 정관사 the가 적용됩니다. 한편, '전체의 부분'이 정관사 the의 적용대상이라는 것은, '전체의 부분'도 결국 따져보면 '전체'의 개념과 관련이 있음을 의미한다고 말할 수 있습니다.

　'전체의 부분'은 '<집합과 원소>의 원리'에 의해서 설명될 수 있는 내용으로서 매우 중요할 뿐만 아니라, 우리들의 입장에서 보면 매우 흥미로운 내용입니다. 만약 영어가 '<집합과 원소>의 원리'에 의해서 관사와 명사에 접근하지 않았다면, '전체의 부분'이라는 개념은 별도로 존재하지 않았을 수도 있습니다. 이에 대해서는 '<집합과 원소>의 원리'에 기반한 '<전체와 부분>의 논리'에 의해서 뒤에서 별도로 자세히 정리될 것입니다.

　한편, 여기서 '전체의 부분'에 대해서 언급하는 이유는 2가지입니다.
　①**첫째**, 현재 설명하려고하는 '일부분'과 용어상으로 비슷하기 때문에 이 둘을 구별해야한다는 점을 미리 고지하기 위함입니다(일부분 VS 전체의 부분).
　②**둘째**, '전체의 부분'이 매우 중요한 내용이기 때문에 미리 용어만이라도 제시하기 위함입니다.

　일단 이정도만 언급하겠습니다. 혹시 잘 이해가 가지 않더라도 넘어가시기 바랍니다. 일단 '일부분'과는 다른 '전체의 부분'이라는 개념이 존재한다는 사실만 기억해 주시기 바랍니다.

　일부분, 전체의 부분, 전체에 대해서 그림으로 나타내어 보겠습니다.

거시적 접근

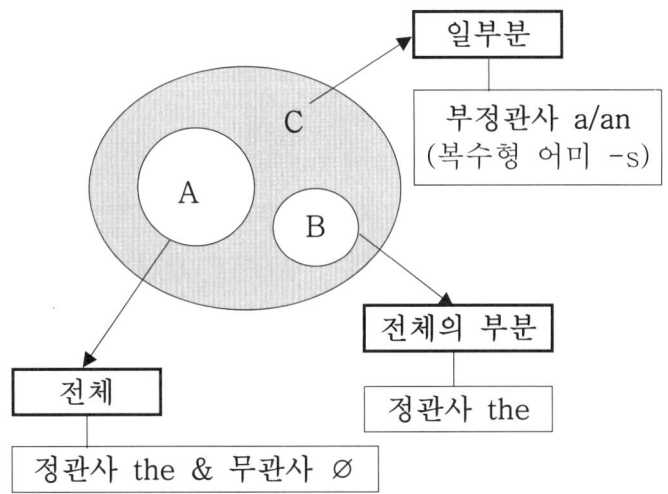

위 그림은, 영어에서 관사가 적용되는 상황을 A(전체), B(전체의 부분), C(일부분)만으로 나누고 있습니다. 이는 영어에서 관사가 적용되는 상황은 A, B, C로만 이루어져 있다는 것을 의미합니다. 물론 이 외에, '총칭'과 <가시성에 의한 '물리적, 가시적 특정성'>의 내용 등 다양한 부분이 존재합니다. 그러나 일단 관사가 적용되는 상황은 A, B, C만 있다고 가정하겠습니다. A, B, C는 다음과 같이 정리됩니다.

A	전체 : 하나 or 전체	정관사 the, 무관사 ∅
B	전체의 부분	정관사 the
C	일부분	부정관사 a/an (복수형 어미 -s)

결론적으로, 영어는 A(전체)와 B(전체의 부분)을 제외하면 모두 부정관사 a/an(& '복수형 어미 -s')이 적용된다고 말할 수 있습니다. 그리고 부정관사 a/an이 적용되는 영역은 '일부분'입니다.

$$[\text{영어의 모든 관사적 상황} - (A + B)] = C(\text{일부분})$$

사실 '일부분'이라는 용어는 많이 부족합니다. 이는 단순히 정관사 the의 적용 대상이 되는 '전체'라는 개념에 대한 상대적인 표현일 뿐입니다. 더 적당한 표현을 찾지 못했기 때문에 어쩔 수 없이(?) 사용한 것으로 이해해 주시기 바랍니다. 따라서 '일부분'이라는 용어가 중요한 것이 아니라, 어떠한 내용을 의미하는 것인가가 핵심입니다. '일부분'이란 한마디로 '전체'가 아닌 모든 것을 의미하는 것으로, 이는 부정관사 a/an(& '복수형 어미 -s')으로 나타내게 됩니다.

'일부분'은 <'전체'가 아닌 모든 것>을 의미하고,
이는 부정관사 a/an(& '복수형 어미 -s')으로
나타낸다.

⇩ ⇩ ⇩

<'전체'가 아닌 모든 것>은 부정관사 a/an(& '복수형
어미 -s')으로 나타낸다.

★ '전체의 부분'은 포함 안 됨
★ 이하에서는 '복수형 어미 -s'는 제외하고, 부정관사 a/an에 대해서만 살펴보도록 하겠습니다.

거시적 접근

　부정관사 a/an이 '일부분'을 나타낸다는 사실은 지금까지 기존 문법에서는 거의 언급하지 않았던 내용이지만, 어떻게 보면 당연하다고 볼 수도 있습니다. 정관사 the가 부정관사 a/an과 '의미적'으로 구별되는 '특정한 것'을 나타내기 위해서 도입되었다고 했을 때부터, 부정관사 a/an과 정관사 the는 많은 부분에서 서로 정반대의 의미를 가지고 있습니다.

　이러한 차원에서, 정관사 the가 '전체'를 나타내기 때문에 부정관사 a/an은 자연스럽게 '일부분'을 나타내게 되는 것입니다. 이러한 이유로 바로 앞에서 정관사 the가 '전체'를 나타낸다는 것에 대해서 정리한 것입니다.

C. '일부분'과 [부정관사 a/an + 형용사 + 명사]

　먼저, 앞에서 [부정관사 a/an + 형용사 + 불가산명사]형태에 대해서 <명사 앞에 형용사가 오는 경우에는 '형식적(구조적)인 측면'에서, 부정관사 a/an을 적용하게 된다>라고 정리하였다는 것을 기억해 주시기 바랍니다. 물론 당연히 이는 가산명사인 보통명사에도 적용됩니다. 즉 [부정관사 a/an + 형용사 + 가산명사(보통명사)]형태에도 성립합니다.

　<'전체'가 아닌 모든 것은 부정관사 a/an으로 나타낸다>는 것에 대해서 [부정관사 a/an + 형용사 + 명사]를 통해서 살펴보겠습니다. 본격적인 설명에 앞서 일단 '단순하게 생각해 보면', <특정 대상의 '전체'가 아니라는 것>은 '하나의 단면', 즉 '부분적인 모습'을 의미하기 때문에 일단 '전체'를 의미하는 정관사 the는 사용할 수 없음은 확실합니다. 또한 불가산명사를 '전체적'으로 나타내는 무관사 ∅도 사용할 수 없습니다. 결국, 남은 것은 부정관사 a/an뿐입니다.

　지금부터 본격적으로 설명하도록 하겠습니다.

[부정관사 a/an + 형용사 + 명사]형태는, 가사명사, 불가산명사를 불문하고 모두 '일부분'을 의미합니다.

> [부정관사 a/an + 형용사 + 명사]형태는,
> '일부분'을 의미한다.

즉 명사에 형용사가 첨가되는 순간, '일부분'이 되고, 이러한 이유로 부정관사 a/an을 적용한다는 것입니다.

예를 들어 car에 old라는 형용사가 첨가된 형태인 old car의 경우를 생각해 보겠습니다. old car에서 old라는 개념은 상대적인 것이어서, 당연히 최소한 하나 이상의 상대적인 개념이 더 존재하게 됩니다. old의 경우는 일단 new라는 정반대의 개념이 존재합니다.

이 말은 old car라는 의미에는 당연히 new car라는 상대적인 개념이 자동적으로 생겨나기 때문에, 세상의 전체 car는 old car와 new car로 나누어지게 되고, 결과적으로 old car는 '전체 car'를 나타낼 수 없다는 것입니다. 이는 old car는 '전체 car'의 '일부분'이라는 것이고, 이러한 이유로 부정관사 a/an을 적용하여 an old car로 나타내게 됩니다.

흔히 [부정관사 a/an + 형용사 + 명사]형태를 '종류'라고 설명합니다. 그리고 영어에서 '종류'는 가산성이 존재하기 때문에 one, two, three 등과 같은 수사와 부정관사 a/an을 적용할 수 있습니다.

왜 [부정관사 a/an + 형용사 + 명사]형태가 종류이고, 종류는 수사와 부정관사 a/an을 적용할 수 있는지 이를 '종류'의 개념에 맞게 다시 설명해 보겠습니다.

> old car라고 하는 경우에는 당연히 new car라는 상대적인 개념이 자동적으로 생성되어 존재하기 때문에, 세상의 전체 car는 old car와 new car의 2가지 **'종류'**로 나누어지게 됩니다. '2가지'라고 하는 수(數)의 개념이 자연스럽게 자리 잡게 되었습니다. 따라서 당연히 **'종류'**에도 **'가산성'**이 존재하게 됩니다. 따라서 부정관사 a/an을 사용할 수 있게 됩니다.

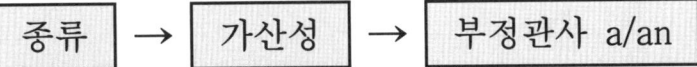

결국 old car는 전체 2가지 종류 중 하나이기 때문에 '전체' car가 될 수 없습니다. 즉 '일부분'입니다. 따라서 부정관사 a/an을 적용하여 an old car라고 하는 것입니다. 이해하기 어렵지 않을 것으로 생각됩니다.

강조할 점은, an old car를 '전체'가 아닌 '일부분'이라고 말하는 의미는, an old car가 '전체 old car'의 '일부분'이라는 것이 아닙니다. 이는 an old car가 '전체 car'의 '일부분'이라는 것을 의미합니다.

an old car는 '전체 car'의 '일부분'이다.

이번에는 추상명사에 대해서 동일한 논리로 설명해 보겠습니다. 추상명사인 wisdom도 마찬가지입니다. wisdom 자체는 불가산명사이지만, 형용사를 첨가하게 되면 '종류'가 되기 때문에 가산성이 존재하게 됩니다.

wisdom에 old라는 형용사가 첨가된 형태인 old wisdom의 경우를 생각해 보겠습니다. old wisdom이라고 하는 경우에는 당연히 new wisdom이라는 상대적인 개념이 자동적으로 생성되어 존재하기 때문에, 세상의 전체 wisdom은 최소 old wisdom과 new wisdom의 2가지 이상의 '종류'로 나누어지게 됩니다. '2가지'라고 하는 수(數)의 개념이 자연스럽게 자리 잡게 되었기 때문에 당연히 '(종류의) 가산성'이 존재하게 되고, 결국 부정관사 a/an을 사용할 수 있게 됩니다.

old wisdom은 전체 2가지 종류 중 하나이기 때문에 당연히 '전체'가 될 수 없습니다. 즉 '일부분'입니다. 따라서 부정관사 a/an을 적용하여 an old wisdom이라고 하는 것입니다.

결론적으로 이러한 이유로 가산명사와 불가산명사를 불문하고, 모든 명사에 형용사가 첨가되면 '종류', 그리고 '일부분'이 되어서 부정관사 a/an을 사용해야 하는 것입니다.

가산명사와 불가산명사를 불문하고, 모든 명사에
형용사가 첨가되면 '종류', 그리고 '일부분'이 되어서
부정관사 a/an을 사용해야 한다.

이에 대해서 앞에서 정리했듯이 3가지 대표적인 예외가 있습니다.

①집합명사의 경우는 앞에 형용사가 위치한다고 하더라도 다음 예문과 같이 부정관사 a/an을 적용하지 않습니다.

- 그는 잘못된 정보를 가지고 있다.

   He has a wrong information. (X)
   He has wrong information. (O)

②다음 예문처럼 크기를 나타내는 형용사일 경우에는 무관사 Ø인 경우가 훨씬 많습니다.

>She showed **great courage**.
>그녀는 커다란 용기를 보여주었다.

③다음 예문처럼 '명사형 형용사'가 사용된 경우에는 무관사 Ø인 경우가 많이 확인됩니다.

>For the first time in **musical history**, the piece has been financed by the municipal government.
>뮤지컬 사상 최초로, 그 작품은 시정부의 자금을 받았다.
>　*municipal - 시의

예문을 통해서 지금까지의 내용을 다시 한 번 더 종합적으로 다시 정리하도록 하겠습니다.

>To keep **a pleasant working environment**, employers cannot allow certain kinds of behaviors such as arriving late or bothering others.
>**쾌적한 근로 환경**을 유지하기 위해서, 고용주들은 늦게 출근하거나 다른 사람들을 방해하는 것과 같은 행동을 허용할 수가 없다.

먼저, environment는 특성상 대부분 정관사 the를 수반하는 단어입니다. 따라서 만약 pleasant가 없다면 the working environment 또는 the environment가 일반적인 표현입니다.

하지만 위 예문에서 a pleasant working environment는 working environment에 pleasant라는 형용사가 첨가되었습니다. pleasant working environment라고 하는 경우에는 당연히 unpleasant working environment라는 상대적인 개념이 자동적으로 생성되어 존재하기 때문에, 세상의 전체 working environment는 최소 pleasant working environment와 unpleasant working environment의 2가지 이상의 '종류'로 나누어지게 됩니다. 이로부터 pleasant working environment에 부정관사 a/an을 적용할 수 있는 이유를 다음과 같이 2가지로 정리할 수 있습니다.

- **pleasant working environment는**

①'종류'이기 때문에 부정관사 a/an을 적용하게 된다. 왜냐하면, '2가지 종류 이상'이라는 수(數)의 개념에 의해서 '(종류의) 가산성'이 존재하게 되고, 결국 부정관사 a/an을 사용할 수 있게 된다.

②전체 working environment의 '일부분'이기 때문에 부정관 a/an을 적용하게 된다.

결국, 일반적으로 정관사 the가 수반되는 단어인 environment도 형용사가 첨가되었기 때문에, 부정관사 a/an이 적용된 것입니다.

예문을 좀 더 보겠습니다.

A: I came across **a vengeful Tom**.
　　복수심에 불타는 Tom을 만났다.
　　　*vengeful - 복수심에 불타는

B: Much is expected of **a new Korea**.
　　신생 한국에 기대하는 바가 많다.

거시적 접근

위 예문 A와 B에서 Tom과 Korea는 고유명사입니다. 고유명사에도 형용사가 첨가되었기 때문에 부정관사 a/an이 사용되었습니다. 고유명사라고 해서 특별할 것은 없습니다. 앞에서 가산명사와 불가산명사를 불문하고, 모든 명사에 형용사가 첨가되면 부정관사 a/an을 사용해야 한다고 하였던 것을 기억해 주시기 바랍니다.

A문장만 설명해 보겠습니다. '복수심에 불타는 Tom'이라고 규정한 순간 자동적으로 Tom은 '복수심에 불타는 Tom'과 '복수심에 불타지 않는 Tom'으로 구분되게 됩니다. 따라서 '복수심에 불타는 Tom'은 '전체 Tom'의 '일부분'이 되기 때문에 부정관사 a/an을 적용하는 것입니다. 그리고 또한 '(종류의) 가산성'이 존재하기 때문에 부정관사 a/an이 적용되는 것으로 볼 수도 있습니다.

한편, 여기서 하나의 사실을 더 파악할 수 있습니다. [부정관사 a/an + 형용사 + 명사]형태의 경우, 가산명사와 불가산명사를 불문하고 모두 '추상적인 개념'이라는 것입니다. 왜냐하면 '종류'이기 때문입니다. 즉 '종류'는 '구체적인 대상'이 아니라 '추상적인 개념'입니다.

'종류'는 특정 개체를 지칭하는 것이 아니라, 특정 개체가 속한 집합의 특징을 의미하는 '추상적인 개념'입니다. 예를 들어 <My car is an old car.>라는 문장은 <my car는 old car라는 '종류'의 차이다>라고 해석할 수 있습니다. 그리고 이는 다시 <my car는 old car라는 집합의 원소이다>라는 의미입니다. 따라서 여기서 a old car는 my car가 속해있는 집합의 '추상적인 특징'을 알려주는 것입니다. 이로부터 부정관사 a/an은 <'해당 개체'가 속해있는 집합의 '추상적인 특징'>을 나타낸다는 것을 알 수 있습니다.

부정관사 a/an은 <'해당 개체'가 속해있는 집합의 '추상적인 특징'>을 나타낸다.

이에 대해서는 <B. 미시적 접근>의 부정관사 a/an 부분에서 정리되어 있습니다. 따라서 이해가 가지 않더라도 그냥 넘어가시기 바랍니다.

<'전체'가 아닌 모든 것은 부정관사 a/an으로 나타낸다>는 것에 대해서, 즉 <'일부분'은 부정관사 a/an으로 나타낸다>는 것에 대해서 2가지 내용을 좀 더 살펴보도록 하겠습니다.

①첫째, 불가산명사에 형용사가 적용되었다는 것은 '구체적인 상황'이라는 의미이기 때문에 부정관사(a/an, -s)가 적용될 수 있다고 판단됩니다.
　i)먼저, '구체적인 상황'이라는 것은 관사(a/an, -s, the)가 적용될 수 있는 조건이 됩니다.
　ii)다음으로 '구체적인 상황'이라는 것은, <특정 시점의 특정 인물 및 사건과 관계된다는 것>이기 때문에, '전체(정관사 the)'와는 거리가 있는 개념이라고 할 수 있겠습니다. 그리고 '전체'가 아닌 것은 부정관사 a/an의 영역입니다. 이로부터 불가산명사인 추상명사에도 '구체적인 상황'인 경우에는 '논리적'으로 부정관사 a/an을 적용할 수 있음을 알 수 있습니다. 이는 결국 '구체적인 상황'은 '일부분'이기 때문입니다.

■ 추상명사에도 '구체적인 상황'인 경우에는
　 논리적으로 부정관사 a/an을 적용할 수 있다.

⇨ 　구체적인 상황이라는 것은, <특정 시점의 특정 인물 및 사건과 관계된다는 것>이기 때문에 '전체(the)'와는 거리가 있는 개념이다.

⇨ 　즉 '구체적인 상황'은 '일부분'이다.

왜냐하면, 구체적인 상황이라는 의미는, 자동적으로 전체 상황을 구체적인 상황과 구체적이지 않는 상황(일반적인 상황)으로 분류하고 있기 때문입니다. 따라서 구체적인 상황은 전체 상황의 '일부분'인 것입니다.

이러한 논리라면, 추상명사가 '구체적이지 않는 상황(일반적인 상황)'에 있어서도 '일부분'이기 때문에 부정관사 a/an이 적용되어야 할 것 같습니다. 그러나 '원칙적으로' 추상명사는 구체적이지 않는 상황(일반적인 상황)에서는 무관사 ∅가 적용되게 됩니다. 이는 '관사가 최초로 도입된 시기에 확립된 원칙으로서, 이는 추상명사의 본질과 관계가 있는 사항입니다. 그리고 이는 관사에 대한 어떠한 원칙에도 우선하는 것입니다.

한편 이에 대해서 추상명사는 '무관사 ∅가 되려고 하는 본능(경향 ?)'이 존재한다고 설명할 수 있습니다.

추상명사는 '무관사 ∅가 되려고 하는 본능(경향)'이 존재한다.

추상명사는 관사(부정관사 a/an)가 최초로 도입된 시기에는 무관사 ∅가 적용되는 것으로 정리되었고, 이는 오랫동안 '추상명사의 대표적인 특성'으로 공인(公認)되어 났다고 볼 수 있습니다. 이러한 이유로 현재까지 일반대중들은 '어떠한 상황에서든지' 추상명사에 대해서는 '무조건' 무관사 ∅를 적용하려는 관성이 존재하고 있고, 이에 대해서 추상명사는 '무관사 ∅가 되려고 하는 본능(경향 ?)'이 존재한다고 정리하는 것입니다.

그리고 오랜 시간이 지난 현재는 추상명사도 '구체적인 상황'에서는 부정관사 a/an이 적용되고 있습니다. 그런데 이는 100% 통일된 현상은 아니고 '구체적인 상황'에 있어서 추상명사에 무관사 ∅가 적용되는 경우가 동시에 존재하고 있습니다.

정리하면, 현재 추상명사에 대해서 '구체적인 상황'에서는 많은 경우에 부정관사 a/an이 적용됩니다. 그런데 추상명사는 '무관사 ∅가 되려고 하는 본능(경향)에 의해서 어떠한 상황에서든지 무관사 ∅가 적용될 수 있습니다.

이러한 이유 때문에 추상명사에 대해서는 부정관사 a/an이 주로 적용되는 상황에 대해서도 무관사 Ø가 적용되어 있는 경우를 자주 볼 수 있습니다. 결과적으로 이러한 경우에는 <부정관사 a/an과 무관사 Ø가 공존(共存)>하고 있다고 말할 수 있습니다. 그리고 이러한 경우를 '화자의 주관적인 선택의 영역'이라고 합니다.

②다음으로 [부정관사 a/an + 형용사 + 명사]는 '종류'라고 설명됩니다. 앞에서 보통명사(car)와 추상명사(wisdom)의 예를 들었기 때문에 이번에는 유일물인 달(the moon)에 대해서 살펴보겠습니다.

예를 들어, 일반적으로 달은 the moon이지만 보름달은 a full moon, 반달은 a half moon이라고 합니다. 보통, 이에 대해서 a full moon, a half moon 등을 <달의 '종류'>라고 하고, '종류'에 대해서는 부정관사 a/an을 적용한다고 '의미적'으로 설명합니다. 이에 대해서 이해를 돕기 위해 다른 방향에서 살펴보겠습니다.

the moon은 정관사 the가 적용되었기 때문에 <'전체' 달>을 의미하는 것입니다. moon은 하나만 존재하는 유일물이기 때문에, <우리가 모두 알고 있는 '유일한 하나의 달'>은 '전체 달'인 것입니다.

| 유일한 하나의 달 | = | 전체 달 |

이러한 이유로 '달'은 정관사 the가 적용되는 것입니다.

<전체 달>이란 달에 대한 '모든 내용'들을 포함하는 것입니다. '모든 내용'은 보름달, 반달은 물론이고, 초승달, 밝은 달, 푸른 달 등 발생 가능한 모든 형태와 상황을 아우르는 개념이라고 할 수 있습니다.

```
┌─────────┐     보름달 + 반달 + 초승달 + 밝은 달 +
│   the   │ =
│  moon   │     푸른 달 + 으스스한 달 + 가까운 달 ...
└─────────┘
```

 반면에 보름달은 위 표에서 볼 수 있듯이, <전체 달>을 구성하는 하나의 '일부분'입니다. 따라서 a full moon처럼 부정관사 a/an을 적용하는 것입니다. 이는 이미 충분히 설명했기 때문에 이정도로 마치겠습니다.

6. 현재 발생하지 않은 일(사건) – 존재하지 않는 일(사건) (부정관사 a/an VS 정관사 the)

 이번에 제시할 기준은 마지막 내용으로서, 다시 '의미적 기준'이 됩니다. <현재 발생하지 않은 것 – 현재 존재하지 않는 것>이라는 기준이 모든 상황에 있어서 그리고 모든 명사에 대한 관사적용을 100% 설명해 주는 '절대적인 기준'이 되는 것은 아니지만, '일반적 기준'으로서는 매우 유용하게 적용할 수 있을 것입니다. 특히 추상명사에 대한 관사적용 기준으로서는 나름대로 의미가 있기 때문에 다른 기준들과 함께 상호보완적으로 활용하게 되면 많은 도움이 될 것이라고 생각합니다.

 먼저 이 부분은 현재 [부정관사 a/an + 형용사 + 불가산명사]형태에 대해서 주로 논하고 있지만, <6. 현재 발생하지 않은 일(사건)>에 대한 내용은 ①'모든 형태'의 명사구(관사구)와 ②'모든 종류의 명사'에 적용될 수 있는 내용입니다. 여기서 ①'모든 형태'란 <복수의 단어로 이루어진 합성(복합)명사>형태와 <하나의 단어로 이루어진 명사>형태의 2가지로 분류할 수 있습니다. 그리고 ②'모든 종류의 명사'란 보통명사, 물질명사, 추상명사 등을 모두 포함한다는 의미입니다. 다만 이 부분에서는 '추상명사'에 한정되어 논의가 이루어지게 됩니다.

따라서 지금부터 설명할 내용과 관련하여, 명사는 <복수의 단어로 이루어진 합성(복합)추상명사>형태와 <하나의 단어로 이루어진 추상명사>형태로 나누어 볼 수 있습니다. 그리고 [부정관사 a/an + 형용사 + 추상명사]형태는 <복수의 단어로 이루어진 합성(복합)추상명사>에 해당됩니다.

[부정관사 a/an + 형용사 + 추상명사]형태를 포함하는 <복수의 단어로 이루어진 합성(복합)추상명사>는 일단 '구조적 구별'의 이유 때문에 '일반적으로' 무관사 ∅는 적용되지 않습니다. 따라서 결국 이 부분도 일단, 앞에서 정리한 '필요충분조건' 부분처럼 왜 정관사 the를 사용하지 않고 부정관사 a/an을 사용하는가에 대한 내용이 됩니다(부정관사 a/an VS 정관사 the). 다음을 보도록 하겠습니다.

> 현재 한국이 ①1997-1998년 사이의 금융위기와 유사한 ②경제적 위기로 이미 접어들고 있는 것으로 경제학자들이 경고하고 있어 ③새로운 "오일쇼크"로 인해서 ④경제 운용 전반에 걸친 ⑤긴급한 움직임이 요구 된다.

위 내용에서 ①, ②, ③, ④, ⑤에 대해서 <현재 이미 존재(발생)하고 있는 일(사건)>은 무엇이고 <현재 아직 존재(발생)하지 않는 일(사건)>은 무엇인지를 구분해 보시기 바랍니다.

구분을 하기 전에 결론을 먼저 제시하면, <현재 이미 존재(발생)하고 있는 일(사건)>은 정관사 the의 대상이고, <현재 아직 존재(발생)하지 않는 일(사건)>은 부정관사 a/an의 대상입니다. 정관사 the가 '특정성'이 존재해야 된다는 것을 감안하면 당연한 내용입니다. 그런데 사실 이에 대한 판단은 생각보다 간단하지는 않습니다.

본격적으로 정리하도록 하겠습니다.

①[부정관사 a/an + 형용사 + 추상명사]형태를 포함하는 <복수의 단어로 이루어진 합성(복합)추상명사>형태와 ②<하나의 단어로 이루어진 추상명사> 형태로 나누어 살펴보도록 하겠습니다. 물론 ①번이 핵심내용입니다.

A. 복수의 단어로 이루어진 합성(복합)추상명사

앞에서 언급했던 것처럼, [부정관사 a/an + 형용사 + 추상명사]형태를 포함하는 <복수의 단어로 이루어진 합성(복합)추상명사>는 일단 '구조적 구별'의 이유 때문에 '일반적으로' 무관사 ∅는 적용되지 않습니다.

이에 대해서 '의미적'으로 설명하면, <복수의 단어로 이루어진 합성(복합)추상명사>라는 것은 '일반적으로' '구체적인 상황'인 경우입니다. 구체적인 정보가 존재하기 때문에 이를 반영하기 위해서 추상명사 앞에 형용사 등과 같은 다른 단어가 첨가된 것으로 이해할 수 있습니다.

따라서 <복수의 단어로 이루어진 합성(복합)추상명사>는 부정관사 a/an과 정관사 the 중 어느 하나를 적용하게 됩니다(부정관사 a/an VS 정관사 the). 물론 <복수의 단어로 이루어진 합성(복합)추상명사>도 무관사 ∅가 적용되는 경우도 있습니다. 이에 대해서는 추상명사부분에서 정리하도록 하겠습니다.

먼저, <현재 이미 존재(발생)하고 있는 일(사건)>과 <현재 아직 존재(발생)하지 않는 일(사건)>을 구분하는 기준은 '시작'이 아니라, '완료'입니다.

> <현재 이미 존재(발생)하고 있는 일(사건)>과 <현재 아직 존재(발생)하지 않는 일(사건)>을 구분하는 기준은 '시작'이 아니라, '완료'이다.

<아직 '시작'조차 되지 않는 사건>은 당연히 부정관사 a/an의 대상이고, 어떠한 사건이 시작되었다는 사실만으로 정관사 the를 적용하는 것은 아닙니다. 1%라도 완료되지 않고 진행 중이라면 <현재 아직 존재(발생)하지 않는 일(사건)>로 취급하여 부정관사 a/an을 적용해야 합니다.

- 참고로 이하에 정리되는 내용은 '형태'에 상관없이, 모든 **보통명사**에도 그대로 적용될 수 있습니다. 즉 <복수의 단어로 이루어진 합성(복합)추상명사>와 보통명사는 일반적으로 관사적용 원리가 비슷하다는 것입니다.

■ 복수의 단어로 이루어진 합성(복합)추상명사

현재 이미 존재(발생)하고 있는 사건	현재 아직 존재(발생)하지 않는 사건
정관사 the	부정관사 a/an
100% 완료된 사건	0~99% 완료된 사건

위 표의 내용 중 중요한 점은 '0~99% 완료된 사건'은 모두 <현재 아직 존재(발생)하지 않는 사건>으로 취급하여 부정관사 a/an을 적용한다는 점입니다. 즉 '100% 완료된 사건'인 경우에만 정관사 the를 적용하게 되는 것입니다.

이러한 기준에 의해서 위에 제시한 문장의 내용은 다음과 같이 분류할 수 있습니다.

거시적 접근

현재 이미 존재(발생)하고 있는 사건	현재 아직 존재(발생)하지 않는 사건
정관사 the	부정관사 a/an
①1997-1998년 사이의 금융위기	②경제적 위기
③새로운 "오일쇼크"	⑤긴급한 움직임
④경제 운용 전반	

①은 '과거에 발생한 사건'이고, ③은 이미 존재하는 '원인'이기 때문에, 그리고 ④'이미 존재하는 실체'이기 때문에 정관사 the가 적용됩니다.

다음으로 ②는 새로 시작되고 있다는 것이기 때문에, 그리고 ⑤는 '요구된다'고 하였음으로, 이는 '미래의 사건'으로서 당연히 <현재 아직 존재(발생)하지 않는 사건>으로 분류되어 부정관사 a/an이 적용됩니다.

아래 제시되는 영문은 위에 제시한 우리말 지문에 대한 내용입니다. 지금까지 정리한 내용을 토대로 관사를 확인해 보시기 바랍니다.

> With economists warning that ⓐthe nation is already on ⓑthe threshold to ②an economic crisis comparable to ①the 1997-98 breakdowns, ③the new oil shock calls for ⑤an emergency footing for ④the entire economic administration.

*emergency - 비상   *threshold - 문지방, 시발점
*breakdown - 붕괴, 고장

참고로 ⓐthe nation는 대명사적 용법의 정관사 the이고, ⓑthe threshold는 장소를 나타내는 정관사 the로 이해할 수 있습니다. 이에 대해서는 정관사 the부분에서 확인할 수 있습니다.

한편, <현재 아직 존재(발생)하지 않는 사건>에 대해서는 부정관사 a/an을 적용한다고 했을 때, 이와 관련하여 <아직 '0~99% 완료된 사건'>이라는 것이 구체적으로 어떠한 것을 의미하는지 감이 오지 않을 것입니다. 사실 우리의 '상식적인 생각'과는 차이가 있기 때문에, 이를 파악하기 위해서는 실제 문장을 통해서 확인해 나갈 수밖에 없습니다. 다만, 이와 관련하여 몇 가지만 제시하도록 하겠습니다.

(가)일단 객관적으로 완료된 사건이라 하더라도 화자가 완료된 사실을 모르고 있다면 이는 화자의 입장에서 보면 완료된 사건이 아니기 때문에 부정관사 a/an을 적용해야 합니다. 당연합니다. '완료된 사건'이라는 사실 자체를 화자가 알지 못하기 때문에, 화자의 입장에서는 정관사 the를 사용할 수 없는 것입니다. 이는 오로지 화자의 주관적인 판단(사정)에 의한 것입니다. 화자의 개별적인 사정에 의한 것이기 때문에, 객관적으로 이러한 점을 반영할 예문을 제시하는 것이 쉽지 않습니다.

(나)다음으로 일반적으로, ①'미래의 사건'은 <현재 아직 존재(발생)하지 않는 사건>이기 때문에 당연히 부정관사 a/an의 대상이 되게 되고, ②의문문, ③부정문, ④가정문에 존재하는 '사건'은 재언급과 같은 '특정지칭'의 경우를 제외하면, <현재 아직 존재(발생)하지 않는 사건>일 가능성이 훨씬 높기 때문에 '일반적으로' 부정관사 a/an의 대상입니다.

거시적 접근

- ①, ②, ③, ④에 대한 내용은 추상명사뿐만 아니라, 모든 명사에 해당되는 내용입니다. 즉 일반적인 원칙이라는 것입니다.

[①미래시제]

ⓐWill **a new World Trade Center** be built?
　새로운 세계 무역 센터가 지어질까요?
ⓑWill **a heavy compensation** be required?
　다액의 보상이 소요될까?

　a new World Trade Center와 a heavy compensation 미래에 발생할 대상이기 때문에, <화자가 말을 하는 '현재'라는 시점>에서는 존재하지 않는 대상입니다. 따라서 부정관사 a/an이 적절합니다.

[②의문문]

ⓒDid you have **a good time** at the club last night?
　어제 밤 클럽에서 좋은 시간을 보냈니?
ⓓWould you draw **a map** for me?
　지도를 그려 주시겠습니까?

　ⓒa good time은 화자의 입장에서는 현재 알지 못하는 사실이기 때문에, 그리고 ⓓa map은 현재 존재하지 않는 지도를 새로 그려 달라는 것이기 때문에 모두 부정관사 a/an을 적용해야 합니다.

[③부정문]

ⓔThe committee didn't reach **a final decision**.
　　　위원회는 최종 결정을 내리지 않았어요.
ⓕHe didn't have **a chance** to watch a movie.
　　　그는 영화를 볼 기회가 없었다.

ⓔa final decision과 ⓕa chance 모두 존재하지 않는다는 의미이기 때문에 부정관사 a/an의 대상입니다.

[④가정문]

ⓖAnd drop them if **a majority of people** vote against them.
　　　그리고 과반수가 반대한다면 중단해야 한다.
ⓗIf **a default action** has been assigned, the action runs.
　　　기본 작업이 할당된 경우 수행이 실행됩니다.
　　　*default - 불이행

ⓖa majority of people과 ⓗa default action 모두 현재 존재하지 않는 대상에 대해서 '만약 존재한다면'이라고 가정하는 것이기 때문에 부정관사 a/an을 적용해야 합니다.

어느 정도 저의 의도가 이해될 수 있을 것이라 생각합니다.
앞에서도 언급했듯이, 특히 <현재 아직 존재(발생)하지 않는 사건>이라는 개념이 우리의 일반적인 상식과는 다소 차이가 있기 때문에 주의해야 합니다. 이에 대해서는 앞으로 많은 예문을 통해서 확인해 나가야 되고, 이는 앞으로 많은 도움이 될 것이라고 생각합니다.

거시적 접근

다음 두 문장의 ①a rapid increase와 ②the rapid increase를 비교해 보시기 바랍니다.

> ① Besides, **a rapid increase** in the number of college graduates has made **the competition** for jobs much greater than it used to be.
> 더욱이, 대학 졸업자의 수가 급격히 늘어나서 일자리를 얻기 위한 경쟁이 과거보다 훨씬 더 심해졌다.

우선 the competition은 <the competition for jobs>의 의미로서, '전체'를 나타내기 때문에, 그리고 for jobs에 의해서 '계층적 특정성'이 존재하기 때문에 정관사 the가 적용되는 것으로 이해할 수 있습니다.

> ② **The rapid increase** in flights over the past two decades has led to increased local air pollution, noise pollution, traffic congestion, and vehicle emissions around airports, and the loss of land to new runways and terminal buildings.
> 지난 20년 이상 비행기의 빠른 증가는 공기 오염, 소음 공해, 교통 체증, 공항 주변의 배기가스 증가, 그리고 새로운 도로와 터미널 신설로 인한 지면 손실 등을 야기 시켰다.

먼저, ②the rapid increase는 over the past two decades라는 표현에 의해서 '시간적 한계(제한)가 존재하고 있습니다. 따라서 완료된 사건이기 때문에 정관사 the를 사용하였습니다.

다음으로 ①a rapid increase(대학 졸업자 수의 급격한 증가)는 시간적 제한이 존재하지 않고 있어서 '현재 지금도 진행되고 있는 사건'입니다. 즉 완료되지 않은 사건입니다. 따라서 부정관사 a/an이 적용되었습니다.

B. 하나의 단어로 이루어진 추상명사

<복수의 단어로 이루어진 합성(복합)추상명사>가 일반적으로 '구조적 구별'의 이유 때문에 무관사 Ø가 적용되지 않는 반면에, <하나의 단어로 이루어진 추상명사>는 무관사 Ø가 적용되는 것은 극히 '일반적인' 상황입니다. 추상명사는 문법적으로 무관사 Ø가 원칙이라는 것은 <하나의 단어로 이루어진 추상명사>에 대한 정리인 것입니다.

결국 <하나의 단어로 이루어진 추상명사>에 적용될 수 있는 관사는 무관사 Ø, 부정관사 a/an, 정관사 the입니다.

일단 다음과 같이 정리할 수 있습니다.

부정관사 a/an	구체적 대상	해당 단어에 대해서 '**집합**'이 존재
정관사 the	구체적 대상	'실제 현실'에 존재 - 특정성
무관사 Ø	추상적 개념	'우리의 머릿속'에 존재

거시적 접근

위 표의 정리는 아직 설명하지 않은 내용입니다. 특히 부정관사 a/an에 대한 내용은 아직 위 정리만 보고서 파악하기 어려울 것입니다. 뒤에서 <C. 미시적 접근>에서 부정관사 a/an에 대해서 설명하면서 정리될 것입니다. 일단 참고만 하시기 바랍니다. 물론 무관사 ∅에 대한 내용은 이해할 수 있을 것입니다.

먼저 '무관사 ∅'는 '구체적인 대상'이 아니라 '추상적인 대상'입니다. 즉 이는 100% '추상적인 개념'에 해당됩니다. 그리고 무관사 ∅가 나타내는 대상이 존재하는 장소는 '우리의 머릿속'입니다. 구체적인 사건이나 행위 및 사람과 전혀 관계가 없는 경우입니다.

다음으로 무관사 ∅를 제외하면, 앞에서 정리한 <복수의 단어로 이루어진 합성(복합)추상명사>의 내용과 거의 유사합니다. 그리고 <하나의 단어로 이루어진 추상명사>는 단어 자체의 의미가 단순하기 때문에, <복수의 단어로 이루어진 합성(복합)추상명사>에 비해서 상대적으로 덜 복잡합니다. 일단 <하나의 단어로 이루어진 추상명사>에 대한 부정관사 a/an과 정관사 the의 적용은 보통명사와 유사하다고 볼 수 있습니다.

> <하나의 단어로 이루어진 추상명사>는 관사(부정관사 a/an, 정관사 the)적용에 있어서는 '보통명사'와 유사하다.

미리 정리하면, <현재 아직 존재(발생)하지 않는 일(사건)>에 대해서 <단일 단어로 이루어진 추상명사>는 부정관사 a/an이 적용됩니다. 그리고 <현재 이미 존재(발생)하고 있는 사건>에 대해서는 <단일 단어로 이루어진 추상명사>의 경우에 정관사 the가 적용됩니다. 그리고 부정관사 a/an과 정관사 the의 구분은 기본적으로 익히 알고 있는 '특정성'의 개념을 염두에 두고 접근하면 되겠습니다. <현재 아직 존재(발생)하지 않는 일(사건)>과 <현재 이미 존재(발생)하고 있는 사건>에 대한 내용은 앞에서 <복수의 단어로 이루어진 합성(복합)추상명사> 부분에서 정리한 내용과 동일합니다.

<복수의 단어로 이루어진 합성(복합)추상명사>와 <단일 단어로 이루어진 추상명사>에 대해서 지금까지 정리한 내용을 종합적으로 정리하면 다음과 같습니다.

	복수의 단어로 이루어진 추상명사	하나의 단어로 이루어진 추상명사
'우리의 머릿속'에 존재하는 추상적 개념	X	무관사 ∅
현재 아직 존재(발생)하지 않는 사건	부정관사 a/an	부정관사 a/an
현재 이미 존재(발생)하고 있는 사건	정관사 the	정관사 the

<단일 단어로 이루어진 추상명사>에 대해서는 앞으로 다양한 관점에서 계속해서 정리해 나갈 내용이기 때문에 그냥 넘어가도록 하겠습니다. 특히 <현재 아직 존재(발생)하지 않는 일(사건)>과 <현재 이미 존재(발생)하고 있는 사건>에 대한 내용에 대해서는 앞에서 언급한 <부정관사 a/an이 '해당 단어에 대해서 집합이 존재하는 경우'에 적용된다>는 내용을 정리한 후에 다루어야 합니다. 따라서 이러한 내용을 포함하고 있는 부정관사 a/an에 대한 정리가 제시된 후에 추상명사 부분에서 설명하도록 하겠습니다.

■ 넷. 관사의 역사(歷史) II

지금부터 관사에 대한 전체적인 역사를 추론하여 한 번 더 정리하고자 합니다. 앞에서 이미 한차례 정리했던 내용이지만, 다시 한 번 더 정리하고자 합니다. 그만큼 관사를 이해함에 있어서 관사의 역사를 이해하는 것은 중요합니다. 시간의 흐름에 따라 관사에 관해서 A, B, C 등의 사건이 발생했다는 식의 설명이 전개될 것입니다.

관사도 영어의 대부분의 단어들처럼 기본적으로 '재활용'의 방식을 따르고 있습니다. 관사에 존재하는 다양한 용법과 의미들이 역사적으로 시간의 흐름에 따라 조금씩 차곡차곡 채워져서 현재에 이르고 있다는 식으로 이해하지 않고, 현재 문법책에서처럼 정리되어 있는 것처럼, 현재 보이는 현상만을 보고 이를 동시에 한꺼번에 파악하려고 한다면, 용법과 의미가 너무 이질적인 것들이 많아서 도저히 파악할 수가 없을 것입니다.

관사의 역사는 기본적으로 오랜 세월에 걸쳐 이루어진 변화의 역사입니다. 설명의 편의상 A, B, C 등의 사건이 차례대로 발생했다는 식으로 나열하기 때문에, 각각의 사건들이 마치 '서로 시간적으로 인접해 있는 1회성 사건들'처럼 보일수도 있지만, 실제로는 A사건과 B사건 사이에는 기나긴 시간이 존재하며, 이 시간동안 서서히 조금씩 발생한 결과가 B사건인 것입니다. 따라서 A와 B사이에는 기나긴 시간만큼이나 다양한 변화의 과정이 담겨져 있을 수도 있을 것입니다.

먼저 [A → b → B]의 전개 양상과 같이 A와 B사이에 b라는 과도기적 현상도 담겨 있을 것으로 예상해 볼 수 있을 것입니다. 그리고 전혀 다른 방향의 변화도 있을 수 있습니다. 즉 [A → B]로의 변화에 앞서 [A → K]의 변화가 먼저 발생하였거나 아니면, [A → K]의 변화가 [A → B]로의 변화와 동시에 발생하였다가 선택받지 못하고, [A → B]의 변화만이 최종적으로 정립되었을 수도 있을 것입니다.

그리고 A, B, C 등의 사건이 영어 학자들과 같은 영어 선지자들이 정한 규칙에 의한 것일 수도 있고, 아니면 영어를 실제로 사용하는 일반 대중들의 선택에 의해 발생한 자연발생적인 변화일 수도 있을 것입니다. 후자인 경우, 즉 일반 대중들에 의한 변화에 대해서 그 중 일부는 나중에 학자들이 변화를 인정하여 문법으로 반영하여 정리한 경우도 있을 것입니다.

1. 기본적인 관사 시스템의 구축

(1) 부정관사 a/an의 도입

앞에서 언급했듯이 '구조적 구별'의 목적을 위해서 one으로부터 부정관사 a/an이 도입되었습니다. 이 때 모든 명사에 부정관사 a/an을 사용한 것이 아니라 '단어의 재활용'이라는 관점에서 가산명사인 보통명사에만 부정관사 a/an을 사용하게 되었습니다.

(2) 정관사 the의 도입

잠시 정관사 the가 영어에서 필요한 이유에 대해서 실제적인 관점에서 설명해 보겠습니다.
(가)먼저 만약 영어가 부정관사 a/an을 사용하지 않았다면 정관사 the도 필요하지 않았을 것입니다. 우리말처럼 문맥에 의해서, 그리고 지시사, 소유격, 대명사 등의 사용만으로 모든 표현이 가능하게 되었을 지도 모르겠습니다.
(나)그런데 영어는 부득이하게 '구조적 구별'의 필요성에 의해서 부정관사 a/an을 사용하게 되었습니다. 부정관사 a/an은 처음에는 '구조적 필요'에 의해서 도입된 것이기 때문에, '구조적 구별'이라는 기본적인 기능과 부정관사 a/an의 유무에 의한 '단어의 재활용(an apple ↔ apple/water ↔ a water)' 외에는 특별한 의미와 역할을 가지고 있지 않았습니다.

거시적 접근

(다)시간이 한참 흐른 뒤, 이렇게 사용하다 보니, '특정한 것'을 표현할 필요성이 제기되었습니다. 즉 세상의 많은 개체 중에서 '특정한 것'을 '일반적인 것'과 어떻게 구별하여 나타낼 것인가라고 하는 필요가 생긴 것입니다. 예를 들어 <세상의 수많은 apple 중에 지금 현재 식탁에 놓여있는 1개의 사과는 어떻게 나타낼 것인가>, 또는 <세상에 존재하는 수많은 집(house) 중에서 내가 알고 있는 특정인이 소유하는 집은 아니지만(이 경우는 소유격으로 나타내면 됩니다. ex. my house, his house), 어제 대화에서 언급했던 집을 어떻게 나타내야 할 것인가> 등에 대한 것입니다. '특정한 것'과 '그렇지 않은 것(일반적인 것)'을 모두 an apple, a house로 표기 하게 되면 이 둘을 구별하기가 어렵게 되는 것입니다. 예를 들어 설명해 보겠습니다. 아래 지문을 해석해 보기 바랍니다.

1 Today let me tell you about **an** experience I had on **a** bus. **A** bus was full and I was standing near **a** door. As people got on, they stepped on each other's feet and pushed one another in **a** back. I realized that rider**s** didn't like it, but they understood that's the way it is. In my country, when getting on **a** bus, people will apologize if they touch **a** person at all. Where I come from, everyone worries about individual space no matter where they are.

위 지문 1은 아래의 원래 지문(2)의 모든 관사를 부정관사 a/an으로 통일해서 적용한 문장입니다. 즉 정관사 the를 모두 부정관사 a/an으로 바꾸어 놓은 것입니다.

아래 지문 2는 본래 지문입니다.

2 Today let me tell you about **an** experience I had on **the** bus. **The** bus was full and I was standing near **the** door. As people got on, they stepped on each other's feet and pushed one another in **the** back. I realized that **the** riders didn't like it, but they understood that's the way it is. In my country, when getting on **a** bus, people will apologize if they touch **a** person at all. Where I come from, everyone worries about individual space no matter where they are.

오늘은 제가 버스에서 겪은 일을 말씀드리겠습니다. 그 버스에는 만원이었고 저는 문 근처에 서 있었습니다. 사람들은 타면서 서로의 발을 밟고 등으로 다른 사람을 밀었습니다. 저는 승객들이 그것을 싫어한다는 것을 알았지만, 사람들은 서로 그러는 것을 이해했습니다. 우리나라에선 버스에 탔을 경우 다른 사람을 조금이라도 건드리게 되면 사과를 합니다. 우리나라에서는 모든 이들은 어디에 있든 상관없이, 개인적 공간에 대해 신경을 씁니다.

위의 지문 1와 2를 비교해 보게 되면, '특정한 것'을 나타내는 정관사 the의 필요성에 대해서 조금이라도 이해할 수 있을 것이라고 생각됩니다.

따라서 원어민들은 지문 1처럼 관사가 부정관사 a/an만 존재하는 경우에는, 의사소통에 있어서 내용을 명확하게 전달하는 데 있어서 문제가 발생할 수도 있다고 판단했기 때문에 '특정한 것'을 나타내는 정관사 the를 도입해서 지문 2처럼 나타내는 것입니다.

한편, 여러 차례 언급했듯이, 정관사 the의 경우 '일반적인 명사'로부터 '특정한 명사를 구별'하기 위해서 사용되었기 때문에 가산명사(보통명사)에만 적용하는 것은 아닙니다.

부정관사 a/an의 경우, 기본적으로 가산명사에만 사용하는 것이지만 정관사 the는 부정관사 a/an이 적용되는 가산명사뿐만 아니라, 아래 예문처럼 부정관사 a/an이 사용되지 않는 불가산명사에도 사용됩니다.

I had **steak** and **salad** for dinner. **The steak** was fine, but **the salad** was awful.
저녁식사로 스테이크와 샐러드를 먹었다. 스테이크는 좋았으나 샐러드는 끔찍했다.

앞에서 언급했듯이 ①[먼저 영어가 처음부터 부정관사 a/an을 사용하지 않았다면], 그리고 또는 ②[부정관사 a/an을 사용하고 있는 경우라 하더라도], 즉 ①과 ②의 어떠한 경우에라도 지금처럼 정관사 the를 사용하지 않고 우리말처럼 지시사, 소유격, 대명사 등으로 '의미적 구별' 등과 같은 문제를 해결할 수도 있었을 것입니다.

그런데 영어는 기왕에 '구조적 필요성'에 의해서 부정관사 a/an을 도입해서 관사라는 시스템을 구축해 놓았고, 또한 영어라는 언어의 특성상 관사를 더 많이 사용하면 할수록 '구조적 구별'에 유리하기 때문에, 이러한 문제(특정한 것을 나타내야 할 필요성)에 대해서도 관사 시스템을 활용하여 해결하기로 하였습니다.

즉 부정관사 a/an의 도입은 '구조적 필요'에 의한 필수적인 장치인 것이지만, 정관사 the의 경우는 지시사 등과 같은 대안이 존재하여 필수적이지는 않았지만 관사라는 시스템이 선호되었기에 최종적으로 해결책으로서 선택되어 사용되었다는 것입니다.

결국 부정관사 a/an에 대치되는 '특정한 것'을 나타낼 수 있는 정관사 the를 두 번째 관사로 도입하게 된 것입니다.

■ 관사별 기본적 기능

	기초적(기본적) 기능 – 최초 도입 목적
부정관사 a/an	'구조적 구별' (+ 단어의 재활용)
정관사 the	'의미적 구별'

지금까지의 내용을 정리하면, 다음과 같습니다.

- 부정관사 a/an이 영어의 '구조적 구별'의 문제를 해결하기 위해서 먼저 도입되었습니다. 이 때 모든 명사에 부정관사 a/an을 사용한 것이 아니라 '단어의 재활용'이라는 관점에서 가산명사인 보통명사에만 부정관사 a/an을 사용하게 되었습니다.

- 이후 '특정한 명사'와 '그렇지 않은 명사(일반적인 명사)'와의 '의미적 구별'을 위하여 정관사 the가 도입되었습니다. 그리고 오랜 세월을 거쳐 정관사 the는 처음 도입되었던 의미와 역할을 넘어서 현재는 다양한 의미와 용법으로 사용되고 있습니다.

거시적 접근

한 가지 분명하게 해두어야 할 것은, 부정관사 a/an은 '구조적 구별의 역할'만을 수행하고, 정관사 the는 '의미적 구별의 역할' 만에 한정되어 기능을 수행하는 것은 아니라는 것입니다. 부정관사 a/an과 정관사 the가 최초로 영어에 도입된 근본적인 목적이 각각 그렇다는 것입니다.

결론적으로 '구조적 구별의 역할'은 모든 관사(부정관사 a/an, 부정관사 -s, 정관사 the)에 공통적으로 존재하는 가장 기본적인 역할입니다. 이는 달리 표현하면, '구조적 구별의 역할'을 수행하는 것이라면 모두 관사로 분류할 수 있다는 의미입니다. 즉 앞으로 어떠한 것에 대해서, 관사인지 아닌지를 판단하는 제 1의 기준은 '구조적 구별의 역할'을 수행하는지의 여부가 됩니다.

> ■ '구조적 구별의 역할'은 모든 관사에 공통적으로 존재하는 가장 기본적인 역할이다.
>
> ⇨ '구조적 구별의 역할'을 수행하는 것이라면 모두 관사로 분류할 수 있다.
>
> ⇨ 관사인지 아닌지를 판단하는 제 1의 기준은 '구조적 구별의 역할'을 수행하는지의 여부이다.

정관사 the가 부정관사 a/an과 대비되는 '의미적 구별'을 위해서 도입된 것이지만, '구조적 구별'의 역할을 수행하는 부정관사 a/an과 함께 '관사라는 동일한 범주'에 속해있기 때문에 정관사 the도 부정관사 a/an과 마찬가지로 관사의 원초적인 기능인 '구조적 구별의 역할'을 '기본적으로' 수행하게 됩니다. 결국 부정관사 a/an과 정관사 the 모두 '구조적 구별의 역할'을 수행하고 있습니다.

그리고 정관사 the가 '의미적 구별'을 위해 만들어졌다고 했을 때, 여기서 말하는 '의미적 구별'이란 부정관사 a/an이 가지고 있는 의미(일반적인 대상)와 대치되는 의미(특정한 대상)로서의 구별을 말합니다.

따라서 당연히 부정관사 a/an도 이에(특정한)에 대응하여 '일반적'이라는 상대적인 의미를 갖게 되기 때문에, 의미적 차원에서도 나름대로의 역할을 수행하게 됩니다. 결국 '구조적 구별의 역할'과 마찬가지로, 부정관사 a/an과 정관사 the는 서로 다른 각자의 '의미'를 가지고서 다양한 표현에 사용되기 때문에 두 종류의 관사 모두 또한 '의미적 구별의 역할'도 동시에 수행하게 됩니다. 다만 '의미적 측면'에서 보면, 부정관사 a/an에 비해서 상대적으로 정관사 the가 훨씬 더 많은 의미와 역할을 가지고 있습니다.

결론적으로 부정관사 a/an과 정관사 the 모두 '구조적'으로도 그리고 '의미적'으로도 각각의 역할을 수행한다는 것입니다.

> 부정관사 a/an과 정관사 the 모두 '구조적'으로도
> 그리고 '의미적'으로도 각각의 역할을 수행한다.

정리하면 부정관사 a/an이든 정관사 the이든 간에 관사의 제 1의 기능, 즉 기본적인 기능은 '구조적 구별'의 역할이고, 다음으로 관사의 제 2의 기능은 '일반적인 것'과 '특정한 것'을 구별하는 '의미적 구별'의 역할입니다.

이때 '의미적으로' 부정관사 a/an은 '세상에 존재하는 모든 개체 중에서 일반적인, 그리고 불특정한 하나의 개체 및 대상'을 의미하고, 반대로 정관사 the는 '특정한 유일한 하나의 개체 및 대상'을 의미하게 됩니다.

거시적 접근

■ 관사의 역할 및 기능

	제 1 기능 (구조적 역할)	제 2 기능 (의미적 역할)	
부정관사 a/an	구조적 구별	의미적 구별	일반적이고 불특정한 하나
정관사 the			특정한 유일한 하나

다만, 관사의 도입배경을 고려하면, 부정관사 a/an은 '구조적 구별'이 주된 역할이 되고, 정관사 the는 '의미적 구별'이 주된 역할이 됩니다.

■ 부정관사 a/an과 정관사 the의 '1차적(주된) 기능'

부정관사 a/an	정관사 the
구조적 구별	의미적 구별

이렇게 일단 부정관사 a/an과 정관사 the라는 관사 시스템이 영어에 자리 잡게 되고, 이후 오랜 세월에 걸쳐 사용되면서, 관사는 현재처럼 좀 더 세밀하고, 그리고 다양한 의미를 나타낼 수 있는 표현에 대해서도 사용되고 있다고 보면 되겠습니다. 그리고 현재 관사가 수행하는 다양한 의미와 기능에는 기본적으로 '재활용'이라는 원리가 작동하고 있습니다. 즉 영어의 대부분의 다른 단어들처럼, 기존에 존재하는 부정관사 a/an, 정관사 the 그리고 '복수형 어미 -s(부정관사 -s)'를 새로운 의미와 기능을 갖도록 '재활용'하였다는 것입니다.

이 때 알아야 할 점은 관사가 도입한 것은 영어의 선지자들에 의한 것이지만 이후 관사의 다양한 의미적 확장은 많은 부분 영어를 실제로 사용하는 대중들에 의해서 발생된 것입니다.

처음 영어의 선지자들은 관사를 도입하면서 '구조적 구별'과 '단어의 재활용'의 편의를 고려하여 <가산명사인 보통명사에 부정관사 a/an을 사용한다>라는 관사에 대한 원칙을 정했습니다. 영어의 선지자들이 정한 관사에 대한 원칙은 이것이 전부라고 해도 과언이 아니라고 생각됩니다.

그 후에 발생한 관사의 변화는, 특별한 원칙을 정해놓고 이에 따라 만들어진 것이 아니라 대중들이 주도하여 발생한 것입니다. 즉 오랜 세월동안 대중들 사이에서 일어난 변화라는 것입니다. 그런데 어떠한 이유에서 인지는 몰라도 이후의 변화에 대해서 현재까지 아무런 문법적 정리가 이루어지지 않고 있다는 것입니다.

결론적으로 관사에 대한 문법적 원칙은 처음 선지자들이 제시했던 것만이 지금까지 거의 유일한 원칙으로서 제시되고 있을 뿐이고, 이후 발생한 변화에 대한 정리는 전혀 이루어지지 않고 있습니다. 이는 현재 영문법에 존재하는 관사에 대한 문법적 원칙은, 현재 존재하는 관사적 현상의 대부분을 설명할 수 없다는 것을 의미합니다. 따라서 현재 문법책에 정리된 내용들은 이후에 발생한 '불가산명사에 대한 관사사용 등'과 같은 다양한 관사적 현상에 대해서는 전혀 설명할 수 없는 것입니다. 이러한 이유로 결과적으로 우리는 아무리 문법책을 열심히 들여다보더라도 관사에 대해서 제대로 파악할 수가 없었던 것입니다.

2. 관사의 기능상 변화 및 전개

부정관사 a/an과 정관사 the라는 관사 시스템이 영어에 자리 잡게 되고, 이후 오랜 세월에 걸쳐 사용되면서 부정관사 a/an과 정관사 the는 다양한 기능과 역할로 '재활용'되었습니다. 관사가 다양하게 '재활용'되었다는 것에는 세 가지 관점이 존재합니다.

①**첫째,** 표현이 좀 더 세밀해졌습니다.

즉 영어를 외국어로 배우는 우리의 입장에서 논리적으로 이해하기도 그리고 설명하기도 힘든 표현들이 사용되게 됩니다. 관사가 언어적 감각(뉘앙스)의 측면에서 '표현의 풍부함'을 담당하게 되는 경우입니다. the pen처럼 정관사 the가 보통명사와 함께 사용되어 추상명사를 만드는 것, 그리고 많이 언급되는 <go to school과 go to the school의 차이> 등이 해당됩니다. 이는 기존에 많은 문법서에서 정리된 것과 크게 다르지 않습니다. 그런데 다음이 문제입니다.

②**둘째,** 부정관사 a/an과 대비되는 정관사 the가 도입되면서 영어의 명사와 관사체계에 <집합과 원소>의 관점이 투영되게 되었습니다. <집합과 원소>의 관점은 명사와 관사에 대한 핵심원리입니다. 결과적으로 <집합과 원소>의 관점이 투영되면서, 이를 바탕으로 하여 관사뿐만 아니라 명사에 대해서도 그 의미가 더욱 세밀하게 그리고 체계적으로 확립되었습니다.

<집합과 원소>의 관점도 영어의 선지자들에 의해서 '의도적으로' 도입된 것이 아닙니다. 영어에 부정관사 a/an만 존재했던 시기에는 <집합과 원소>의 관점이 존재하지 않았습니다. 그런데 '의미적 구별'을 위해서 정관사 the가 사용되면서 자연스럽게 <집합과 원소>의 관점이 관사 시스템에 투영되게 된 것입니다.

③**셋째,** 관사가 가산명사에만 사용되지 않고 불가산명사에도 사용되게 되었습니다. 특히 부정관사 a/an이 추상명사에도 사용되게 되었습니다.

계속해서 언급한 것이지만, 기본적으로 관사에 대한 논의의 출발은 보통명사와 관계되어 있습니다. 왜냐하면 처음 도입된 부정관사 a/an은 구조적 필요에 의해서 도입된 것이지만, '단어의 재활용'이라는 관점을 고려하여 가산명사인 보통명사에만 사용되었기 때문입니다. 따라서 처음에는 불가산명사(물질명사, 추상명사)에는 부정관사 a/an을 사용하지 않았습니다. 그리고 현재까지도 문법적으로는, 원칙적으로 부정관사 a/an은 보통명사가 아닌 물질명사, 추상명사 등에는 사용할 수 없다고 정리되고 있습니다.

부정관사 a/an이 도입된 시점부터 현재 시점까지, 부정관사 a/an의 사용 기준은 '가산성'이었습니다. 그리고 현재 영문법에서 명사에 대한 관사사용의 기준으로 제시하고 있는 것은 '가산성'이 거의 유일합니다. 하지만 부정관사 a/an이 추상명사와 물질명사와 같은 불가산명사에 흔하게 사용되고 있는 현실을 감안하면, 아주 먼 옛날에 정해진 유일한 '가산성'이라는 관사사용 기준에 수정이 이루어져야 하는 것은 당연하다고 생각됩니다.

한편, <관사, 특히 부정관사 a/an이 보통명사에만 사용하는 것>이 엄격하게 지켜진다는 것은, 물론 '새로운 의미 및 기능상의 필요'가 생겨난 것도 이유가 되겠지만, 본질적으로 다음과 같은 3가지 이유로 인해서 쉽지 않은 일이었습니다.

i) 지적 능력에 있어서 천차만별인 영어를 사용하는 일반사람들이 특별한 의미가 없는 관사를, 정확하게 가산명사와 불가산 명사로 구분하여 통일되고도 엄격하게 사용한다는 것은 '처음부터' 거의 불가능에 가까운 일이라고 보아야 하겠습니다.

ii) 관사를 도입한 것은 '구조적 구별'의 목적이지만, '단어의 재활용' 측면도 고려했기 때문에 가산명사에만 부정관사 a/an을 사용하게 되었습니다. 이에 따라 '단어의 재활용'이란 관점에서 보면, 부정관사 a/an의 유무에 따라서 가산명사와 불가산명사가 쉽게 전성될 수가 있습니다(ex. apple ↔ an apple/ water ↔ a water/ gold ↔ a gold. etc).

이 같은 현상은 '구조적 구별'이 아닌 '단어의 재활용'이란 측면에서 이루어지는 것이지만, 결과적으로 외형적으로만 보면 가산명사인 보통명사에 관사가 사용되지 않는 경우(무관사 ∅)와 반대로 불가산명사인 물질명사와 추상명사에 부정관사 a/an이 사용된 경우가 빈번하게 나타나게 되는 것입니다. 따라서 외형적으로만 보면, 가산명사에만 부정관사 a/an을 사용한다는 원칙이 지켜지고 있지 않고 있다고 할 수 있겠습니다.

결국 <'가산성' 기준에 의한 관사적용 원칙>에 더하여 <'단어의 재활용'에 의한 명사의 전성 현상> 등이 혼재되어 일반인들이 실제 영어 사용에 있어서 관사를 엄격하게, 그리고 통일되게 적용한다는 것은 매우 어려운 일이라 하겠습니다.

결과적으로 이로부터, <정확하게 각각의 용법을 구별하여 사용한다는 것이 불가능한 '전체로서의 일반사람들'>의 입장에서는 시간이 지남에 따라 <관사를 전혀 사용하지 않거나>, 아니면 반대로 <관사를 모든 명사에 사용하는 것> 중에서 더 편하게 느껴지는 하나의 방향을 선택하여 나아갈 수밖에 없었을 것이라고 예측해 볼 수 있겠습니다. 만약 관사가 불필요한 것이었다면, 관사를 사용하지 않는 방향으로 나아갔을 것입니다. 그러나 결과적으로 영어는 될 수 있는 한, 관사를 모든 명사에 사용하는 방향을 선택하게 됩니다.

일반사람들은 시간이 지남에 따라 <관사를 전혀 사용하지 않거나>, 아니면 반대로 <관사를 모든 명사에 사용하는 것> 중에 하나를 선택 해야만 했다.

⇩ ⇩ ⇩

결과적으로 영어는 될 수 있는 한, 관사를 모든 명사에 사용하는 방향을 선택하게 되었다.

이에 따라 초기에는 무관사 Ø가 적용되었던 불가산명사(물질명사, 추상명사)에도 관사, 특히 부정관사 a/an을 폭넓은 상황에서 사용하게 되었습니다.

iii) 다음으로 이러한 방향이 채택된 것은 근본적으로 관사의 적용이, 영어라는 언어의 특성상 매우 중요할 수밖에 없는 '구조적 구별'에 유리하기 때문입니다.

즉 '구조적 구별'이란 측면이 영어라는 언어의 '안정적인 사용'을 위해서 매우 중요하기 때문에, 관사뿐만 아니라 이를 용이하게 하는 많은 방법들(구두법, 대문자 등)이 고안되어 문법이라는 이름으로 정착되었던 것처럼, 영어에 있어서 '구조적 구별'은 가장 핵심적이고 중요한 제 1의 목표인 것입니다. 이러한 측면에서 '구조적 구별'을 목적으로 도입된 부정관사 a/an이 더 많이 사용되는 것은 영어의 입장에서는 권장될 사항이었고, 따라서 보통명사가 아닌 불가산명사에도 부정관사 a/an이 적용되는 경향이 시간이 흐름에 따라 더욱 높아지게 된 것입니다.

이상의 이유 때문에 결과적으로 부정관사 a/an과 정관사 the는 초기의 역할 외에도 다양한 기능과 역할을 수행하게 되었고, 초기의 원칙과는 달리 관사가 가산명사에만 사용되는 것이 아니라 불가산명사(물질명사, 추상명사)에도 사용되게 되었습니다. 이러한 측면에서 나타난 대표적인 변화는 다음의 두 가지입니다. 알아두어야 할 점은, 아래의 두 변화는 대중에 의한 변화라는 것입니다.

첫째, 기존의 '가산성(可算性)'뿐만 아니라, '가시성(可視性)' 차원에서도 보통명사뿐만 아니라, 물질명사에도 관사(정관사 the, 부정관사 a/an, 부정관사 -s)가 적용되게 되었습니다.

둘째, 추상명사에도 부정관사 a/an이 적용되게 되었습니다.

위 정리에서 '두 번째 내용'은 이미 알고 있는 것이지만, '첫 번째 내용'은 현재 우리의 문법이 '전혀' 파악하고 있지 못하고 있는 내용입니다. 매우 중요한 내용입니다. 정관사 the부분에 자세하게 제시되어 있습니다.

정리하면, 부정관사 a/an은 기본적으로 '구조적 구별'이라는 역할을 수행하기 위해 가산명사에만 사용되었지만, 이후 '재활용'되어 불가산명사에도 적용되게 되었습니다. 이를 다른 시각에서 설명하면, '구조적 구별'을 용이하게 하는 부정관사 a/an을 되도록 많이 사용하게 되었다는 것입니다. 그리고 정관사 the도 마찬가지로 '구조적 구별'을 용이하도록 돕기 때문에 적용되는 영역이 늘어나게 되었습니다.

즉 '구조적 구별'이 아닌 다른 차원의 '언어적 필요'가 발생하는 경우에도, 영어는 다른 방법을 사용할 수도 있었지만, 될 수 있는 한 이미 만들어진 관사라는 시스템을 사용하여 이러한 언어적 요구를 충족시켜 왔다는 것입니다. 왜냐하면 관사를 사용하게 되면 새롭게 제기되는 문제를 해결하는 것은 물론, 동시에 영어라는 언어가 가지고 있는 가장 중요한 문제 중의 하나인 '구조적 구별'이 더욱 확실하게 되는 효과를 거둘 수 있게 되기 때문입니다.

지금까지 정리한 관사의 역사에 대한 내용을 그림 (가)~(라)로 정리하도록 하겠습니다.

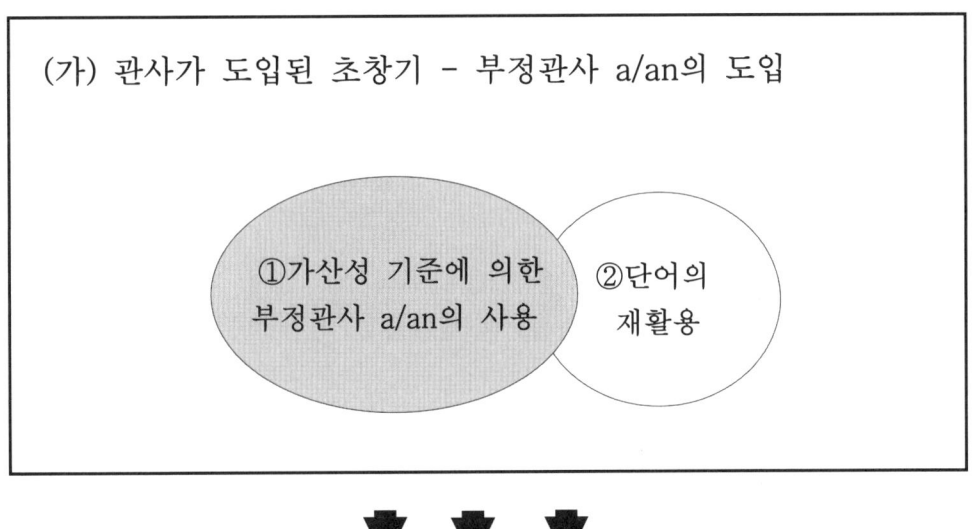

(나) 중기 I - 정관사 the의 도입

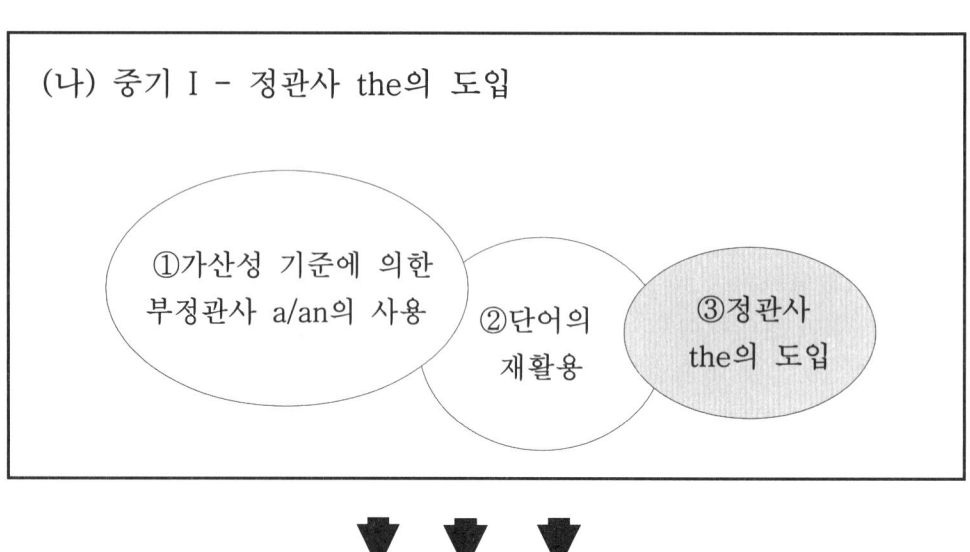

▼ ▼ ▼

(다) 중기 II - 가시성에 의한 물질명사에 대한 관사적용 등

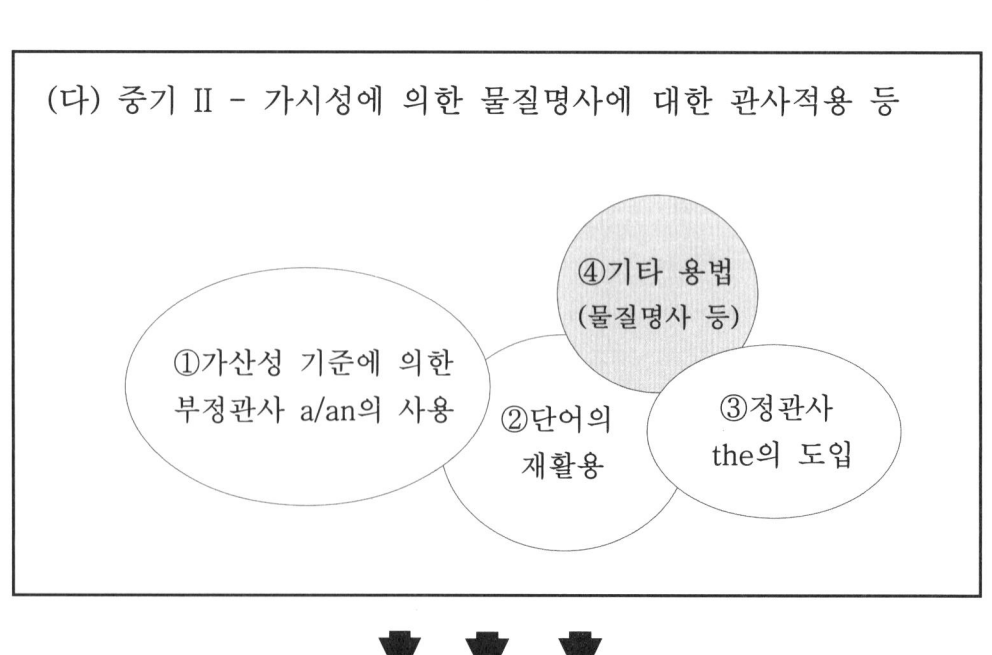

▼ ▼ ▼

거시적 접근

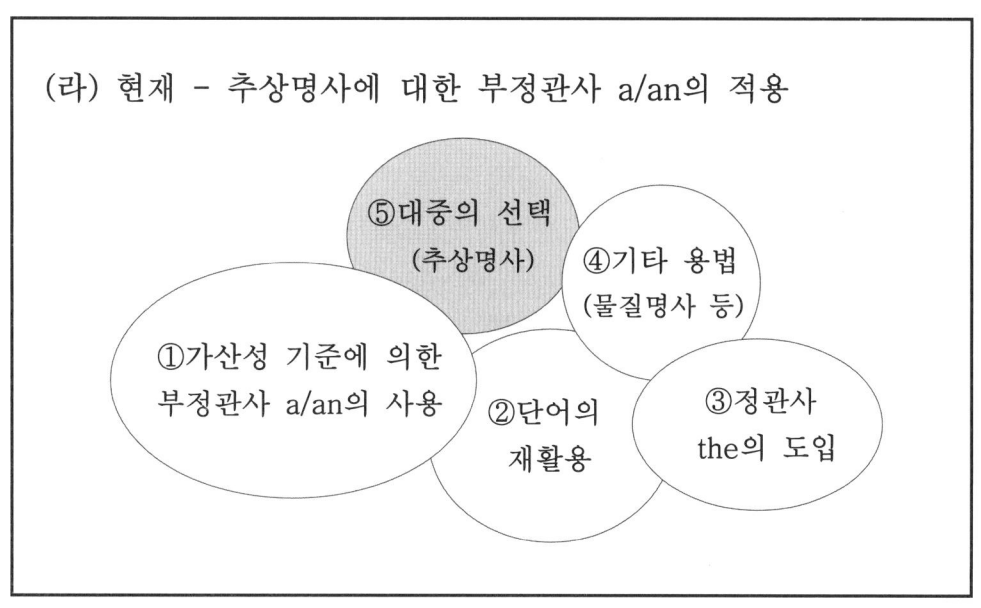

먼저 위 그림에서 ①, ②, ③, ④, ⑤번 그림이 차지하는 면적의 크기를 관사를 사용하는 양의 개념으로 생각해 주시기 바랍니다. 이에 의한다면 관사가 도입된 초창기를 나타내는 그림 (가)에 보다 현재인 그림 (라)의 경우에 있어서 원형 그림이 차지하는 면적이 훨씬 크기 때문에, 이는 과거보다 현재에 관사를 훨씬 더 많이 사용하고 있다는 것을 나타내고 있습니다.

이처럼 과거(가 & 나 - ①, ②, ③)에 비해 현재 관사를 사용하는 양이 증가하였다는 것은 2가지 이유 때문입니다.

첫째, 관사가 다양한 언어적 역할(④, ⑤)을 해결하기 위해서 '재활용'되어 사용되었습니다.
둘째, 영어를 사용하는 일반사람들은 관사를 사용하지 않는 것 대신에, 관사를 더욱 많이 사용하는 방향을 선택(④, ⑤)하였습니다.

1️⃣ 다시 한 번 더 정리하면 위 그림 (가)에서 볼 수 있는 것처럼 먼저 관사 (부정관사 a/an)가 도입될 초창기에는, 부정관사 a/an은 가산명사인 보통명사에만 적용되었습니다(①).

2️⃣ 이 때 모든 명사에 관사를 사용하지 않고, 가산명사에만 부정관사 a/an을 사용하는 것은 관사가 도입될 시기에 '구조적 구별'뿐만 아니라 동시에 '단어의 재활용'의 측면을 함께 고려했기 때문입니다(②).

3️⃣ 다음으로 시간이 흐르면서 '특별한 것'을 나타내야 할 필요성이 대두되었습니다. 이에 영어는 정관사 the를 도입하였습니다(③).

여기까지가 '영어의 선지자'들에 의해 구축된 관사의 기본적인 시스템입니다. 즉 그림 (가)와 (나)까지의 내용이 '영어의 선지자'들에 의한 관사 체계의 내용입니다.

■ **관사의 기본적인 시스템 : ① + ② + ③**

이후 시간이 더 흐름에 따라서, 영어라는 언어에 존재하는 다양한 문제점들이 나타나게 되었습니다. 이 때 영어는 발현된 문제점을 개선하기 위해서 다른 방식 보다는 기왕에 존재하고 있는 관사시스템을 적극적으로 활용하기로 합니다(④, ⑤).

이러한 방식은 '드러난 문제점'을 개선하는 효과와 함께 관사가 더욱 자주 사용될 수 있기 때문에 '구조적 구별'이라는 관점에서 '영어의 안정적 사용'에 기여하게 되는 것입니다. 이 기간 동안 많은 관사적 사건들이 발생했지만, 가장 대표적인 것은, 대중들이 처음에 정한 원칙을 엄격하게 지키지 않고, 물질명사와 추상명사와 같은 불가산명사에도 관사, 특히 부정관사 a/an을 사용하는 선택을 함으로서 결과적으로 관사를 더욱 많이 사용하게 된 것입니다(④, ⑤).

①, ②, ③의 경우 학자들과 같은 '영어의 선지자들'에 의해서 미리 만들어진 원칙에 의한 변화라면, ④, ⑤번의 경우는 일상생활 속에서 대중들에 의해 자연발생적으로 나타나게 된 변화입니다. 즉 ①, ②, ③이 영어를 만든 '영어의 선지자들'에 의해서 위로부터 만들어진 원칙에 의한 변화라면, ④, ⑤의 경우는 미리 정해진 원칙에 의한 것이 아니라, 일반 대중들에 의해서 오랜 세월 동안 생활 속에서 다듬어지고 선택된, 아래로부터 이루어진 변화라는 차이가 있습니다.

중요한 점은 ④, ⑤번의 변화는 불가산명사(물질명사, 추상명사)에 부정관사 a/an을 사용하는 방향의 변화로서 앞서 영어의 선지자들에 의해 만들어진 ①번 원칙, 즉 가산성에 의한 부정관사 a/an의 적용 원칙에는 반하는 결과를 초래한다는 것입니다. 따라서 우리가 관사를 이해하는데 있어서 '중요한 부분'은 ④번 '기타 용법(물질명사 등)'과 ⑤번 '대중의 선택(추상명사)'에 대해서 파악하는 것이 됩니다.

영어의 선지자들에 의한 **문법적 원칙** ①, ②, ③	①부정관사 a/an의 도입 - 보통명사에 대해서 부정관사 a/an의 적용
	②단어의 재활용 - 부정관사 a/an의 물질명사와 추상명사에 적용
	③정관사 the의 도입 - '특정한 대상'에 적용

⇕ ⇕ ⇕

대중의 선택 Ⅰ	④가시성(可視性)에 의한 관사의 적용
대중의 선택 Ⅱ	⑤추상명사에 부정관사 a/an의 적용

> *④부분에서 발생한 관사의 기능 및 용법적 변화는 <가시성에 의한 관사의 적용>만이 존재하는 것은 아니고 다양합니다. 그 중 <가시성에 의한 관사의 적용> 부분이 '대표적인' <대중의 선택I>이라는 것입니다. 물론 이 외에도, 다양한 변화 중에서 많은 것들이 대중의 선택에 의한 변화에 해당됩니다.

반복하면 ④, ⑤과정에서 일어난 가장 큰 변화는 물질명사와 추상명사와 같은 불가산명사에도 적극적으로 부정관사 a/an과 정관사 the를 사용하게 되었다는 것입니다. 결국 지금까지 제시한 양상에 의해서 '실제 대중들의 언어적 생활'에 있어서 관사의 사용은, 처음에 만들어진 원칙, 즉 <가산명사에만 부정관사 a/an을 사용한다는 문법적 원칙>이 고수되지 않고 <불가산명사에도 관사, 특히 부정관사 a/a/an이 적용되는 방향>으로 변화되었던 것입니다.

현재 우리가 문법을 통해서 배우는 관사에 대한 원칙은 대표적으로 ①, ②번에 대한 원칙, 즉 가산성에 의한 부정관사 a/a의 사용 원칙인 것이고, 여기에 정관사 the에 대한 원칙인 ③의 내용이 추가된 것입니다. 이게 전부입니다. 그런데 실제 현실에서의 영어 사용은 오랜 세월에 걸쳐 ④번 '기타 용법(물질명사 등)'과 ⑤번 '대중의 선택(추상명사 등)' 부분이 반영되어, 결과적으로 영어의 선지자들이 정한 원칙과는 정반대의 현상이 나타나고 있습니다. 즉 불가산명사에도 부정관사 a/an이 사용되고 있습니다.

결국 문제는 기존에 존재하는 관사에 대한 문법적 원칙들(①, ②, ③)이 새로운 변화(④, ⑤)를 설명할 수 없다는 것입니다. 이후에라도 현실을 아우를 수 있는 종합적인 원칙으로서의 문법적 정리가 이루어졌다면 아무런 문제가 없었겠지만, 아직까지 그러지 못하고 있습니다.

현재에는 기존에 정해진 가산성에 따른 부정관사 a/a의 적용 원칙을 여전히 기본으로 삼고, 여기에 <불가산명사에 부정관사 a/an을 사용하는 현상>을 예외적인 것으로 별도로 설명하고 있습니다. 결국 현실은 ④, ⑤번의 변화가 발생되어 있는데, 문법적 기준은 ①, ②번을 기본으로 ③에 대한 원칙이 추가된 것 뿐 입니다.

거시적 접근

	초창기 (문법적 기준)	현재 (실제적 현상)
부정관사 a/an	▪ ①, ② ▪ 원칙(문법) -가산명사에만 부정관사 a/an을 사용한다.	▪ ①, ② + ④, ⑤ ▪ 실제 - 물질명사와 추상명사에도 부정관사 a/an을 사용한다.
정관사 the	▪ ③ ▪ 초창기의 어느 시점에, 정관사 the가 도입됨. '특정한 대상'에 적용	▪ ③ + ④, ⑤ ▪ 정관사 the가 다양한 용법에 재활용 됨
종합	①, ②, ③	①, ②, ③, ④, ⑤

당연히 현재 영어 문법에 제시되어 있는 원칙들은 '실제 영어적 현상'을 설명할 수가 없습니다. 이는 이미 영어를 자유자재로 사용할 수 있는 원어민 입장에서는 전혀 아무런 문제가 되지 않습니다. 그러나 우리처럼 영어를 외국어로 배우는 입장에서는 문법에 의해서 관사를 파악하게 되는데, 현재의 상황에서는 처음부터 관사의 파악이 불가능할 수밖에 없는 일인 것입니다.

이상으로 <B. 거시적 접근>을 마치도록 하겠습니다. 이어질 <C. 미시적 접근>에서는 '거시적 접근'에서 제시한 내용들을 바탕으로 하여 좀 더 세부적이고 다양한 원리들이 제시될 것입니다. 마지막으로 문법이란 어떠한 성격을 갖는 것인지에 대해서 잠시 생각해 보도록 하겠습니다.

■ 문법이란 무엇일까?

제가 <이제영어의의문이풀렸다>와 <문법없이독해하기>와 같은 이강영어 시리즈를 출간하게 된 것은 '혹시 영문법이 틀린 것은 아닐까?'라는 의구심으로부터 시작되었습니다. 그리고 영어의 원리를 파악하는 작업을 오랜 시간 해오면서 이러한 생각은 확신이 되었고, 지금까지 영문법에 대한 새로운 내용의 책을 쓰는데 있어서 원동력이 되고 있습니다.

우리는 보통 문법이란 해당 언어의 '사용설명서'라고 생각하기 쉽습니다. 특히 영어를 외국어로 배우는 입장에서 문법이란 절대적인 의미를 가지고 있습니다. 영어를 학습하는 우리들에게 원어민 학자들이 정리해 놓은 영문법이란 종교의 경전과도 같은 존재일 것입니다. 의심할 여지없이 무조건 열심히 공부해야할 대상이었다고 생각됩니다. 특히 과거에는 더욱 그랬습니다. 영문법을 열심히 공부하면 영어를 잘 할 것이라고 생각했습니다. 영어가 잘 안되면 노력이 부족한 것이라고 생각했으며, 해도 해도 진척이 없으면 언어이니까 그러려니 이해하고 넘어 갈 뿐이었습니다. 결코 영문법이 잘못된 것일 거라고 생각조차 할 수 없었을 것입니다.

그런데 영어뿐만 아니라 우리 국어를 포함한 모든 언어에 있어서 문법이란 도대체 무엇일까요?

분명한 점은, 우리가 지금까지 배워왔던 영어의 문법들은 영어를 정확하게 설명해주지 못하고 있다는 것을 우리는 지금까지의 경험으로부터 확실하게 말할 수 있습니다. 정확하게 말하면, 영어 문법이 우리들에게 영어에 대한 '사용설명서'로서의 역할을 해주지 못하고 있습니다(이 책만이 아닌 '이제영어의의문이풀렸다' 시리즈를 모두 보신 분들이라면 동의하시는 분이 많으리라고 생각됩니다). 이러한 점을 수십 년 동안 전혀 아무도 알아채지 못하고 현재에 이르게 된 것은 아마도 언어이기 때문일 것입니다.

원어민들이 우리들을 골탕(?)먹이기 위해서 일부러 그런 것은 아닐 것입니다. 원어민들은 영어를 자유자재로 사용할 수 있기 때문에, 영문법이 실용적 관점에서 영어를 정확하게 설명하는지에 대해서는 관심도 없을뿐더러, 또한 알아채기도 어려웠을 것입니다. 따라서 원어민들은 영어문법에 오류가 있다는 것을 밝혀내기가 쉽지 않았을 것 같기도 합니다. 하물며 우리와 같이 영어를 외국어로 학습하는 입장에서는 더욱 알아낼 수가 없을 것입니다.

반대로 한번 생각해 보도록 하겠습니다. 상식적으로 우리가 못 밝히는 우리말의 오류를 우리말을 배우려고 하는 외국인들이 어떻게 의심조차 할 수 있으며, 더 나아가 오류를 밝혀낼 수 있겠습니까? 같은 이치로 일단 우리는 영어를 잘 모르기 때문에, 따라서 무조건 받아들이기에도 벅차기 때문에 일반적으로 영문법의 오류를 밝혀낼 능력이 없을 수밖에 없습니다. 이러한 상황에서 우리들이 어떻게 설마 영문법에 오류가 있다고 생각이나 할 수 있겠습니까? 우리들이 할 수 있는 것은 오류를 잡아내는 것이 아니라, 영문법 내용을 얼마나 이해하기 쉽게 잘 풀어서 해석 할 수 있는가일 뿐이었습니다. 기존에 누군가 영문법에 문제가 있다고 생각했다면, 그것은 원어민들이 영문법을 잘못 정리했다고 생각한 것이 아니라, 우리가 지금까지 원어민들의 의도와는 다르게 잘못 해석했다고 생각했을 가능성이 큽니다.

잘 생각해보면 사실 어떠한 언어의 문법이라는 것은, 해당 언어를 모르는 외국인들이 그 언어를 잘 사용하는데 도움을 주기 위한 목적으로 정리되는 것은 아닙니다. 그렇다고 자국인들이 실생활에서 자유로이 사용하는 데 도움을 주기 위해 정리되는 것도 아닙니다. 왜냐하면 이미 자국인들은 해당 언어를 잘 사용하고 있기 때문입니다. 결국 문법이란 자국인들과 외국 학습자들의 '자유로운 언어 습득'을 위한 것이 아니라, 자국인들의 '정확한 언어 사용'에 목적이 있습니다. 더 솔직하게 말하면 문법이란 학자들끼리의 '언어학적 관점'에서의 소통을 위한 '학문의 영역'인 것이지 실용의 관점에서의 언어에 대한 설명서가 아니라는 것이지요(물론 학자들이 문법을 정리하면서 해당 언어에 대한 사용설명서의 역할도 할 것으로 생각했을 것 같기는 합니다).

결론적으로 문법이란 처음부터 해당 언어를 모르는 사람들을 목적으로 기술된 사용설명서가 아니라, 이미 해당 언어를 자유로이 사용할 수 있는 사람들이 그 언어에 대해서 언어학적 관점에서 정리해 놓은 '학문적 규칙이나 약속'에 대한 것이라는 겁니다.

우리가 국어 시간에 배웠던 국어 문법을 생각해 보면 조금 더 공감할 수 있을 듯합니다.

①먼저 우리말을 이미 자유자재로 사용할 수 있는 상태에서 국어 시간에 배우는 문법이 제대로 된 사용설명서가 아니라 하더라도 우리는 아무런 상관이 없습니다. 그래서 대부분 국어 문법이 실제로 우리말에 대한 설명서인지 아닌지에 대해서 별 생각이 없을 것입니다. 신경조차 쓰지 않는다는 것입니다.

②그리고 많은 분들이 곰곰이 생각해 보면, 제 스스로도 그렇게 생각하고 있지만 우리가 학교에서 배우는 국어 문법이 우리말을 실제로 사용하는 것과는 크게 상관이 없다는 생각은 할 것으로 보입니다. 특히 국어 문법이 더 어려워지는 고학년으로 갈수록 그렇습니다. 즉 매우 어렵습니다. 생각보다 성적이 나오지 않습니다. 말을 잘한다고 성적이 더 나오는 것은 더욱 아닙니다. 즉 말을 잘하는 것과 국어 성적과 직접적인 인과관계는 존재하지 않습니다.

③마지막으로 반드시 그렇다는 것은 아니지만, 우리의 국어 문법이 사용설명서라는 측면에서 우리말을 정확하게 설명하지 않을 가능성이 존재합니다. 즉 아무리 열심히 외국인들이 국어 문법을 공부한다 하더라도, 이것만으로는 우리말을 자유자재로 사용할 수 없을지도 모르는 일입니다.

이와 관련해서, 절실하지 않은 우리들의 입장에서는 오류의 존재 여부에 대해서 관심도 없습니다. 그리고 너무나 이러한 상태가 오래되고 익숙해져서 오류가 있다고 하더라도 이를 파악하기 어려울지도 모릅니다. 결국 이러한 점에 대해서는 아직 검증이 되지 않았다고 생각됩니다.

결론적으로 바로 영어문법이 그렇습니다. 지금까지 영어의 문법은 우리들에게는 대안이 없는, 그래서 유일하게 존재하는 영어에 대한 사용설명서로서 받아들여져 왔다고 생각됩니다. 그런데 영어 문법은 처음부터 사용설명서의 기능을 목적으로 생겨난 것도 아닐뿐더러, 사용설명서로 사용하기에는 치명적인 오류가 존재하고 있습니다.

그런데 이러한 오류에 대해서 원어민들이 일부러 속이려고 한 것도 아니고 그들도 인지하지 못한 것이었습니다. 그랬기에 완벽하게 오랜 세월동안 한국, 일본, 중국 등의 그 많은 사람들뿐만 아니라 본인들도 속일 수 있었을 것입니다. 제 생각으로는 아마 역사상 가장 스케일 큰 사기극(?) 중 하나가 아닐까 생각됩니다.

그리고 마지막으로 관사와 관련하여, 영문법에 존재하는 근본적인 문제점이 하나 있습니다. 관사는 지금까지 정리한 바에 의하면 '구조적 구별'과 관련이 있습니다. 따라서 관사를 설명하기 위해서는 우선적으로 구조적 관점에서 접근해야 하는 것입니다.

그런데 지금까지 관사에 대한 설명은 오로지 ①가산성과 ②특정성이라는 '의미적 관점'에 의해서 우선적으로 진행되어 왔습니다. 즉 지금까지의 관사에 관한 문법의 문제는 '구조적 현상'을 '의미적 관점'으로 설명하려고 해왔다는 것입니다.

> **지금까지의 관사에 관한 문법의 문제는 '구조적 현상'을 '의미적 관점'으로 설명하려고 해왔다는 것이다.**

예가 적절한지 모르겠지만, 사칙연산으로 풀 수 있는 간단한 문제를 미적분을 이용해서 해결하려고 하고 있는 것입니다.

즉 간단한 문제를 괜히 어렵게 접근하고 있는 것입니다. 사서 고생한다는 표현이 정확히 들어맞는 경우라고 생각합니다. 당연히 해결도 되지 않을 뿐더러, 학습을 하면 할수록 내용은 점점 더 어려워지고 있습니다. 쉽게 설명한다고 아무리 노력하여도 학습자들에게는 전혀 그렇지 않습니다. 미적분 자체가 어려운데, 아무리 노력한다고 해도 한계가 있기 때문입니다.

결국 이번에도 결론은 동일합니다. 영어는 '구조와 형식'입니다. 그리고 '구조와 형식'의 측면에서 발생하는 문제점으로부터 영어라는 언어의 안정성을 지켜 줄 핵심 원리는 '혼동과 구별'이 되는 것입니다.

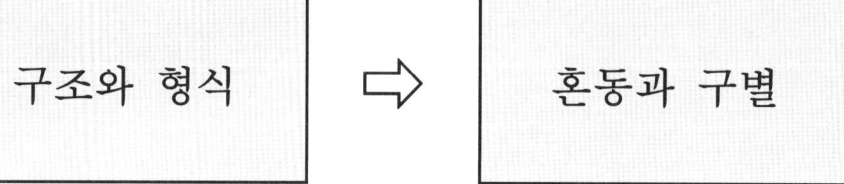

이 두 개의 축이 영어를 끌고 가고 있는 핵심인 것입니다.

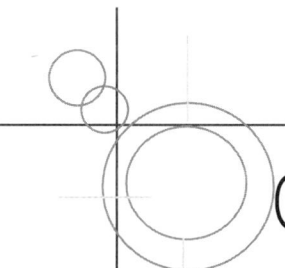 C. 미시적 접근

■ 하나. '-s'의 역할

'-s'에 대해서는 이미 앞에서 많은 내용을 언급했었습니다. 이 장에서는 지금까지 정리했던 내용을 기반으로 하여, '-s'에 대해서 종합적인 정리를 하도록 하겠습니다.

1. '-s'에 대한 종합적인 정리 I - ['-s'의 분류]

'-s'에 대해서 관사적 관점에서 그리고 여러 가지 기준에 의해서 분류해 보도록 하겠습니다. 이는 지금까지 정리한 내용을 재정리하는 차원으로 접근하시기 바랍니다.

영어에서 '-s'를 사용한 것은 가산명사의 복수형에 첨가되는 '복수형 어미 -s'가 최초일 것으로 생각됩니다. 이후 '-s'는 대부분의 영어 단어들이 그러한 것처럼, 다양한 방향에서 '재활용'되었고, 그 결과 현재 '-s'는 복수의 기능을 수행하고 있습니다. 일단 여기서 영어에서 '-s'는 모두 '복수형 어미 -s'인 것은 아니라는 것을 알 수 있습니다.

> '-s'는 모두 '복수형 어미 -s'인 것은 아니다.

이에 따라 '-s'는 먼저 [복수를 나타내는 '-s']와 [복수를 나타내지 않는 '-s']로 나누어 볼 수 있습니다. 이때, [복수를 나타내는 '-s']는 '복수형 어미 -s'가 해당되고, 반면에 [복수를 나타내지 않는 '-s']는 '집합적 복수의 -s'를 비롯하여 '복수형 어미 -s'가 아닌 나머지 경우가 이에 해당됩니다.

A	복수를 나타내는 '-s'	=	'복수형 어미 -s'
B	복수를 나타내지 않는 '-s'		'복수형 어미 -s'가 아닌 나머지

영어에서 '-s'는, '-s'가 존재하는 단어의 종류에 따라 2가지로 분류할 수 있습니다. 첫째, '-s'는 명사에 존재하고 있습니다. 이 유형은 다시 [명사 + '-s']와 [형용사 + '-s']로 나누어 볼 수 있습니다. 그리고 둘째, '-s'는 동사에 존재하고 있습니다.

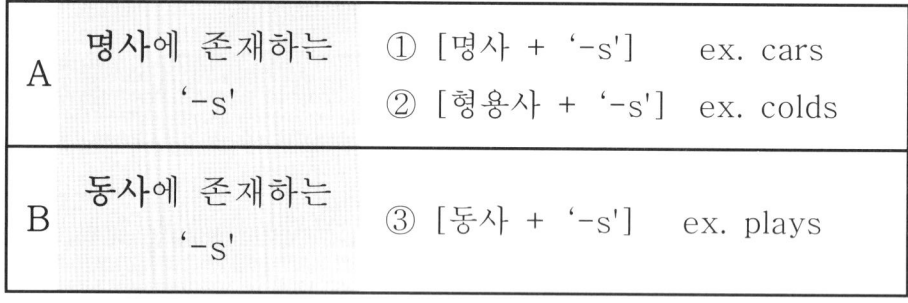

[명사에 존재하는 '-s']란 위 표에서 ①의 cars와 ②의 colds가 보두 명사라는 것입니다. 정리하면, 결론적으로 '-s'는 명사에만 사용되는 것이 아니라, 동사에도 사용되고 있습니다. 이로부터 영어 단어에 '-s'가 존재한다면, 이는 '명사' 아니면 '동사'라고 말 할 수 있습니다.

> 단어에 '-s'가 존재한다면, 이는 '명사' 아니면 '동사'이다.

우리는 흔히 '-s'에 대해서 우선적으로 '복수형 어미 -s'라고 떠올리지만, 관사와 관련하여 이보다 더 중요한 것은 '-s'가 '구조적(형식적) 구별'을 수행한다는 사실입니다.

> **'-s'는 '구조적(형식적) 구별'을 수행한다.**

'-s'가 수행하는 '구조적(형식적) 구별'의 역할은 ①'근원적으로' <'-s'가 '단어의 끝(마지막, 종결)'을 나타낸다>는 것으로부터 시작됩니다. 즉 '단어의 끝(마지막, 종결)'을 알려주는 '-s'가 문장 사이사이에 위치하여, 시각적으로 단어와 단어를 구분할 수 있도록 도와주게 됩니다. 결국 '-s'는 '일반적으로' '-s' 앞뒤의 단어가 서로 별개의 단어임을 나타내어 줌으로서, 궁극적으로 '문장의 구조'를 파악할 수 있도록 하는 지표로서의 역할을 하는 것입니다.

그리고 더 나아가 '-s'가 수행하는 '구조적(형식적) 구별'의 역할은 ②<'주어와 동사의 관계'를 명확하게 하기 위한> '구조적 법칙 II'로 이어집니다.

> **'-s'가 수행하는 '구조적(형식적) 구별'의 역할은 ①'근원적으로' <'-s'가 '단어의 끝(마지막)'을 나타낸다>는 것으로부터 시작된다.**

⇩ ⇩ ⇩

> **더 나아가 '-s'가 수행하는 '구조적(형식적) 구별'의 역할은 ②<'주어와 동사의 관계'를 명확하게 하기 위한> '구조적 법칙 II'로 이어진다.**

결국, '-s'가 수행하는 '구조적(형식적) 구별'의 역할은 ①<'-s'가 '단어의 끝(마지막)'을 나타낸다>는 것과 ②<'주어와 동사의 관계'를 명확하게 하기 위한> '구조적 법칙 II'로 정리할 수 있습니다. 이미 앞에서 정리했듯이 '구조적 법칙 II'는 다음과 같은 내용입니다. 별도의 설명은 하지 않겠습니다.

> ■ 구조적 법칙 II
> - 주어와 동사 모두에 '-s'를 적용하지는 않는다.
>
> ⇒ ⓐ 주어에 '-s'가 존재하면, 동사에는 '-s'를 적용하지 않는다.
>
> ⇒ ⓑ 주어에 '-s'가 존재하지 않으면 동사에 '-s'를 적용한다.

한편, 앞에서 '-s'는 관사의 하나로 분류해야 한다고 했습니다.

최초의 관사인 부정관사 a/an이 '구조적(형식적) 구별'을 목적으로 도입되었기 때문에, '구조적(형식적) 구별'을 수행하는 것은 모두 관사로 분류할 수 있습니다. 이러한 차원에서 '구조적(형식적) 구별'의 역할을 수행하는 '-s'도 부정관사 a/an과 정관사 the 등과 마찬가지로 관사의 하나로 취급해야 합니다. 다만, 부정관사 a/an과 정관사 the는 단어(명사)의 앞에 위치하기 때문에 전위관사라고 할 수 있고,

반면에 '-s'는 단어(명사, 동사)의 뒤(마지막)에 위치하기 때문에 후위관사로 분류하게 됩니다.

전위(前位)관사	부정관사 a/an, 정관사 the
후위(後位)관사	'-s'

그리고 앞에서 언급했듯이, 전위관사인 부정관사 a/an과 정관사 the는 명사와만 결합하지만, 후위관사 '-s'는 명사뿐만 아니라 동사와도 결합하여 사용됩니다.

한편 영어에서 '-s'는 '복수형 어미 -s'가 대표적이지만, 집합체를 만드는 '집합적 복수의 -s'도 중요합니다. '집합적 복수의 -s'는 영어의 본질에 접근하기 위해서는 반드시 정리되어야 할 매우 중요한 개념이지만, 지금까지 기존의 문법책에서는 전혀 다루지 않았던 내용입니다. 이는 그만큼 지금까지 우리가 기존에 알고 있던 영어에 대한 지식에 치명적인 문제(오류)가 존재하고 있다는 것을 나타내고 있다고 생각됩니다. '집합적 복수의 -s'는 <우리와는 다른 영어의 '사물(세상)을 바라보는 시각'>과 관련된 것으로서, 앞으로 영문법에 필수적으로 포함되어야 할 것입니다.

'복수형 어미 -s'에 대해서 기존의 문법책에서는 일반적으로 무관사 ∅로 분류하고 있습니다. 즉 ①cars, apples 등과 같은 복수형에 대해서, ②∅ love, ∅ water 등과 같은 불가산명사와 동일하게 1차적으로 무관사 ∅로 분류한다는 것입니다(물론 2차적으로 ①과 ②에 존재하는 차이에 대해서 정리하고 있습니다).

하지만 '무관사 ∅ 단수형(②)'과 '무관사 ∅ 복수형(①)'은 '의미적으로(가산명사 vs 불가산명사)' 엄연히 다른 것으로서, 전혀 다른 별개의 범주로 분류해야 합니다.

즉 ①과 ②를 동일한 무관사 ∅의 범주로 한데 묶어 취급하는 것은 논리적으로 맞지 않습니다.

③부정관사 a/an ex. a car	가산명사	단수
①복수형 어미 -s ex. apples	가산명사	복수
②무관사 ∅ ex. ∅ love	불가산명사	

결국 '무관사 ∅ 복수형(① ex. apples)'은 '무관사 ∅ 단수형(② ex. ∅ love)'이 아니라, 부정관사 a/an(ex. a car)과 밀접한 관련이 있습니다. 즉 처음부터 설명했던 것처럼, [복수형 어미 -s]와 [부정관사 a/an]은 하나의 set입니다. [복수형 어미 -s]와 [부정관사 a/an]은 모두 가산명사라는 표지입니다.

[복수형 어미 -s]와 [부정관사 a/an]은
하나의 set이다.

⇩ ⇩ ⇩

[복수형 어미 -s]와 [부정관사 a/an]은 모두 가산명사라는 표지이다.

즉, [복수형 어미 -s]와 [부정관사 a/an]은 가산명사(보통명사)에 대해서 상황(단수, 복수)에 따라서, '자동적으로' 둘 중 어느 하나를 선택하게 되는 set인 것입니다.

미시적 접근

　모두 알고 있듯이, 가산명사(보통명사)의 경우에는, 반드시 부정관사 a/an 또는 '복수형 어미 -s' 중 어느 하나를 선택해서 적용하여야 합니다. 그리고 그 기준은 동일하게, '가산성'에 기초한 '단수, 복수'입니다.

　단수일 경우에는 부정관사 a/an을 적용하게 되고, 반면에 복수일 경우에는 '복수형 어미 -s'를 적용하게 됩니다. 그리고 이러한 내용과 연장선상에서, [복수형 어미 -s]와 [부정관사 a/an]는 모두 불가산명사에 적용되게 되면, 불가산명사를 가산명사로 만드는 역할을 수행하게 됩니다.

　결론적으로, 단수와 복수라는 차이만 존재할 뿐, 그 외 모든 측면에서 [복수형 어미 -s]와 [부정관사 a/an]은 동일한 기능을 수행하고 있습니다.

> 단수와 복수라는 차이만 존재할 뿐, 그 외 모든 측면에서 [복수형 어미 -s]와 [부정관사 a/an]은 동일한 기능을 수행하고 있다.

　따라서 '무관사 ∅ 복수형(①)'은 무관사 ∅가 아니라, 부정관사 a/an과 동일한 특성을 가지는 것으로 한데 묶어서 분류해야 합니다.

　지금까지의 내용을 이해하기 쉽게 말하면, [복수형 어미 -s]와 [부정관사 a/an]은 동일한 특성(특징)을 보여주는 '형제'라는 것입니다. 이 말은 [부정관사 a/an]이 '부정관사'이기 때문에, [복수형 어미 -s]도 동일한 '부정관사'라는 것입니다.

　결론적으로 '복수형 어미 -s'도 부정관사 a/an과 마찬가지로 부정관사'의 하나로 분류해야 합니다. 이에 따라 '복수형 어미 -s'는 '부정관사 -s'라고 할 수 있습니다.

여기서 알아두어야 할 점은, 다양한 '-s'의 용법 중에서 '부정관사 -s'는 '복수형 어미 -s'만이 해당된다는 것입니다. 즉 예를 들어 '집합적 복수의 -s'는 '구조적(형식적) 구별'의 역할을 수행하기 때문에 관사(후위관사)로 분류될 수는 있지만, 이를 부정관사로 분류하지는 않습니다.

결론적으로 다양한 '-s' 중에서 부정관사 a/an과 함께 부정관사로 분류될 수 있는 것은 '복수형 어미 -s'입니다.

■ 부정관사

ⓐ부정관사 a/an　　　ⓑ부정관사 -s

⇩ ⇩ ⇩

'부정관사 -s'　＝　'복수형 어미 -s'

정리하면, [복수형 어미 -s]와 [부정관사 a/an]은 그 기능에 있어서는 동일하고, 유일하게 '선택의 문제(단수 or 복수)'만 남아 있는 것입니다.

> [복수형 어미 -s]와 [부정관사 a/an]은 그 기능에 있어서는 동일하고, 유일하게 '선택의 문제(단수 or 복수)'만 남아 있다.

■ 관사와 '수(數)의 개념' I

　책 제목은 생각나지 않지만, 어느 책에서 아프리카의 한 부족에 존재하는 수(數)의 개념은 ①[1]과 ②[2이상]의 두 가지 종류뿐이고, 이들 부족은 이 두 개의 수 개념만으로도 아무런 문제없이 생활해 나가고 있다는 내용을 접한 적이 있습니다. 그 당시에는 이러한 것이 정확하게 어떤 상황을 말하는 것인지 파악할 수 없었으며, 따라서 '이게 어떻게 가능할까?' 정도의 가벼운 의문(?)과 함께 지나쳤었습니다.

　그런데 지금 생각해 보니, ①[1]과 ②[2이상]이라는 수의 개념은 다름 아닌 영어 관사에 존재하는 수의 개념과 '정확하게' 일치하는 것입니다. 즉 부정관사 a/an은 ①[1]에 해당되고, '복수형 어미 -s'는 ②[2이상]에 해당되는 것입니다.

　결국 관사적 시각에서만 보게 되면, 영어는 ①[1(=부정관사 a/an)]과 ②[2이상(=복수형 어미 -s)]의 두 가지 종류의 수(數)의 개념만으로 가산명사를 표현하고 있는 것입니다. 즉 관사적 시각에서 보면, 사물은 '하나' 아니면 '복수'입니다.

　잠시 ①[1(=부정관사 a/an)]과 ②[2이상(=복수형 어미 -s)]로만 모든 것을 표현해야 한다고 할 때, ①[부정관사 a/an]과 ②[복수형 어미 -s]로 어떠한 것(상황)을 표현할 수 있을 것인지에 대해서 생각해 보시기 바랍니다. 중요한 점은 이는 '수학적 상황'만을 의미하는 것은 아니라는 것입니다.

상식적으로 생각해 볼 때, '크다', '많다', '넓다' 등의 느낌을 나타내려면 ①과 ②중에서 어떤 것을 사용해야 하겠습니까?

'당연히' 선택할 수 있는 표본이 ①과 ②만 존재한다면, '크다', '많다', '넓다' 등의 느낌은 ②[복수형 어미 -s]로 표현할 수밖에 없을 것입니다.

따라서 비(rain)가 많이 왔다는 것을 표현하려고 한다면 rains를 사용해야 하고, 바람이 세차다는 느낌을 표현하기 위해서는 winds로 나타내야 합니다. 또한 하늘(sky)에 넓고 크다는 느낌을 담으려고 한다면, skies 또는 the skies로 나타내게 됩니다. 그리고 하늘에 떠 있는 많은 크고 작은 구름들을 표현하려면 clouds로 나타내게 됩니다.

결론적으로, ①[부정관사 a/an]과 ②[복수형 어미 -s]로 모든 상황을 표현해야 한다고 하는 것이 간단한(단순한) 내용은 아닙니다. ①과 ②만으로 모든 것을 표현해야 하기 때문에, 영어에서 [부정관사 a/an]과 [복수형 어미 -s]가 나타낼 수 있는 상황은 매우 다양합니다. 이에 대해서는 가시성에 의한 '물리적, 가시적 특정성' 부분에서 확인할 수 있습니다. 그리고 이 장에서도 뒤에서 정리하고 있습니다.

미시적 접근

■ 관사와 '수(數)의 개념' II

앞에서 정리했듯이 부정관사 a/an은 ①[1]에 해당되고, '복수형 어미 -s'는 ②[2이상]에 해당합니다.

그렇다면, 이번에는 ①[1]과 ②[2이상]은 '어떠한 경우에 사용되는지'에 대해서 생각해 보겠습니다. 즉 부정관사 a/an과 '복수형 어미 -s'가 사용되는 '조건(여건)'에 대해서 '상식적인 수준'에서 살펴보겠다는 것입니다.

이러한 논의는 최종적으로 '영어의 사용자 입장'에서 부정관사 a/an과 '복수형 어미 -s' 중에서 어느 것이 더 사용하기 쉬운지, 그리고 결과적으로 어느 것이 더 자주 사용될 것인지에 대한 추측으로 이어지게 됩니다.

부정관사 a/an은 ①[1]을 의미하기 때문에, <확실하게 1개인 경우>를 표현하게 됩니다.

이는 반대로 **<확실하게 1개인 경우>가 아니라면 '복수형 어미 -s'를 사용해야 한다**는 의미이기도 합니다. 이렇게 보면 '복수형 어미 -s'는 '애매모호함'의 표현이라고 할 수 있습니다. 그리고 이러한 '애매모호함'은 사용자의 입장에서 보면 '오류의 가능성'으로부터 좀 더 자유로운 표현이기 때문에, 부담 없이(?) 사용할 수 있다는 편리함이 존재합니다.

예를 들어, 1개를 의미하는 것 같은데, 조금이라도 이에 대해서 의문이 드는 경우에는 '복수형 어미 -s'를 사용하게 되면 화자는 혹시라도 존재할 수 있는 '오류의 책임'으로부터 벗어날 수 있게 되는 것입니다.

그리고 상식적으로 생각해 보면, ①[1]보다는 ②[2이상]인 상황이 더 빈번할 것이라고 판단됩니다. 즉 <확실하게 1개인 경우> 보다는 '복수형 어미 -s'를 사용해야하는 경우의 수가 더 많다는 것입니다.

한편, 모두 알고 있듯이, 가장 자주 사용되는 총칭 형태는 dogs 등과 같은 복수명사형태입니다. 그리고 여기에 덧붙여, 영어에서 중요한 요소 중의 하나로 다루어지고 있는 '집합체(집합명사)'의 개념은 '-s'로 나타내게 됩니다.

결론적으로 영어에서는 부정관사 a/an보다는 '복수형 어미 -s'를 포함하는 '-s'가 더 많이 사용됩니다. 이에 대해서, 화자가 '하나의 의미'를 나타내기 위해서 부정관사 a/an을 의도적으로 선택하는 경우가 아니라면, **여러 가지 이유로 '-s'가 선호된다**고 할 수 있습니다. 조금 과장(?)해서 말하면, 될 수 있는 한 '구조적 구별(형식적) 구별'에 도움이 되는 '-s'를 사용하는 것이 권장된다고 말할 수도 있습니다.

따라서 앞으로 [부정관사 a/an]과 [-s] 중에서 어느 하나를 선택해야 하는 문제에 접한 경우, 정확하게 부정관사 a/an을 사용할 상황이라고 판단되는 경우가 아니라면 [-s]를 과감하게 사용하시기 바랍니다.

위에서 정리한 내용을 중심으로 [부정관사 a/an]과 [복수형 어미 -s]에 대해서 다시 정리해 보겠습니다.

A. 반드시 [부정관사 a/an]을 사용하는 경우

다음과 같은 경우에는 반드시 [부정관사 a/an]을 사용한다.

①정확하게 1개인 경우
②처음 언급되는 경우(여러 개중 하나)
③1개라는 것이 중요하고, 1개인 것을 일부러 나타내고 싶은 경우
⇨ 반대로 복수인 것이 중요하고, 복수인 것을 일부러 나타내고 싶은 경우에는 [복수형 어미 -s]를 사용한다. 그리고 정확한 수가 정해진 경우에는 one, two 등의 수사를 구체적으로 사용하면 된다.

B. 단, 복수의 개념은 크게 중요하지 않다.

위의 경우(A)를 제외하고는 단, 복수의 개념은 크게 중요하지 않다. 특히 추상명사의 경우에는 의미상으로 단, 복수가 크게 차별이 없다. 우리말도 마찬가지이다.

ⓐ나는 상황에 대한 **고려**를 했다.
ⓑ나는 상황에 대한 **고려들**을 했다

위 예문에서 'ⓐ고려'와 'ⓑ고려들' 중 어느 것을 사용하더라도 큰 차이가 없다는 점을 모두 이해할 수 있을 것입니다. 영어도 마찬가지입니다. 특히 추상명사의 경우 더욱 그러합니다.

다만, 영어에서는 뒤에서 정리할 '단단, 복복'의 원칙은 일반적으로 준수되고 있습니다. '단단, 복복'의 원칙은 이장에서 정리됩니다.

C. 복수형이 더 선호된다.

복수형이 더 선호되는 이유는 다음과 같습니다.
①불특정 다수를 의미하게 때문에 좀 더 포괄적이다.
보통 [부정관사 a/an]과 [복수형 어미 -s]는 선택의 문제이지만, [부정관사 a/an]의 경우에는 개체수가 1개로 제한되기 때문에 '상대적으로' 좀 더 엄격합니다. 이에 반해 [복수형 어미 -s]는 개체수가 여러 개일 경우는 물론, 개체수가 불확실한 경우, 즉 애매한 경우에도 사용될 수 있다. 따라서 [복수형 어미 -s]가 좀 더 자주 사용됩니다. 이에 대해서 [복수형 어미 -s]의 경우 애매모호함(두루 뭉실)의 장점이 있다고 말할 수 있습니다.

②'구조적 구별'의 관점에서 [복수형 어미 -s]는 '후위 관사'로서 '단어의 끝(마지막)'을 나타내어 줄 수 있다.
'한단어로 이루어진 명사'의 경우에는 [부정관사 a/an]과 [복수형 어미 -s] 사이에서 선호에 있어서 별 차이가 없지만, 복수의 단어로 이루어진 복합명사의 경우에는 '구조적 구별'의 관점에서 [복수형 어미 -s]가 더 선호됩니다.

2. '-s'에 대한 종합적인 정리 II - ['-s'의 용법]

영문에서 사용되는 '-s'에 대해서 이하에서는, 설명의 편의상 다음과 같은 순서로 정리하도록 하겠습니다.

① 복수형 어미 -s(= 부정관사 -s)
② 집합적 복수의 -s
③ 형용사 + '-s'
④ 동사 + '-s'

미시적 접근

본격적으로 각각에 대해서 설명하기에 앞서, '-s'에 대해서 간략하게 분류해 보도록 하겠습니다.

① '-s'와 결합하는 단어의 유형		② '-s'의 대표적인 기능
ⓐ 가산명사 + -s	단수명사 ⇨ 복수명사	㉮복수명사의 표지 (단수가 아니라는 표지)
ⓑ 불가산명사 + -s	불가산명사 ⇨ 가산명사	㉯가산명사의 표지 (불가산명사가 아니라는 표지)
ⓒ 형용사 + -s	형용사 ⇨ 명사	㉰명사의 표지
ⓓ 동사 + -s	구조적 법칙 II	㉱단어의 표지 (단어의 마지막을 나타내는 역할)

* <②'-s'의 대표적인 기능>이란 예를 들어, <ⓐ가산명사 + -s>의 경우 '복수명사의 표지'와 '집합체의 표지'의 2가지 역할을 수행할 수 있고, 이 중에서 대표적인 기능이 '복수명사의 표지'라는 것입니다.
* ㉮~㉱의 기능 외에 '㉲집합체의 표지'가 있습니다. ⓐ, ⓑ, ⓒ의 경우 '㉲집합체의 표지' 기능을 수행하는 경우가 있습니다.
* ㉮~㉲를 모두 포함하는 '-s'의 공통적인 기능은 '㉱단어의 표지 (단어의 마지막'을 나타내는 역할)'의 역할입니다.

위 표에 담겨있는 '-s'의 분류는 2가지(①, ②)입니다. 이를 다시 정리해 보겠습니다.

> ### 1 '-s'와 결합하는 단어의 유형에 따른 분류
>
> ⓐ 가산명사   +   '-s'
> ⓑ 불가산명사   +   '-s'
> ⓒ 형용사   +   '-s'
> ⓓ 동사   +   '-s'

ⓐ, ⓑ, ⓒ, ⓓ 각각에 대해서 구체적으로 어떠한 기능을 수행하는지 간략하게 정리하도록 하겠습니다.

ⓐ 가산명사 + '-s'

- 복수명사의 표지(복수명사라는 것을 나타낸다.)
- 집합체의 표지(집합체라는 것을 나타낸다.)

ⓑ 불가산명사 + '-s'

- 가산명사의 표지(가산명사라는 것을 나타낸다.)
- 집합체의 표지

이 경우에 대해서 물질명사와 추상명사로 나누어 살펴보도록 하겠습니다.

(가) 물질명사
 - 제품임을 나타낸다(가산명사로의 전성).
 - 가시적 표현(가시적 집합체)

(나) 추상명사
 - 사건, 행동임을 나타낸다.
 - 보통명사(가산명사로의 전성
  ex. facilities, accomodations, etc.)

ⓒ 형용사 + '-s'

- 명사의 표지(명사라는 것을 나타낸다.)
- 집합체의 표지

ⓓ 동사 + '-s'

- 단어의 표지(단어라는 것을 나타낸다.)

이번에는 <② '-s'의 기능에 따른 분류>입니다.

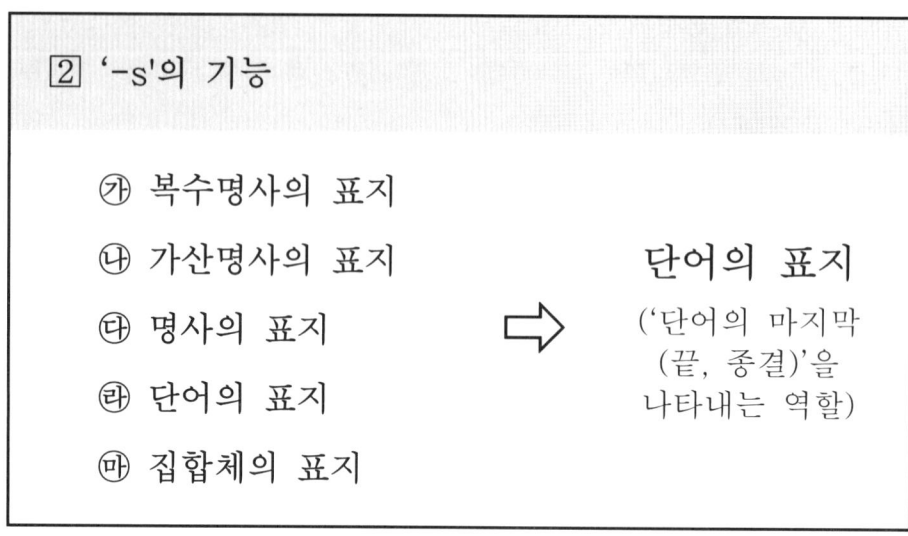

지금부터 위의 분류를 기본으로 하여 본격적으로 <'-s'의 구체적인 역할>에 대해서 종합적으로 정리해 보겠습니다.

A. 모든 '-s' : ①~④

①~④의 모든 '-s'는 공통적으로 '단어의 끝(종결, 마지막)'이라는 표지로서의 역할을 하고 있습니다. 이러한 역할은 '구조적(형식적) 구별'이라는 기능을 수행하게 됩니다. '구조적(형식적) 구별'은 부정관사 a/an과 정관사 the와 같은 관사가 가지고 있는 제 1의 기능입니다. 이러한 점 때문에 영어에서 '-s'도 관사의 하나로 분류해야 하는 것입니다.

한편, '-s'가 '단어의 끝(종결, 마지막)'을 나타낸다는 것은, '-s'가 단어임을 나타낸다는 것을 '자동적으로' 포함하고 있습니다. 따라서 앞에서 정리했던 것처럼, 영어 단어에 '-s'가 존재한다면, 이는 '명사' 아니면 '동사'라는 표지인 것입니다.

미시적 접근

B. 복수형 어미 '-s'(= 부정관사 '-s')

앞에서 정리했듯이 부정관사 a/an과 동일한 특징을 갖는 '복수형 어미 -s'는 '부정관사'이기 때문에 가장 우선적으로 '가산명사'라는 정보를 담고 있습니다. 이를 포함하여 '복수형 어미 -s'가 주는 정보는 다음과 같이 정리할 수 있습니다.

> ■ '복수형 어미 -s'가 주는 정보
>
> ⓐ 가산명사이다.
> ⓑ '정확한 하나(= 1)'가 아니다.

ⓐ 가산명사이다

한편, 위와 같은 점(ⓐ, ⓑ)이 가장 분명하게 확인할 수 있는 것은 아래 예문 ②와 같은 경우입니다.

① The difficulty in **life** is the choice.   - 추상명사
　인생에 있어서 어려운 것은 선택이다.

② Five **lives** were lost in the car accident. - 보통명사
　그 자동차 사고로 5명이 목숨을 잃었다.

위 예문 ①에서처럼 life는 일반적으로 '인생, 생명'이라는 의미로서, 불가산명사인 추상명사입니다.

그런데 예문 ②에서 lives는 life에 '복수형 어미 -s'가 적용된 형태입니다. lives는 '-s'가 적용되었기 때문에, 기본적으로 가산명사이고(ⓐ), '하나'가 아니라는(ⓑ) 2개의 정보를 담고 있습니다.

결론적으로 예문 ②의 lives는 '목숨'이라는 의미로서, 가산명사인 보통명사입니다. ②의 lives와 같은 경우를 추상명사가 보통명사로 전성되었다고 말합니다(life → lives : 추상명사의 보통명사화). 이처럼 불가산명사가 보통명사로 전성된 경우에서 '복수형 어미 -s'가 주는 정보(ⓐ, ⓑ), 다시 말해서 '복수형 어미 -s'의 역할을 명확하게 확인할 수 있습니다.

결국 [복수형 어미 -s]는 [부정관사 a/an]과 마찬가지로, 불가산명사(물질명사, 추상명사)를 가산명사로 바꿀 수 있는 기능을 가지고 있습니다.

> [복수형 어미 -s]는 [부정관사 a/an]과 마찬가지로, 불가산명사를 가산명사로 바꿀 수 있는 기능을 가지고 있다.

이러한 예를 하나 더 제시하도록 하겠습니다.

③ At first sight he was struck by her **beauty**. - 추상명사
  첫 눈에 그는 그녀의 아름다움에 매혹되었다.

④ She was **a beauty** in her day. - 보통명사
  그녀가 젊었을 때는 미인이었다.

⑤ Only five **beauties** can be advanced to the final competition. - 보통명사
  다섯 명의 미녀들만이 최종 대회에 진출할 수 있습니다.

미시적 접근

특별한 설명은 생략하도록 하겠습니다. 다만, 위 예문 ④, ⑤를 통해서도 [복수형 어미 -s]와 [부정관사 a/an]은 단수, 복수의 측면에서만 차이가 있을 뿐, 동일한 기능을 수행하고 있음을 재확인할 수 있을 것입니다.

ⓑ '정확한 하나(= 1)'가 아니다

이번에는 <ⓑ'정확한 하나(= 1)'가 아니다>에 대해서 좀 더 살펴보겠습니다. <ⓑ'정확한 하나(= 1)'가 아니다>라는 표현은 소극적인 해석이고, 이를 능동적(적극적)으로 해석하면 '많다', '복수이다'라는 의미입니다.

> This was because he robbed **ships** that sailed on the Atlantic Ocean.
> 이는 그가 대서양을 항해하는 배들을 약탈했기 때문입니다.

위 문장에서 ships에 사용된 '복수형 어미 -s'는 '약탈당한 배'가 1대가 아니라 2대 이상이라는 정보를 전해주고 있습니다. 모두 쉽게 이해할 수 있을 것입니다. 문장 하나를 더 보도록 하겠습니다.

> It has announced **the cumulative radiation leaks** contaminating the air, water, vegetables and seawater is at its worst.
> **누적된 방사능 유출**은 공기, 물, 채소 그리고 바닷물을 오염시키며 최악인 것으로 발표됐다.

위 문장에서 the cumulative radiation leaks(누적된 방사능 유출)에는 '복수형 어미 -s'가 적용되어 있습니다. 따라서 '방사능 유출'이라는 사건이 '한 차례'만 발생한 것이 아니라, '2차례 이상' 발생했다는 정보를 담고 있습니다.

즉 '방사능 유출'이 '여러 차례' 발생했음을 나타내고 있습니다.

①Steve, **congratulations** on a great win today!
　　Steve, 오늘 대단하게 이긴 것에 대해 축하합니다.

②She went through **frustrations** with him.
　　그녀는 그에게 **여러 번** 실망했다.

　위 문장 ①, ②에서도 congratulations와 **frustrations**에 '복수형 어미 -s'가 적용되어 있습니다. '-s'는 '2개 이상'을 의미합니다. 따라서 congratulations의 '-s'는 '많이' 축하한다는 뉘앙스를 담고 있습니다. 그리고 **frustrations**의 '-s'는 '여러 차례'라는, 즉 적어도 한 차례는 아니라는 정보를 담고 있습니다.

　이렇듯 '복수형 어미 -s'는 기본적으로 '2개 이상'을 의미하고, 이는 구체적으로 '다양한 상황'을 표현하게 됩니다. 이와 관련하여 문장을 몇 개 비교해 보겠습니다.

　▪ 우린 자연 속에서 조용하고 평화로운 시간을 즐겼어.
　A: We enjoyed **a** quiet and peaceful time in nature.
　B: We enjoyed **quiet and peaceful times** in nature.

　위 A와 B문장은 단수, 복수(부정관사 a/an, 복수형 어미 -s)의 차이만 있을 뿐 나머지는 동일합니다. 부정관사 a/an이 적용된 A문장은 <'한 차례'의 시간>을 의미하고, '복수형 어미 -s'가 적용된 B문장은 <'여러 차례' 또는 '많은, 충분한' 시간>을 의미하는 것으로 이해하면 되겠습니다.

　아래의 예문도 동일한 시각으로 접근하면 되겠습니다.

미시적 접근

We had **a heavy rain**. - 한 번의 강우

We had **heavy rains**. - 여러 차례의 강우 or 강한 강우

We are expecting **a snow** today. - 한차례의 눈

Snows continued for two weeks.
- 2주 동안 몇 차례에 걸쳐 내린 눈

마지막으로 문장 하나를 보도록 하겠습니다.

The snows that we had last year were horrible.
작년에 내린 눈은 끔찍했다.

위 문장에서 the snows는 [정관사 the + -s]형태입니다. 영어에서 [the + -s]형태는 <구체적인 상황에서의 '전체'>를 나타낼 경우에 사용됩니다. 결국, 위 문장의 the snows는 <작년에 내렸던 여러 차례의 눈을 총괄해서 표현>하고 있습니다.
참고로 가시성에 의한 '물리적, 가시적 특정성'의 영역에서 [the + -s]형태는 '매우 넓고 광활하다'는 뉘앙스를 담고 있습니다.

■ [복수형 어미 -s] vs [the + 단수] or [the + 복수]
: 일부분 vs 전체

이에 대해서는 앞에서 이미 정리한 다음과 같은 2가지 내용과 관련이 있습니다.

ⓐ정관사 the는 '전체'를 나타냅니다. 반면에 부정관사 a/an은 '전체'가 아닌 '일부분'을 나타냅니다. '복수형 어미-s'도 부정관사 a/an과 함께 '부정관사'로 분류됩니다. 이러한 이유로, [부정관사 a/an]이 '일부분'을 나타낸다는 것은, 자동적으로 [복수형 어미-s]도 '일부분'을 나타내게 됨을 의미합니다.

ⓑ필요충분조건(필요충분조건에 대해서는 정관사 the 부분에서 확인하시기 바랍니다.)

예문을 통해서 확인해 보도록 하겠습니다.

Seoul is one of **the most difficult cities** to drive in.
서울은 운전하기에 가장 힘든 도시 중의 하나예요.

위 예문은 의미를 좀 더 풀어 쓰면 <서울은 '운전하기에 가장 힘든 세상의 모든 도시' 중의 하나이다>라고 할 수 있습니다. <운전하기에 가장 힘든 '세상의 모든' 도시>란 <운전하기에 가장 힘든 도시 '전체'>를 의미합니다. 따라서 이를 표현하기 위해서 '전체'를 나타내는 정관사 the를 사용한 것입니다. 참고로 무관사 ∅도 '전체'를 나타내는 표현으로 분류됩니다.

다음 문장은 반대의 경우입니다.

■ 그 놀이기구들에는 숨겨진 과학원리가 있습니다.

①The rides have **hidden scientific principles**. (O)
②The rides have **the hidden scientific principles**. (X)

미시적 접근

그 놀이기구(the rides)에 <'세상에 존재하는 모든' 숨겨진 과학원리>가 존재하는지의 여부를 판단해 주시기 바랍니다. 당연히 그렇지 않기 때문에 정관사 the를 사용할 수 없습니다.

상식적으로 그 놀이기구(the rides)에는 <'세상에 존재하는 모든' 숨겨진 과학원리>가 존재하는 것이 아니라, <'세상에 존재하는 모든' 숨겨진 과학원리> 중에서 '일부분'의 원리가 존재하고 있을 것이기 때문에 '부정관사(a/an, -s)'를 적용해야 합니다.

그리고, 만약 그 '일부분'이 '하나'라면 부정관사 a/an을 적용하여 a hidden scientific principle이라고 표현해야 하고, 만약 '일부분'이 2개 이상의 복수라면 위 예문 ①에서처럼 '복수형 어미 -s(부정관사 -s)'를 적용하여 hidden scientific principles로 나타내게 되는 것입니다.

이상의 내용을 정리하면 다음과 같습니다.

전체	정관사 the, 무관사 ∅	
일부분	하나	부정관사 a/an
	복수(2이상)	복수형 어미 -s(부정관사 -s)

다음 예문을 통해서 좀 더 살펴보겠습니다.

③Freud thought that getting memories and experiences out of the unconscious part of the mind might help **the mentally ill patient.**
　　프로이드는 무의식이라는 정신영역에서 기억과 경험들을 끄집어내는 것은 정신질환자들에게 도움이 될 것이라고 생각했다.

④Mentally ill people were given medicine and locked up.
　　정신질환자들에게는 약이 주어졌고 자물쇠를 채워 감금하였다.

③의 the mentally ill patient는 정관사 the가 적용되었기 때문에 <'전체' 정신질환자들>을 의미합니다. 즉, ③는 <'모든' 정신질환자들에게 도움이 될 것>이라는 내용입니다.

people은 person의 복수형이기 때문에 ④에서 mentally ill people은 복수입니다. 따라서 ④은 '모든' 정신질환자들에게 약이 주어진 것이 아니라, '일부 복수'의 정신질환자들에게 약이 주어진 것이라는 의미가 됩니다.

이상의 내용은 앞에서 언급했듯이 정관사 the부분에서 정리한 '필요충분조건'과 많은 관련이 있습니다. 영어 관사를 이해하는데 있어서 매우 유용하다고 생각합니다. 혹시 이해가 가지 않는다면, '필요충분조건'부분을 참조하시기 바랍니다.

끝으로 문장 몇 개를 더 살펴보겠습니다. 일부 예문은 이미 필요충분조건'부분에서 제시했던 것입니다.

⑤Moreover, these differences often cause **local conflicts** to grow into larger wars.
　　게다가 이러한 차이 때문에 지역적인 갈등이 커다란 전쟁이 되기도 한다.

위 문장의 내용상 these differences가 '모든' local conflicts의 원인이 되는 것은 아니고, <'세상에 존재하는 모든' 지역적인 갈등> 중에서 '일부분'의 지역적인 갈등의 원인이 되는 것이기 때문에, '전체'를 나타내는 정관사 the를 사용하지 않고 '일부분'을 나타내는 '복수형 어미 -s'를 적용한 것입니다.

미시적 접근

⑥These factors have caused **political and economic differences** among countries.
　이런 요소들은 나라들 사이에 정치와 경제적 차이를 야기 시킨다.

문장의 내용상 these factors가 모든 political and economic differences의 원인이 되는 것은 아니기 때문에 '전체'를 나타내는 정관사 the는 불가합니다.

⑦The number of hunting accidents has increased sharply this year. The victims were mostly hunters and hikers who were mistaken for game. Questions have arisen from **victims** and their families about who is responsible for these avoidable accidents.
　올해에는 사냥 사고의 건수가 크게 증가하였다. 희생자들은 사냥감으로 오인된 사냥꾼들과 등산객들이 대부분이었다. 이 피할 수 있는 사고의 책임이 누구에게 있느냐에 대하여 희생자들과 그 가족으로부터 의문이 제기되고 있다.

위 문장에서 진하게 표시된 victims는 <'전체' 희생자 '모두'>를 의미하는 것은 아닌 <'일부' 희생자들>를 의미하기 때문에 '복수형 어미 -s'가 적용된 것입니다. 즉 전체 희생자가 아닌 일부 희생자들로부터 의문이 제기된 것입니다.

⑧When Garfield interviewed **top people** in **major industries**, however, he found that they knew how to relax and could leave their work at the office.
　그러나 Garfield가 주요 산업의 총수(top people)들을 인터뷰했을 때, 그들은 어떻게 휴식하는지를 알고 있으며, 일거리를 사무실에 남겨 둔다는 사실을 발견했다.

내용상 '전체' 총수(top people)가 아니라 '일부' 총수를 의미합니다. 그리고 또한 내용상 '전체' 주요 산업(major industry)이 아니라, '일부' 주요 산업을 의미합니다. 따라서 정관사 the를 사용할 수 없습니다.

⑨In spite of their continued efforts, **factories and cars** are still producing too much dirty smoke or putting too many chemicals into the air.
　(그러나) 계속된 그들의 노력에도 불구하고, 공장과 자동차들은 여전히 너무도 많은 더러운 연기를 만들어 내고 공기 중으로 너무 많은 화학 물질을 내뿜고 있다.

내용상 '모든' 공장(factory)과 자동차(car)가 더러운 연기와 화학물질을 내보내는 것은 아니기 때문에, '전체'를 나타내는 정관사 the를 사용할 수 없습니다.

C. 집합적 복수의 -s

'집합적 복수의 -s'에 대해서는 2가지 경우로 나누어 볼 수 있습니다.

> (가) 집합체(집합명사)임을 나타낸다.
> (나) 가시적 표현 - 시각적 집합체

(가) 집합체(집합명사)임을 나타낸다.

집합체에 대해서는 이미 앞에서 자세히 설명하였습니다. 예문을 제시하는 것으로 마치도록 하겠습니다. 예문을 제시하기 전에 어떠한 대상을 집합체로 볼 것인지, 아니면 복수명사로 볼 것인지는 많은 경우 '화자의 주관적인 선택의 영역'에 해당된다는 점을 강조하고자 합니다.

다만, 아래에 제시되는 예문에서 진하게 표시된 단어들을 모두 집합체라고 생각하고 살펴보시기 바랍니다. 이를 통해서 '집합체에 대한 감각'을 정립하시기 바랍니다.

The need for **heavier taxes** stems partly from **budget shortfalls**, which some critics say resulted from excessive government spending.
세율 인상 필요성은 정부의 과도한 재정지출에 따른 예산 부족에 부분적으로 기인하고 있다.   *shortfall – 부족액, 적자
   cf. heavier taxes, budget shortfalls – 항목이 여러 가지이기 때문에 '집합적 복사의 –s'를 적용한 것임

This Agreement shall constitute the entire agreement between the parties relating to the subject matter herein, and supersede any previous **understandings**, **commitments**, **agreements** or **representations** made there between whatsoever oral or written.
본 계약은 본 계약의 주제건에 관한한 당사자 간에 체결된 전체적이고 완전한 합의서이다. 당사자 간에 기존의 어떠한 **양해사항**, **언약사항**, **합의사항** 또는 **진술사항**이 있었다 하여도(구두 또는 서면 불문) 본 계약이 이들을 전부 대체한다.
   *constitute – 구성하다, 간주하다   *supersede – 대체하다
   *herein – 이 장소에, 이 문서 중에

My experience as a traveler has taught me that despite differences in dress, language, and **living conditions**, people all over the world are very much the same.
  여행자로서 나의 경험은 의상과 언어 그리고 생활 조건의 차이에도 불구하고 전 세계의 사람들은 매우 유사하다는 점을 나에게 가르쳐 주었다.

By law, the Seoul Metropolitan Subway Corporation must review the **contents** of subway advertisements.
  법 규정 하에서 서울시지하철공사는 지하철 광고 내용을 검토하게 되어 있다.

The mathematician who repudiates **nature's laws** is nevertheless amenable to **those laws**.
  자연의 법칙을 거부하는 수학자도 그들 법칙에 따라야 하지.
    *repudiate - 거부하다   *amenable - 순종하는

The time has long past for the nation to get out of this collective farce that is anchored with increasing **economic burdens** and diminishing cordiality.
  우리나라도 경제적 부담은 커지고 진정한 마음은 사라져 가는 이러한 집단적 코미디로부터 오래 전에 벗어나야 했다.
    *farce - 광대극, 웃음거리   *cordiality - 진심

When it enters **lentic systems**, the acidic precipitation upsets the pH balance of a pond, thus causing the extinction of many different species.
  산성비가 정수 생태계에 진입하면, 연못의 산성 농도 균형을 교란하여 다양한 종의 멸종을 초래한다.
    *lentic - 정수(靜水)의   *acidic - 산성물질을 포함한
   cf. lentic systems - system속에 다양한 요소가 작동하고 있음을 반영한 표현.

미시적 접근

Finally, the government has announced **measures** to control and prevent online game addiction.
　마침내, 정부는 온라인 게임 중독을 통제하고 예방하는 조치를 발표했다.

Until now, the government has dismissed **tax cut measures** to stimulate the economy.
　현재까지 정부는 경기 부양을 위한 감세 정책을 고려하지 않아 왔다.

A uniform code of law was established; and currency, **weights and measures**, the written language, and the axle length of wagons and chariots were standardized under his leadership.
　그의 통치하에 율령 법규가 통일되었으며, 화폐, **도량형** (weights and measures), 문자, 수레와 마차 바퀴 축의 길이도 표준화되었다.
　　*axle - (차륜의) 굴대, 축　　*chariot - (고대의) 전차

Possible benefits will include payment rescheduling, **debt-for-equity swaps** and **fresh loans**.
　상환기간 재조정, 부채의 출자전환 그리고 신규대출 등의 혜택이 주어질 것으로 보인다.

The physical appearance includes **facial expressions**, eye contact, and general appearance.
　신체적인 외모란 얼굴 표정, 눈맞춤, 전반적인 외모를 포함한다.
　　cf. facial expressions - 다양한 표정이 존재한다는 의미

Respect, **good manners**, and **thoughtful behaviors** are keys to successful teamwork.
　존경, 훌륭한 예절, 그리고 사려 깊은 행위들이 성공적인 팀웍의 열쇠이다.

However qualified a person may be, he will not be able to make the best use of **his qualifications** without concentration.
아무리 자질을 갖춘 사람일지라도 집중력 없이는 그의 자질을 최대한 발휘할 수 없다.

This is especially true if one must invest his or her time and **finances**.
특히 반드시 시간과 돈을 투자해야만 하는 일이라면 말이다.

All plants have certain temperature and precipitation **requirements** they need to flourish.
모든 식물들은 번식하는데 필요한 적정 온도와 강수 조건이 있다.

Each one of us is a unique person, with **gifts**, **abilities** and **desires** that give us opportunities for creativity.
우리 개개인은 창조를 위한 기회를 주는 재능, 능력, 소망을 지닌 독특한 사람이다.

Prices at family restaurants may be on the high end but industry sources say the official implementation of the five-day workweek in July could be one reason prompting more consumers to seek such an environment.
패밀리 레스토랑의 가격은 비싼 편에 속하지만 7월부터 주5일 근무제가 공식적으로 실시된 것이 이런 분위기의 식당을 찾는 고객의 수가 늘어나게 된 이유 중 하나라는 게 업계 관계자들의 이야기다.

The European Union is working on a direct way to reduce **noise levels** in European waters.
유럽 연합(EU)은 유럽의 바다에서 소음 정도를 줄이기 위해 직접적인 방법을 사용하고 있습니다.

Such staggeringly high unemployment **rates** will have immense consequences as a whole generation becomes demoralized.
  그런 믿기 어려울 정도로 높은 실업률은 모든 세대의 사기를 꺾어 어마어마한 결과를 초래할 것이다.
    *stagger - 깜짝 놀라다, 비틀거리다
    *demoralize - 사기를 꺾다

Others blame rising production **costs** and a lack of production investment.
  또 다른 전문가들은 (한국 영화의 위기를) 오르고 있는 제작비 (제작비 상승)와 제작 투자 부족의 탓으로 돌렸다.

(나) 가시적 표현 - 시각적 집합체

일단, 이 부분의 내용은 정관사 the부분에서 설명한 가시성에 의한 '물리적, 가시적 특정성'과 관련이 있다는 점을 강조하고자 합니다.

다음으로 앞에서 정리한 '관사와 '수(數)의 개념'에 대한 내용 중 일부를 보도록 하겠습니다.

> [1(=부정관사 a/an)]과 [2이상(=복수형 어미 -s)]로만 모든 것을 표현해야 한다고 할 때, [부정관사 a/an]과 [복수형 어미 -s]로 어떠한 것(상황)을 표현할 수 있을 것인지에 대해서 생각해 보시기 바랍니다. 중요한 점은 이는 '수학적 상황'만을 의미하는 것은 아니라는 것입니다.

상식적으로 생각해 볼 때, '크다', '많다', '넓다' 등의 느낌을 나타내려면 ①과 ②중에서 어떤 것을 사용해야 하겠습니까? '당연히' 선택할 수 있는 표본이 ①과 ②만 존재한다면, '크다', '많다', '넓다' 등의 느낌은 ②[복수형 어미 -s]로 표현할 수밖에 없을 것입니다. 따라서 비(rain)가 많이 왔다는 것을 표현하려고 한다면 rains를 사용해야 하고, 바람이 세차다는 느낌을 표현하기 위해서는 winds로 나타내야 합니다. 또한 하늘(sky)에 넓고 크다는 느낌을 담으려고 한다면, skies 또는 the skies로 나타내게 됩니다. 그리고 하늘에 떠 있는 많은 크고 작은 구름들을 표현하려면 clouds로 나타내게 됩니다.

예문을 제시하도록 하겠습니다.

①The sun is obscured by **a cloud**.
구름이 해를 덮었다   *obscure - 덮어 감추다, 가리다

②The hill was folded in **clouds**.
언덕은 구름으로 덮여 있었다.

위 두 개의 문장은 모두 '구름(cloud)에 대해서 묘사하고 있지만, 영어 표현은 ①a cloud와 ②clouds로 차이가 있습니다. 일단 앞에서 정리한 것처럼 부정관사 a/an은 '복수형 어미 -s'보다 '크기' '양', '수', '면적', '강도', '세기' 등에 있어서 낮은 수준의 상태를 나타내게 됩니다. 따라서 부정관사 a/an은 '작다', '적다', '좁다' 등의 느낌을 표현하게 되고, 반면에 '복수형 어미 -s'는 '크다', '많다', '넓다' 등의 느낌을 나타내게 됩니다.

물론 가장 기본적인 차이는, 부정관사 a/an이 '하나'를 나타내고, '복수형 어미 -s'는 '2이상의 복수'를 나타낸다는 것입니다.

관사	기본 의미	
부정관사 a/an	하나(= 1)	- '양', '수', '면적', '강도', '세기' 등에 있어서 **낮은** 수준의 상태 - '작다', '적다', '좁다' 등의 느낌 - 한차례, 하나의 지역 등
*복수형 어미 -s	2이상의 복수	- '양', '수', '면적', '강도', '세기' 등에 있어서 **높은** 수준의 상태 - '크다', '많다', '넓다' 등의 느낌 - 여러 차례, 여러 지역, 여러 군데 계속 된다 등

*바로 아래에서 설명하겠지만, 이 경우의 '-s'는 의미상 '집합적 복수의 -s'에 더 가깝습니다.

위 예문과 같이 상황을 시각적으로 묘사하는 경우, '-s'는 의미상 '집합체'를 나타내는 '집합적 복수의 -s'에 더 가깝다고 생각됩니다. '집합적 복수의 -s' 도 기본적으로 '복수'의 의미로부터 진화된 의미이기 때문에, 의미적으로 '복수'의 내용을 어느 정도 포함하고 있다고 할 수 있습니다. 그리고 시각적으로 묘사하는 예문 ②에서 '집합적 복수의 -s'가 적용된 clouds에 대해서 특별히 '시각적 집합체'라고 할 수 있습니다.

한편, 예문 ①, ②를 눈을 감고 상황을 머릿속으로 그려보시기 바랍니다. ② clouds는 <구름이 '온통' 뒤덮고 있는 그림>으로 묘사될 수 있으며, 반면에 ①a cloud는 <한 덩어리의 구름이 해를 살짝 덮고 있는 그림>으로 묘사할 수 있겠습니다.

참고로 '복수형 어미 -s'가 '크다', '많다', '넓다' 등의 느낌을 나타내는 것과 관련하여 '강의 복수(Intensive Plural)'라는 개념이 있습니다.

■ 강의 복수(Intensive Plural)

강의 복수란, 수량, 넓이, 높이 등을 강조하기 위해서(매우 많다, 매우 넓다, 매우 높다) 보통명사, 물질명사, 추상명사를 복수형('-s')으로 나타내는 것을 말한다.

skies, heavens, wastes, wilds, sands, waters, snows, difficulties, hopes, pities, thanks, etc.

the stars in the **skies**(하늘의 별) - 넓은
in the **wilds** of Siberia(시베리아의 벌판에)
　　　　　　　　　　　　　　　　- 넓고, 여러 군데
in the **suburbs** of Seoul(서울의 근교에서) - 여러 군데
the revolt of **the masses**(대중의 반란) - 많은
a thousand **pities**(유감천만) - 많은

Still **waters** run deep.
　깊은 물은 고요히 흐른다.
We were lost in the **sands**.
　우리는 사막에서 길을 잃었다.

잠시 영어가 '-s'를 자주 사용하는 이유에 대해서 다시 한 번 더 생각해 보겠습니다.

미시적 접근

일반적으로 '정확한 특정 숫자'가 중요하지 않은 이상 두루 뭉실한 표현이 선호됩니다. 이는 영어에 국한된 현상이 우리말에서 마찬가지라고 생각합니다. 이는 현실적으로 매번 정확하게 말하기는 어렵기 때문입니다. 예를 들어 <어제 경기장에 사람 많이 왔어?>라는 질문을 받았다고 생각해 보겠습니다.

이에 대해서 특별한 경우가 아니라면, 매번 <4만 8천 756명이 왔어>라고 정확하게 대답하지도 않고, 정보가 없기 때문에 이러한 내용으로 대답하기도 어렵습니다. 현실적인 대답은 <수 천 명(or 수 만 명) 왔어> 또는 <한 2만 명 정도 온 것 같아>, <3~4천 명 정도 온 것 같아> 정도가 될 것 같습니다.

이러한 측면에서 some과 같은 표현이 자주 사용됩니다.

The man is buying **some** tools.
남자가 연장을 사고 있다.

We were not ourselves for **some** time.
우리는 잠시 멍하니 있었다.

그리고 또한 이러한 측면에서 '-s'가 유용하게 사용되고 있습니다. 즉 영어에서는 단순히 '복수형 -s'만으로 '꽤 많은 양'을 어중간하게(뭉뚱그려서) 설명하게 됩니다.

I've been waiting for **hours**!
몇 시간을 기다렸는지!

We've been working on this for **years**!
이걸 몇 년 째 하고 있어!

There were **thousands** of people!
수 천 명이 쫙 뒤덮였었지.

하나(a/an)가 아니라면 복수(-s)가 됩니다. 이러한 측면에서 <하나(one)라는 확신이 없다면> '무조건' '-s'를 사용하면 되고, 또한 <하나(one)라는 것이 중요하지 않다면> '무조건' '-s'로 나타내면 됩니다. '-s'는 정확성을 요구하지 않습니다. 이것이 바로 '-s'의 장점입니다.

이상의 내용을 참조하여 예문을 살펴보시기 바랍니다.

■ clouds

Clouds are banking along the horizon.
　구름이 지평선을 따라 층을 이루어 뻗어 있다.
The sky is overspreading with **black clouds**.
　하늘은 검은 구름으로 **뒤덮여** 있다
Clouds are floating in the sky.
　하늘에는 구름이 떠다니고 있다
The clouds spread themselves over the sky.
　구름이 하늘에 **온통** 퍼졌다.
The sky is full of **gray clouds** today.
　오늘은 하늘이 **온통** 잿빛구름으로 가득 차 있다.

■ a cloud

The sun peered from behind **a cloud**.
　해가 구름 뒤에서 나타나기 시작했다.
There is barely **a cloud** in the sky.
　하늘에는 **구름 한 점** 없어요.

미시적 접근

A cloud passed over the sky.
　한 조각의 구름이 하늘을 흘러갔다.
Not a cloud is in sight.
　구름 한 점 보이지 않는다.
A cloud flitted across the moon.
　한 점의 구름이 달을 스치며 지나갔다.

예를 더 들어 보겠습니다.

■ winds

A breeze can stir up our minds, while **gusty winds** only end up knocking down trees or blowing off roofs.
　산들바람은 우리의 마음을 흔들지만, 몰아치는 강풍은 나무를 쓰러뜨리거나 지붕을 날릴 뿐이다.　　*gusty - 활발한, 세찬

In the city of Christchurch, hundreds of homes suffered from power failure due to **strong winds** and heavy snow.
　크라이스처치 시에서는 수백 가구들이 강풍과 폭설 때문에 정전을 겪었습니다.

During **heavy rains** or **high winds**, these germs come down to Earth.
　폭우가 내리거나 강풍이 불 때 이 세균들은 지상으로 내려온다.

High winds and **sea storms** are dangers found in coastal environments.
　센 바람과 바다 폭풍은 해안 환경에서 발견되는 위험이다.

They have to endure extreme temperatures and **gale-force winds**.
극한의 기온과 강풍을 이겨내야 한다.   *gale - 강풍

13-hours of painful agony and struggle with **freezing snowstorms** and **winds** couldn't stop Oh from setting a new mountaineering record.
13시간의 극심한 고통과 살을 에는 듯한 눈보라와 강풍과의 격투는 오은선이 등반 기록을 세우는 것을 저지하지는 못했다.
   *mountaineer - 등산가

■ a wind

The candle winked out by **a wind**.
바람으로 초는 꺼졌다.
A wind came from the east and blew at night.
밤에 동쪽에서부터 바람이 불었다.
Then all of a sudden, **a strong wind** blew into the house
그러다 갑자기, (한줄기, 한차례의) 강한 바람이 집 안으로 불었다.

■ skies

The warm weather and **sunny skies** mean that skiing season is over.
따뜻한 날씨와 화창한 하늘은 스키 시즌이 끝났다는 것을 의미한다.

미시적 접근

Seoul will see **cloudy skies** with a low of minus 10 and a high of minus 3 degrees.
   서울은 흐린 날씨에 최저 영하 10도 최고 영하 3도가 될 것이다.

You can see **blue skies** all year round in Abu Dhabi.
   여러분은 아부다비에서 일 년 내내 파란 하늘을 볼 수 있습니다.

In **the skies** above Moscow, anti-aircraft forces provided still another layer of protection.
   모스크바 상공의 하늘에서는 대공부대가 다른 한 겹의 보호막을 제공했다.

After a week of **grey skies** and drizzle, the sky should clear overnight on Friday and stay that way through to early next week.
   먹구름이 끼고 비가 내리는 한 주를 보낸 후, 금요일 밤사이 하늘은 맑아지고 다음 주 초까지 맑은 날씨가 이어지겠습니다.

■ rains

The flood resulted from **heavy rains**.
   홍수는 폭우에서 비롯되었다.

Torrential rains poured down on the irrigated rice fields.
   폭우가 관개시설을 갖춘 논에 퍼부었다.

The rains should taper off towards evening.
   비는 저녁으로 가면서 점점 가늘어 질 것입니다.

It was visited by **abundant rains**.
   그곳은 호우가 쏟아졌다.   *abundant - 풍부한, 많은

■ a rain

The game continued after **a rain**.
(한 차례의) 비가 그친 뒤 시합이 속개되었다.
The game continued after **a rain**.
비가 그친 뒤 시합이 속개되었다.

■ sands

Hand in hand as we walk on the white **sands**.
손을 잡고 백사장을 거닐어요.
They were stretched out on the **sands**.
그들은 모래 위에 몸을 뻗고 드러누워 있었다.
the great desert with its eternity of **sands**
가도 가도 모래뿐인 대사막
numberless as the **sands** on the seashore
해변의 모래알처럼 무수한

■ sand

The bucket is filled with **sand** and some dirty things.
그 양동이는 모래와 더러운 것들로 가득차 있다.
Please sweep up the **sand** on the floor.
바닥의 모래 좀 쓸어 담으렴.

미시적 접근

Sand is pouring from the bags.
　모래가 자루에서 쏟아져 나오고 있다.

■ waters

Narrow bridge is now hidden beneath flood waters.
　좁은 교량은 현재 불어난 물에 잠겨버렸다.
The focus of the quake was located in waters off Busan.
　지진의 진앙지는 부산 앞바다였다.
Tourists like the Antarctic's white snow and blue waters.
　관광객들은 남극의 하얀 눈과 푸른 바다를 좋아한다.
Cars sank into the muddy waters.
　차들이 진흙탕 물에 잠겼다.

■ water

The water filmed over with ice.
　수면에 온통 살얼음이 깔려 있었다.
Boil a lot of water in a pot.
　냄비에다 물을 많이 끓여라.
The water whirled around the rocks.
　물은 바위 둘레를 돌며 흐르고 있었다.

끝으로 예문 2개를 보도록 하겠습니다.

The central region, including the Seoul metropolitan area, saw **temperatures** plummet precipitously and **bitter winds** blow relentlessly on Nov. 26 after **a cold drizzle** early in the morning.

 11월26일 수도권을 포함한 중부 지방에 아침 일찍 찬 가랑비가 내리더니 기온은 뚝 떨어지고 매운바람은 사정없이 불었다.

  *metropolitan - 수도권의, 대도시의
  *plummet - 갑자기 내려가다 *precipitous - 가파른, 험한
  *relentless - 사정없는   *drizzle - 이슬비, 보슬비

 bitter winds는 <바람이 강하다>는 의미이기 때문에 '-s'를 적용하였습니다. 다음으로 a cold drizzle는 <'한차례'의 가랑비>라는 의미로 부정관사 a/n을 적용하였습니다.

 한편, temperatures의 '-s'는 '집합체'를 나타내는 '-s'입니다. 특히, 위 문장의 경우에서는 '단어의 마지막'을 나타내는 후위관사 '-s'가 '구조적(형식적) 구별'을 명확하게 하는데 역할을 한다는 점을 확인할 수 있습니다. <saw temperatures plummet>가 <동사 + 목적어 + 목적보어(원형부정사)>의 구조를 형석하고 있으며, 이때 temperatures의 '-s'로 인해서 temperatures와 plummet이 별개의 단어라는 것을 명확하게 확인됩니다.

Famine was followed by **formidable sand storms** and **cyclonic whirlwinds** that scorched every straw in the **pastures** and they left no option for us except to leave.

 기근 후에 무시무시한 사막폭풍과 초원의 모든 걸 다 말라죽게 하는 사이클론 회오리바람이 와서, 우리는 떠나는 것 외에는 다른 선택의 여지가 없었어요.

  *famine - 기근   *formidable - 무서운
  *scorch - 말라죽게 하다 *pasture - 목초지

미시적 접근

위 문장에서 formidable sand storms와 cyclonic whirlwinds에 적용된 '-s'는 모두 '강하다'는 의미를 반영하고 있습니다.

다음으로 the pastures의 '-s'는 '여러 군데'라는 것을 나타내고 있습니다. 참고로 정관사 the는, 가시성에 의한 '물리적, 가시적 특정성'에 해당됩니다. 좀 더 구체적으로 장소를 나타내는 정관사 the입니다.

D. 형용사 + '-s'

영어는 기본적으로 단어를 '재활용'하는 특성을 지니고 있습니다. 이러한 측면에서 [형용사 + 's']형 명사는 형용사를 '재활용'하여 '새로운 의미의 단어', 즉 '새로운 의미의 명사'를 만든 것입니다. 좀 더 설명하면, 형용사를 형태변화 없이 그대로 명사로 사용하게 되면 형용사와 구별이 되지 않아서 '혼동'의 가능성이 존재하기 때문에, 형용사가 아니라 명사라는 표지로서 '-s'를 첨가한 것입니다. 즉 colds와 같은 단어는 '-s'가 첨가됨으로서 cold라는 형용사로 혼동될 가능성이 사라진 것입니다.

이렇게 본다면, [형용사 + 's']형 명사에서 '-s'의 가장 본질적인 역할은 '명사의 표지'입니다.

> [형용사 + 's']형 명사에서 '-s'의 가장 본질적인 역할은 '명사의 표지'이다.

'명사의 표지'란 해당 단어가 명사라는 것을 나타낸다는 것입니다. 더 나아가 '명사의 표지'로서의 '-s'는 명사가 아닌 단어를 명사로 만드는 '적극적인 기능'을 가지고 있다고도 말할 수 있습니다.

다음으로 [형용사 + 's']형 명사에서 적용된 '-s'는 '복수형 어미 -s'가 아니라 대부분 '집합적 복수의 -s'일 가능성이 높습니다.

따라서 이 경우(형용사 + '-s')는 '복수명사'가 아니라 '-s'를 포함하는 전체가 하나의 **별도의 단어**인 것입니다. 결론적으로 [형용사 + 's']형 명사는 대부분 '집합체'입니다.

앞에서 제시했던 [형용사 + 's']형 명사를 다시 보도록 하겠습니다.

A	B	A	B
cereal 곡물의	cereals 곡물류	sweet 달콤한	sweets 과자
bitter 쓴	bitters 쓴 약	good 좋은	goods 상품
rich 부유한	riches 부, 재산	valuable 귀중한	valuables 귀중품
economic 경제의	economics 경제학	vegetable 야채의	vegetables 야채
chemical 화학의	chemicals 화학제품(약품)	eatable 먹을 수 있는	eatables 식료품(음식물)
movable 움직일 수 있는	movables 동산	drinkable 마실 수 있는	drinkables 음료, 음료수
external 외부의	externals 외모, 외형	necessary 필요한	necessaries 필수품
mathematic 수학의	mathematics 수학	politic 정치의	politics 정치학
common 공통의, 흔한	commons 서민	new 새로운	news 뉴스
compound 합성의	compounds 화합물	right 옳은	rights 권리

미시적 접근

electronic 전자의	electronics 전자기기, 전자공학
vital 중요한, 필수적인	vitals 생명유지에 없어서는 안 될 기관

위에서 진하게 표시된 B에 해당되는 단어들이 [형용사 + 's']형 명사이고, 이들은 모두 '집합체'로 볼 수 있습니다. B가 복수명사(복수형)가 아니기 때문에, 당연히 A와 B는 단수와 복수의 관계가 아닙니다. 어떠한 단어를 복수명사(복수형)이라고 할 수 있으려면, 필수적으로 대응되는 단수명사(단수형)이 존재해야 할 것입니다.

예문을 몇 개 제시하도록 하겠습니다.

Too much **sweets** make you fat as a pig.
   과자를 너무 많이 먹는 것은 너를 돼지같이 살찌게 만든다.
They used to barter fur for **eatables**.
   그들은 모피를 식량과 물물교환하곤 했다.
Riches do not always bring happiness.
   부가 반드시 행복을 가져다주지는 않는다.
Food, sleep and shelter are **necessaries** of life.
   음식과 수면과 주택은 생활에 필요한 것들이다
The instruments will hunt for organic **compounds**.
   이 기구들은 유기 화합물들을 찾게 됩니다.
The organic **compounds** in the soil were destroyed during the heating process.
   토양에 있던 유기 화합물은 가열 과정에서 파괴되었다.
      *organic - 유기적인
      *compound - 화합물, 혼합물(N), 혼합하다(V), 합성의(A)

마지막 예문에서 the organic을 주어로, 그리고 compounds를 동사로 혼동할 수도 있다고 생각됩니다. 그러나 organic처럼 형용사가 주어(명사)로 사용되기 위해서는 일반적으로 명사의 표시로서 '-s'를 적용하여 organics로 표현해야 합니다. 따라서 이 문장에서 organic은 형용사이고, 주어는 <the organic compounds>입니다.

이번에는 위에서 제시되지 않은 단어들에 대한 예문을 보도록 하겠습니다.

- criminal(범죄의) → criminals(범죄자)

He told reporters, "When I walk into a neighborhood, **criminals** leave because they see the suit.
   그는 기자들에게, '내가 근처에 나타나면, 범죄자들이 내 옷을 보고 달아난다.

- critic(비판적인) → critics(비평가)

The giant shopping malls hurt the small neighborhood stores, the **critics** say.
   거대한 쇼핑몰들은 소규모의 동네 상점들을 해친다고(동네 상점들에게 타격을 준다고) 비평가들은 말한다.

- commercial(상업의) → commercials(광고)

Do you have a little brother or sister who listens to **commercials** on television and then tries to get your mother to buy every product he or she has seen advertised?
   당신은 TV 광고를 보고 광고에서 본 모든 물건을 사 달라고 엄마에게 조르는 어린 동생이 있습니까?

■ official(공무상의, 공식의) → officials(공무원, 임원)

Officials in Seoul have not declared publicly on the matter.
한국 정부 관리들은 이 문제에 대해 공개적인 입장을 밝히지 않고 있습니다.

■ variable(변하기 쉬운) → variables(변하는 것)

Many can be small and cause only minor damage, but with the right mixtures of warm and cold air, enormous updraft, powerful thunderstorms, and many other **variables**, tornadoes are dangerously unstable forces of nature.
대부분의 토네이도는 작아서 경미한 손해를 일으킬 수 있지만, 따뜻하고 차가운 공기의 혼합, 막대한 상승기류, 강력한 뇌우 그리고 많은 다른 변광성과 함께, 토네이도는 자연의 불안정한 힘이다.

한편 위에서 제시한 단어들(criminals, critics, officials, commercials, variables)은 모두 '-s가 존재하는 복수형이 '1차적 산물(기본형)'입니다.

단수를 의미하는 경우에는 부정관사 a/an을 활용하여 a criminal, a critic, an official, a commercial, a variable의 표현이 사용될 수 있지만 이는 '1차적 산물(기본형)'에 대응되는 **'2차적 산물'**로 이해하면 되겠습니다.

A **criminal** handed over his pistol to the police officer.
범인이 권총을 경찰관에게 넘겨주었다.

A **critic** started to bust on his action.
비판가는 그의 행동을 몹시 질책하기 시작하였다.

A diplomat is **an official** who represents a country abroad.
외교관은 해외에서 한 국가를 대표하는 공무원이에요.

He said he doesn't wanna do **a commercial**.
그는 광고를 찍고 싶지 않다고 말했다.

You must select **a variable** that sets date values.
날짜 값을 설정하는 변수를 선택해야 합니다.

E. 동사 + '-s'

이는 '구조적 법칙 II'와 관련이 있는 내용입니다. 앞에서 충분히 설명했었기 때문에 넘어가도록 하겠습니다.

3. 후위관사 - '단어의 마지막'을 나타낸다.

(A) 구조적(형식적) 역할 I

의도하였든 의도하지 않았든지 간에, 단어의 끝에 첨가되는 대부분의 '-s'는 일반적으로 '단어의 마지막(끝, 종결)'을 나타내게 됩니다.
'단어의 마지막(끝, 종결)'을 나타내는 '-s'는 구체적으로 **단어와 단어를 구분해 주게 됩니다.**
한편, 만약 문장의 마지막 단어에 '-s'가 사용되는 경우에는 아래 문장에서처럼 결과적으로 '문장의 마지막(끝, 종결)'을 나타낼 수도 있습니다.

Successful people are willing to work hard, but within **strict limits**.
성공한 사람들은 기꺼이 열심히 일하려고 하지만, 엄격한 한계 내에 있다.

미시적 접근

There is zero chance of precipitation throughout midweek, heightening **fire concerns**.
주중 강우 가능성이 전혀 없어 산불 우려감이 높아지고 있다.
*heighten – 높이다, 고조시키다

'-s'가 '단어의 마지막(끝, 종결)'을 나타내는 역할은 '후위관사 -s'의 가장 기본적인 기능입니다. 이는 결국 단어와 단어를 구분해 주고, 궁극적으로 '구조적(형식적) 구별'에 도움을 주는 것입니다.

■ '후위관사 -s'의 가장 기본적인 기능 :
단어의 표지

'단어의 마지막(끝, 종결)'을 나타낸다.

⇩ ⇩ ⇩

단어와 단어를 구분해 준다.

⇩ ⇩ ⇩

'구조적(형식적) 구별'에 도움을 준다.

다음 두 문장을 비교해서 해석해 보시기 바랍니다.

①He also made many strange-looking robots with television sets.

②Many people have televisions set up on their car dashboards, including taxi drivers.

위 문장들은 다음과 같이 해석됩니다.

①He also made many strange-looking robots with **television sets**.
그는 또한 TV를 가지고 이상해 보이는 많은 로봇을 만들었다.

②Many people have **televisions set** up on their car dashboards, including taxi drivers.
택시 기사를 포함한 많은 이들은 계기반(대시보드)에 TV를 설치해놓았다.

현재 '-s'에 대해서 설명하고 있기 때문에 위에서 진하게 표시된 ① television sets와 ②televisions set에 주목하시기 바랍니다.

---

① television sets   VS   ② televisions set

먼저, 원론적으로 말하면, ①television sets와 ②televisions set는 '주어 + 동사'의 관계일 가능성도 있지만, 여러 정황상 그러한 가능성은 없기 때문에, 이에 대해서는 논외로 하겠습니다.

미시적 접근

지금까지 정리한 바에 의하면, '-s'는 '단어의 마지막'을 나타내기 때문에 ① television sets는 하나의 단어이지만, ②televisions set는 하나의 단어가 아닙니다. ②의 경우, televisions에 존재하는 '-s'가 '단어의 마지막'을 나타내기 때문에 televisions와 set는 별개의 단어인 것입니다. 결론적으로 예문 ②는 5형식 문장으로서 televisions는 목적어이고 set는 원형부정사로서 목적보어입니다.

지금부터 제시되는 다양한 예문을 통해서 '-s'의 '단어의 마지막(끝, 종결)'을 나타내는 역할을 확인하시기 바랍니다. 따라서 이하에 제시되는 문장은 의미적 해석보다는 '-s'의 구조적 역할에 주목하시기 바랍니다. 즉 '-s'가 존재하기 때문에 '문장이 구조'가 분명해지고 있다는 점입니다(따라서 이해가 되었다면 넘어 가도 되겠습니다).

Small Budget **Film**s Losing their Place
입지를 잃어가는 저예산 영화들

Parents and **grandparent**s are busy preparing Christmas **gift**s for their children and grandchildren, and for needy **kid**s in their neighborhood.
아버지, 어머니, 할아버지, 할머니는 자식들과 손자, 손녀들, 그리고 이웃에 있는 불우한 아이들을 위한 선물을 마련하느라고 바쁘다.

In addition to the 17 **business**es offering practical and invaluable information on how global **companie**s can bear fruit in Korea, **the publisher**s said that various other **resource**s were used to add further **insight**s into successfully operating in the vibrant and energetic Korean business world.
다국적기업이 한국에서 결실을 거둘 수 있는 실제적이고 소중한 정보를 제공한 17개 기업 외에 발행자는 "다양한 기타 자원들이 역동적인 한국의 업계에서 성공할 수 있는 안목을 보태는 데 사용되었다"고 말했다. *vibrant – 진동하는, 생생한

Both have good jobs and live in a pleasant neighborhood.
둘 다 좋은 직장을 다니고 좋은 동네에 살고 있어요.
cf. 확실한 동사(have) 다음에 나오는 '-s'는 명사의 표지

They may go to restaurants or movie theaters in their neighborhood.
그들은 이웃에 있는 식당이나 영화관에 갈 수도 있다.

It is no secret that the U.S. government faces some tough fiscal decisions.
미 정부가 힘든 세제 결정에 직면한 것은 비밀이 아니다.

The company recently took the initiative toward satellite-based wireless broadcasts, or satellite DMB.
최근 회사는 위성기반 무선방송 또는 위성 DMB 프로젝트를 추진하고 나섰다.

Keep in mind that glass containers are highly recommended over plastic food storage containers.
유리용기가 플라스틱을 대체하는 음식저장용기로 가장 권장되고 있음을 명심해라.

TG Productions has announced it will discontinue making its popular shortbread cookies because of very high production costs.
TG 프로덕션은 너무 생산비가 높아 인기 있는 쇼트브레드 쿠키 생산을 중단하겠다고 발표했다.
*shortbread - (부서지기 쉬운) 카스텔라식의 과자

Advertisers change people's thinking by using language which appeals to emotions.
광고주들은 감정에 호소하는 언어를 사용함으로써 사람의 생각을 바꾼다.

As she **grows** older she **discovers** that her father and herself have **the** ability to bring **characters** alive out of **books**.
　나이가 들면서 그녀는 책 속의 인물들에게 생명을 불어넣을 수 있는 재능이 있다는 것을 깨닫는다.

Korea will not be immune from **the** emerging global economic **uncertainties**. **The** global stock and currency **markets** are in **an** unstable environment.
　한국도 나타나고 있는 세계 경제의 불확실성에서 자유롭지 못할 것이다. 세계 주식시장과 통화시장은 지금 불안정한 상황에 처해 있다.　* immune – 면제한

When **a** new government **arrives**, only minor and moderate **adjustments** are made.
　새로운 정부가 도착할 때, 작고 중간의 수정들만이 행해진다.

They have agreed to put joint **efforts** into developing bird flu **initiatives** with international **organizations** like the World Health Organization.
　그들은 세계보건기구 등 국제기구와 함께 조류독감 이니셔티브 개발에 공동으로 노력하기로 합의했다.

The Changwon plant, Chinese production base, **factories** in India and Thailand are to become LG's global research & development center focusing on premium **products**, export base and regional production **bases**, respectively, said **the** company.
　창원공장과 중국 생산기지 그리고 인도와 태국의 공장은 각각 고급제품에 주력하는 LG의 연구개발센터, 수출기지 그리고 지역 생산기지로 키워나갈 계획이라고 동사는 말했다.
　　*respective – 각각의

The waters around the private boat slips are currently choked by massive silvery pools of dead fish.
개인 선착장 주변의 바다는 현재 죽은 물고기로 은색을 띠고 있다.

(B) 구조적(형식적) 역할 II - 열거

다음을 비교해 보시기 바랍니다.

(가) a poet and politician

(나) a poet and a politician

대부분 알고 있는 문법사항일 것입니다. (가)는 <시인인 동시에 정치인>인 1명을 나타내는 표현입니다. 반면에 (나)는 시인과 정치인 2명을 나타내게 됩니다. 이렇게 되는 이유는 부정관사 a/an이 <(새로운) 단어의 시작>을 나타내기 때문입니다. 따라서 쉽게 말해서 만약 부정관사 a/an이 2개가 존재하면 최소 '2개 이상'의 단어가 존재하는 것이고, 만약 부정관사 a/an이 3개가 존재하면 최소 '3개 이상'의 단어가 존재한다고 할 수 있습니다. <최소 ~개 이상>이라는 표현을 사용한 것은 무관사 Ø인 단어가 존재할 수도 있기 때문입니다.

따라서 (나)의 경우, poet 앞의 부정관사 a와 politician 앞의 부정관사 a는 모두 <(새로운) 단어의 시작>을 나타내기 때문에, 당연한 말이지만 a poet과 a politician은 별개의 단어가 됩니다. 결론적으로 이러한 이유 때문에 (나)는 시인인 사람 1명과 정치인인 사람 1명의 2명의 사람을 나타내게 됩니다. 반면에 (가)는 부정관사 a/an이 하나만 존재하기 때문에 전체가 하나의 단어로서 1명을 나타내는 것입니다.

미시적 접근

다음에서 제시하는 것들은 (가)와 같이 <둘이 하나의 단위를 이루는 표현>의 대표적인 예입니다.

① a watch and chain   시계 줄이 있는 시계
② a bed and breakfast   아침을 주는 숙소
③ a cup and saucer   받침이 붙어 있는 컵
④ a horse and cart   말이 끄는 마차
⑤ a ball and chain   옛날 죄인의 발에 묶는 쇳덩이가 달린 사슬

위 표현들은 영어에서 굳어진(고정된) 표현으로 사용되기 때문에, A and B에서 A와 B의 순서도 바뀌지 않습니다.

①과 관련하여, a watch and a chain은 <별도의 독립된 개체인 하나의 줄과 하나의 시계>를 나타내고 있고, a watch and chain은 <줄 달린 시계 하나>를 나타내게 됩니다.

He took **my watch and chain.**
    그가 내 줄 달린 시계를 가져갔다.

결론적으로 and로 이어진 병렬 구문(열거)에서 부정관사 a/an과 정관사 the의 유무와 위치는 매우 중요합니다. 이러한 관점에서 <단어의 끝>을 나타내는 후위관사 '-s'도 마찬가지로 중요합니다. 다음을 비교해 보시기 바랍니다.

(다) ham and eggs

(라) eggs and ham

(다)의 경우 <단어의 끝>을 나타내는 '-s'가 마지막에 존재하기 때문에 전체가 하나의 단어로 볼 수 있습니다. 실제로 (다)는 '햄을 넣은 달걀 요리'의 명칭으로서 보통 '햄에그'라고 합니다.

반면에 (라)는 eggs에 존재하는 '-s'가 <단어의 끝>을 나타내기 때문에 eggs와 ham은 별도의 독립된 단어가 됩니다. 예문을 통해서 확인해 보겠습니다.

I had **ham and eggs** for breakfast.
나는 아침 식사로 '햄에그'를 먹었다.

I do not like **green eggs and ham**.
나는 '무정란과 햄'을 좋아하지 않는다.

예를 하나 더 보겠습니다.

①In the foreground of the painting is **a horse and cart**.
그림의 전경에는 **마차**가 그려져 있다.
*foreground - 가장 눈에 띄는 위치

②Men trundle past us, off-loading produce from a tangle of **horses and carts**.
사람들이, **말과 수레들이** 뒤섞인 상태에서, 물건들을 내려놓고, 터덜터덜 우리들을 지나쳐 갔다

위에서 ①의 a horse and cart는 '마차'라는 의미로서 하나의 대상을 나타내는 하나의 단어입니다. 반면에 ②의 horses and carts는 두 단어에 모두 '-s'가 존재하기 때문에 2개의 대상을 나타내는 2개의 단어인 것입니다.

미시적 접근

이번에는 조금 다른 내용을 살펴보겠습니다. 다음 예문에서도 -s'는 의도하였든, 의도하지 않았든 간에, 뒤에 나오는 단어와는 별개의 단어라는 것을 분명하게 나타내게 됩니다.

Ham, eggs, and spinach are in it.
햄, 달걀, 그리고 시금치가 안에 들어있어.

여기서 중요한 점은 '의도적'으로 '-s'를 사용할 수 있다는 점입니다. 즉 의미적으로 '-s'가 반드시 필요하지 않더라도, '구조적인 혼동의 가능성'을 제거하기 위해서 and로 이어진 병렬 구문(열거)에서는 '-s'를 사용할 수 있다는 것입니다.

> 의미적으로 '-s'가 반드시 필요하지 않더라도, '구조적인 혼동의 가능성'을 제거하기 위해서 and로 이어진 병렬 구문(열거)에서는 '-s'를 사용할 수 있다.

위 문장은 햄, 달걀, 시금치가 들어가 있는 어떠한 음식을 설명하고 있습니다. 여기서 Ham, eggs, spinach는 '음식의 재료'이기 때문에 물질명사로서 무관사 Ø가 원칙이라고 할 수 있습니다. 그럼에도 불구하고 egg에 '-s'를 적용한 것은, '-s'를 적용하지 않을 경우에 <egg and spinach>가 <watch and chain(줄 달린 시계 하나)>처럼, 하나의 개체를 의미할 수도 있기 때문입니다.

결론적으로 영어에서는 앞에서 살펴본 horses and carts와 같은 ①<A and B>형태와, ham, eggs, and spinach처럼 ②<C, D, ... A, and B>형태의 병렬 구문(열거)에서는 '구조적인 혼동의 가능성'을 제거하기 위해서 A 또는 B에 <단어의 끝>을 나타내는 후위관사 '-s'가 많이 적용됩니다.

즉, '일반적으로' 등위 접속사(and) 앞과 뒤의 명사에 '구조적(형식적) 구별'을 위해서 '-s'가 자주 사용된다는 것입니다.

> ① <A and B>형태와 ② <C, D, ... A, and B>형태의 병렬 구문(열거)에서는 '구조적인 혼동의 가능성'을 제거하기 위해서 A 또는 B에 '-s'가 많이 적용된다.

⇩ ⇩ ⇩

> '일반적으로' 등위 접속사(and) 앞과 뒤의 명사에 '구조적(형식적) 구별'을 위해서 '-s'가 자주 사용된다.

'일반적'이라는 표현을 사용한 것은 이러한 원칙이 대부분 준수되지만, 항상 지켜지는 것은 아니기 때문입니다. 아래 예문처럼 '하나의 단어'로 이루어진 경우에는 무관사 ∅도 가능합니다.

There's a fine line between love and hate.
사랑과 증오는 종이 한 장 차이이다.

결국 A와 B에 위치한 단어가 '하나의 단어'로 이루어진 경우보다는 '복수의 단어'로 이루어진 경우에 위에 제시한 원칙이 중요하게 작동하게 됩니다. 따라서 이하의 내용은 대체로 A와 B에 위치한 단어가 '복수의 단어'로 이루어진 경우를 중심으로 전개될 것입니다.

지금부터 이에 대해서 자세히 정리하도록 할 것입니다.

미시적 접근

설명에 앞서 미리 말하자면, A와 B, 중에서 어느 곳에 '-s'를 적용할 것인지는 전적으로 화자가 순간적으로 선택하게 되는 사항으로서, 이와 관련하여 모든 부분에서 반드시 준수해야하는 절대적인 기준이 존재하는 것은 아닙니다. 따라서 앞으로 제시하는 내용 중에서는 반드시 지켜야할 기준도 있지만, 화자의 재량의 영역에 속하는 것도 있습니다. 하지만 어떠한 기준에 의하더라도, '일반적으로' A와 B 둘 중에서 적어도 어느 하나에는 '-s'가 적용된다는 것입니다. 물론 양쪽 모두(A, B)에 적용될 수도 있습니다,

먼저, 병렬 구문(열거)의 예를 몇 개 보도록 하겠습니다. '-s'에 초점을 두고 보시기 바랍니다. '-s'를 적용한 이유가 무엇이든 간에, 결과적으로 '구조적(형식적) 구별'을 원활하게 하는 역할을 하고 있다는 점을 확인하시기 바랍니다.

The accumulation of **discarded computers**, electronic office equi**ment**, mobile phone**s**, television set**s**, and **refrigerators** is increasing.
　버려진 컴퓨터, 전자 사무 용품, 휴대 전화기, 텔레비전 세트, 냉장고의 축적 양이 증가하고 있습니다.
　　cf. equipment는 명사형 어미(-ment)의 단어이기 때문에 관사(후위관사 -s)가 적용되지 않았습니다. '-ment' 자체가 '-s'의 역할을 대신하고 있습니다.

Soaring oil price**s**, China's slow grow**th**, and lingering debt woe**s** in Europe are creating havoc for the nation's economic growth and retail figures.
　치솟는 기름값, 중국의 저 성장, 그리고 계속되는 유럽의 부채 문제는 우리나라 경제 성장과 소매업의 수치에 큰 혼란을 유발하고 있다.　　*woe -비애　　*linger - 지속되다, 남아있다
　　　　*retail - 소매　　*havoc - 대파괴

Oil spill<u>s</u>, pollu<u>tion</u>, and global <u>warming</u> are the main threats for them.

기름 유출, 오염, 지구 온난화가 그들에게 주요한 위협이 되고 있습니다.

   cf. warming과 같이 '동명사(~ing)형 명사'는 일반적으로 무관사 ∅입니다.

The Wildlife Conservation Society is also working with Afghanistan's National Environment Protection Agency to produce the first-ever list of protected species which will ban the hunting of **snow leopard<u>s</u>, wol<u>ves</u>, brown bear<u>s</u>, and other threatened spec<u>ies</u>**.

또한 미국 야생동물보전협회(WCS)는 아프가니스탄의 환경 보호청(NEPA)과 함께 처음으로 눈 표범, 늑대, 불곰, 그리고 다른 멸종 위기 종들의 사냥을 금지하는 보호받는 종의 목록을 만들기 위해 작업하고 있습니다.   *first-ever - 최초의

To get citizens to participate in saving energy, the Ministry of Knowledge Economy plans to launch power-saving campaigns all over the country and send messages through **television broadcast<u>s</u>, social networking website<u>s</u>, and text message<u>s</u>**.

에너지 절약에 시민들을 참여하게 하기 위해, 지식경제부는 전국적으로 전력을 아끼려는 캠페인을 시작하고 TV 방송, 소셜 네트워킹 웹사이트 그리고 문자 메시지를 통해 메시지를 보낼 계획이다.

미시적 접근

High pressure, heat, and harsh acid<u>s</u> are needed in the production of biofuels using grasse<u>s</u>, corn stalk<u>s</u>, and wood chip<u>s</u>.
높은 압력, 열, 그리고 강산은 잔디, 옥수수대 그리고 나무 조각을 사용하여 만드는 바이오연료 생산에 필요하다.

a. 열거의 마지막을 나타낸다.
(문장의 마지막을 나타낸다.)

[1] Acid rain is precipitation containing harmful amounts of **nitric acid and sulfuric acid<u>s</u>**.
산성비는 유해한 수준의 질산과 황산이 함유된 비를 말한다.
*nitric - 질소의   *sulfuric - 황의

위 예문에서 질산(nitric acid)에는 '-s'가 존재하지 않고, 반면에 황산(sulfuric acids)에는 '-s'가 존재합니다. 일반적으로 황산은 다음 예문처럼 '-s'를 첨가하지 않고 사용되고 있습니다.

Smoking sulfuric acid is located in the tubes.
튜브 안에 발연 황산이 있습니다.

Hydrochloric acid, like **sulfuric acid**, is used to clean metals.
염산은, 황산처럼, 금속을 깨끗하게 하는데 사용된다.

의미적으로 따져 보게 되면, 예문 1의 sulfuric acids에 어떠한 이유로 '-s'가 적용되었는지가 분명하지 않습니다. 한편, 예문 1에서 sulfuric acids는 열거의 마지막 단어일 뿐만 아니라, 동시에 문장의 마지막 단어입니다. 이러한 점을 반영하여, '단어의 마지막'을 나타내주는 '-s'를 사용한 것으로 보입니다.

결국 위 문장에서 sulfuric acids의 '-s'는 ①'단어의 마지막'을 나타내는 것은 물론, ②'열거의 마지막'과 ③'문장의 마지막'을 나타내주고 있습니다. 그리고 이러한 점은 문장의 '구조적(형식적) 구별'을 용이하게 할 수 있도록 해 주고 있습니다. 그리고 '-s는 의미와는 상관없이 오로지 '구조적(형식적) 구별'의 측면에 의해서 적용된 것으로 판단됩니다. 중요한 점은 원어민들은 이러한 경우에 '구조적(형식적) 구별'을 위해서 '습관적으로' '-s'를 활용한다는 것입니다.

원어민들은 '구조적(형식적) 구별'을 위해서 '습관적으로' '-s'를 활용한다.

예문을 하나 더 보도록 하겠습니다.

2 He uses **grains of sand, fibers, cobwebs** or even **hair from insects** to make them.
   그는 모래알, 섬유, 거미줄 또는 곤충의 털까지도 조각을 만들기 위해 사용합니다.
   *fiber - 섬유, 실   *cobweb - 거미줄, 거미집

위 예문에서 ⓐ[grains of sand], ⓑ[fibers], ⓒ[cobwebs], ⓓ[even hair from insects]가 병렬구조를 구성하고 있습니다. 문장의 내용상 실제로 열거되는 핵심 단어는 [grains], [fibers], [cobwebs], [hair]입니다.

결론적으로 ⓓ의 경우에 hair에 '-s'를 첨가해서 hairs라고 해야 할 것 같지만, 마지막 단어인 insect에 '-s'를 첨가하여 [even hair from insects]라고 표현하였습니다. 물론 hair가 집합명사이기 때문에 무관사 Ø를 적용한 것이라고 생각할 수도 있지만, hair가 아닌 insect에 '-s'를 첨가한 것에 대해서 '단어의 끝'을 나타내는 후위관사 '-s'가 '열거의 종결(마지막)'을 나타낼 수 있기 때문에 '습관적으로' '-s'를 사용한 것으로 이해할 수도 있습니다.

한편, 이상의 설명이 다소 무리(?)한 측면이 있다고 생각됩니다. 의미적으로 판단할 경우에 insects의 '-s'가 복수의 곤충을 의미한다고 보는 것도 타당하기 때문입니다. 그럼에도 불구하고 '-s'가 '구조적(형식적) 구별'의 측면에서 '습관적으로' 빈번하게 활용되고 있다는 점은 분명하게 존재하는 영어적 현상이라고 판단됩니다. 결론적으로 '-s'에 대해서는 '의미적' 측면과 '구조적(형식적) 구별'의 측면 모두를 고려해서 판단해야 합니다. 그런데 '의미적 측면'의 접근은 지금까지 해오던 방식이기 때문에, 그러한 이유로 '구조적(형식적) 구별'의 측면이 상대적으로 좀 더 특별하다고 할 수 있습니다.

앞으로 '구조적(형식적) 구별'의 측면을 항상 염두에 두고서 영어 문장에 접근하게 되면, '-s'의 <'구조적(형식적) 구별'의 기능>에 대해서 충분히 확인할 수 있을 것입니다. 특히 '-s'에 대해서, 의미적으로, 그리고 '문법적 논리'의 측면에서 잘 이해가 되지 않는 경우에, 혹시 '구조적(형식적) 구별'의 차원에서 적용된 것은 아닌지에 대해서 생각해 보시기 바랍니다.

예문을 몇 개 보도록 하겠습니다.

High pressure, heat, and harsh acids are needed in the production of biofuels using grasses, corn stalks, and wood chips.
높은 압력, 열, 그리고 강산은 잔디, 옥수수대 그리고 나무 조각을 사용하여 만드는 바이오연료 생산에 필요하다.

Those years of life experience directly translate into **wisdom and better decision making skill**s.
　그 세월간의 인생 경험은 곧바로 현명함과, 보다 나은 의사결정 능력이 된다.

The researchers found that children who spent two hours or more a day in front of the screens were more likely to have psychological difficulties than the kids who did not spend a lot of time **watching TV or playing computer game**s.
　TV와 컴퓨터에 하루 2시간 이상 노출된 어린이의 경우 노출된 시간이 적은 아이들에 비해 심리적 장애가 생길 가능성이 높다는 것을 발견했습니다.

b. [A] and [B + '-s']
　: and 바로 '뒤 단어'에만 '-s'가 존재하는 경우

　이 경우는 물론 A와 B가 '별개의 단어'인 경우도 '일부' 존재하지만, 대부분 A와 B는 밀접하게 연관되어 있습니다. 구체적으로 말하면 A와 B가 공통분모를 공유하고 있는 경우가 많습니다.

(가) A와 B가 '별개의 단어'인 경우

"She was into **Korean pop and television program**s, which I would listen to and watch at her house," Jones said.
　"그 아이는 자신의 집에서 제가 항상 듣고 보았던 **한국 가요와 티비 프로그램**에 푹 빠져 있었다."라고 Jones는 말했다.

위 문장에서 Korean pop and television programs는 문장의 내용상 한국 가요와 티비 프로그램이라는 의미입니다. 그런데 이는 programs를 공통분모로 보아 Korean pop programs and television programs로 혼동할 가능성이 존재합니다. 따라서 다음 예문처럼 Korean pop에 '-s'를 적용하게 되면, 혼동의 가능성이 제거되어 문장의 의미가 명확하게 되는 것입니다.

"She was into **Korean pops and television programs**, which I would listen to and watch at her house," Jones said.

이러한 이유로 영어에서 후위관사 '-s'가 '구조적(형식적) 구별'을 위해서 필요한 것입니다. 예를 몇 개더 보겠습니다.

Those years of life experience directly translate into **wisdom and better decision making skills**.
그 세월간의 인생 경험은 곧바로 **현명함과 보다 나은 의사결정 능력**이 된다.

위 문장의 <wisdom and better decision making skills>에서 wisdom과 better decision making skills는 별개의 독립된 단어입니다. 위 문장도 다음과 같이 wisdom에 '-s'를 적용하게 되면 문장의 내용이 명확해 지게 됩니다.

Those years of life experience directly translate into **wisdoms and better decision making skills**.

다만, 위 문장은 설명을 위한 것으로 이해해 주시기 바랍니다. 왜냐 하면, 일반적으로 wisdom은 대표적인 '불가산편향적 추상명사'로서 대부분 무관사 Ø가 적용되기 때문입니다. 마지막으로 예를 하나 더 제시하겠습니다.

President Jung told his foreign, defense and unification ministers Wednesday to step up both **military preparedness and diplomatic dialogues**.
정대통령은 수요일 외무, 국방 및 통일부 장관에게 **군사적 준비**와 **외교적 대화** 두 가지 모두를 강화하라고 말했다.

위 문장에서도 <military preparedness and diplomatic dialogues>에서 military preparedness와 better decision making skills는 별개의 독립된 단어입니다. 다만, 이 경우는 문장의 의미를 명확하게 하기 위해서 '-s'를 적용할 필요는 없습니다. 왜냐하면 preparedness의 경우는, '명사형 어미(-ness)의 단어'이기 때문입니다. 일반적으로 '명사형 어미의 단어'의 경우, 앞에서 정리한 것처럼 단어의 마지막을 나타낼 수 있다는 점에서, 후위관사 '-s'와 동일한 기능을 수행하게 됩니다.

(나) A와 B가 공통분모를 공유하는 경우

Today, however, there are **several state and federal laws** that prohibit job discrimination.
하지만, 오늘날, 고용 차별을 금지하는 **몇몇 '주(州)의 법'과 '연방법'**이 있다.

위 문장에서 <several state and federal laws>는 laws가 공통분모로서 <several state laws and several federal laws>의 의미입니다. 참고로 만약 and 바로 앞 단어인 state에 '-s'가 존재하여 <several states and federal laws>가 되면, 다음과 같이 several states와 federal laws는 별개의 독립된 단어가 됩니다.

미시적 접근

Today, however, there are **several states** and **federal laws** that prohibit job discrimination.
하지만, 오늘날, 고용 차별을 금지하는 **몇몇 주(州)와 연방법**이 있다.

예를 몇 개 더 제시하도록 하겠습니다.

Scorpions, snakes and mice frequented the desert camps where South Korean Zaytun soldiers bunked overnight, and **the water and wide-ranging temperature changes** caused stomach and other problems.
한국군 자이툰 부대원이 밤새 주둔하던 사막 캠프에는 전갈, 뱀, 쥐 등이 출몰했고 식수 변화와 심한 일교차는 복통 등 기타 질환을 야기 시켰다.
　　*bunk – 잠자리, 잠자리[침대]에서 자다
■ the water and wide-ranging temperature **changes**
　= the water **changes** and
　　wide-ranging temperature **changes**

Our **energy generation and pollution control technologies** changed dramatically between 1900 and 2000.
우리의 에너지 생산 및 공해억제기술은 1900년과 2000년 사이에 극적으로 변화했다.
■ energy generation and pollution control **technologies**
　= energy generation **technologies** and
　　pollution control **technologies**

c. [A + '-s'] and [B]
: and 바로 '앞 단어'에 '-s'가 존재하는 경우

'-s'가 '단어의 마지막'을 나타내기 때문에, 이 경우는 명확하게 A와 B는 별개의 독립된 단어입니다. 이는 두 개의 유형으로 다시 구분할 수 있습니다.

(가) and 바로 앞 단어에만 '-s'가 존재하는 경우

앞에서 살펴본 <green eggs and ham(무정란과 햄)>처럼 A와 B는 별개의 단어입니다.

> The relationships between **gender roles** and **alcohol use** were largely consistent with the hypothesis that individuals with conventional gender identities conform more closely to cultural norms that condone drinking among males but not among females.
> **성역할과 알코올 복용** 사이의 관계는 '전통적인 성 정체성을 가진 사람들은 훨씬 더 밀접하게 남성들 사이의 음주는 허용하지만 여성들 사이의 음주는 허용하지 않는 문화규범을 따른다'는 가설과 대부분 일치하였다.

위 예문에서 <gender roles and alcohol use>는 A and B의 형태입니다. and 바로 앞 단어(gender roles)에 '-s'가 존재하고 있습니다. 결국, gender roles와 alcohol use는 별개의 단어인 것입니다.

예를 제시하도록 하겠습니다.

It means two sources of water - **sweet water springs and salty water** in the seas - that surrounds the island country.

　이 말은 **감수원(단물)**과 바레인을 둘러싸고 있는 바다의 **간수(짠물)** 두 개의 수원(水源: 물의 원천)을 뜻합니다.

Others blame **rising production costs** and **a lack of production investment**.

　또 다른 전문가들은 (한국 영화의 위기를) 오르고 있는 **제작비(제작비 상승)**와 **제작 투자 부족**의 탓으로 돌렸다.

I especially love reading books about **life lessons and wisdom**.

　특히 저는 **인생의 교훈과 지혜**에 관한 책을 읽는 것을 매우 좋아합니다.

If children spend too much time in front of the television or computer, they are likely to suffer from psychological problems such as **emotional issues and hyperactivity**, the researchers explained.

　TV또는 컴퓨터를 오랜 시간 사용하는 어린이의 경우, 정서상의 문제 그리고 주의력 결핍증과 같은 정신 질환을 일으킬 확률이 높습니다.　　*hyperactivity - 활동과다

(나) and '바로 앞 단어'와 '바로 뒤 단어' 모두에 '-s'가 존재하는 경우

　이 경우도 앞에서 살펴본 <horses and carts(말과 수레들)>처럼 A와 B는 별개의 단어입니다. 예를 제시하도록 하겠습니다.

Movies and television shows can already be bought through Apple iTunes.
이미 애플 아이튠즈에서 **영화와 TV 프로그램**이 구입 가능하다.

이해할 수 있을 것입니다. 참고로 위의 movies에서 '-s'를 제거하면 <movie and television shows>가 됩니다. 이 경우는 shows를 공통분모로 보아 <movie shows and television shows>로 해석될 가능성이 높습니다.

In the right condition, such as **warm ocean temperatures and waters** rich in phosphorus and nitrogen, the algae can explode into macro-algal blooms.
　따뜻한 해양 온도와 인과 질소가 풍부한 물과 같은 알맞은 조건에서, 녹조는 대규모 녹조로 폭발적인 증가를 할 수 있습니다.
　　*phosphorus - 인　　*nitrogen - 질소
　　*algae - 조류　　　*macro - 대규모의

Kolon also plans to diversify its DFR production portfolio, responding to the rising demand for **plasma display panels and other semiconductor applications**.
　코오롱은 또 PDP용 및 반도체용 수요 확대에 대응하기 위해 DFR 제품군을 다양화할 계획이다.
　　*semiconductor - 반도체　*application - 적용, 사용

For example, debt in America is largely the result of **school loans and housing mortgages** that were set at a variable interest rate.
　예를 들면, 미국의 빚은 대부분 변동 이자율에 근거한 **학자금 대출**과 집을 사기 위한 **모기지**의 결과이다. *mortgage - 저당

The nation's businesses and government policies will be attending to this inevitable fact.
우리나라의 사업과 정부정책들도 불가피하게 이에 합류할 것이다.

It is frightening when considering that 71 parks and hillside locations across Seoul are vulnerable to landslides.
서울 곳곳의 71개의 공원과 산비탈이 산사태에 취약한 점을 고려해 볼 때 두렵기만 하다.   *landslide – 산사태

About 40 percent of the land is protected as parks and nature reserves.
홍콩 땅의 약 40 퍼센트가 공원과 자연 보호 지역으로 보호되고 있습니다.   *reserve – (~을 위하여) 남겨 두다
비축, (특정한 목적을 위한) 지정지

4. '단단' & '복복'

다음 문장에 대해서 어색한 부분을 찾아보시기 바랍니다.

ⓐSeveral people made a speech at the wedding.
그 결혼식에서는 여러 사람이 연설을 했다.

찾으신 분도 있을 것입니다. 이에 대한 대답은 잠시 뒤에 제시하도록 하겠습니다.

다음 문장을 보도록 하겠습니다.

①I ate **an apple** on the way here.
　　나는 여기로 오는 길에 사과를 먹었어.

이번에는 다음 두 개의 문장을 비교해 보시기 바랍니다. 어떤 문장이 적절한 문장인지 생각해 보시기 바랍니다.

- 사람들은 언제나 사과를 껍질 째 먹어야 합니다.

②People should always eat **an apple** with the skin on.
③People should always eat **apples** with the skin on.

복수의 사람들이 사과를 먹는 모습을 떠올려 보시기 바랍니다. 구체적으로 10명의 사람이라고 하겠습니다. 10명의 사람이 각자 1개씩 사과를 먹는다면 사과는 총 10개가 존재하게 됩니다. 결국 복수의 사람들이 사과를 먹는 그림 안에는 복수의 사과가 존재하게 될 것입니다.

위 문장 people이 복수명사이기 때문에, 복수의 사과를 의미하는 apples가 적절합니다. 따라서 ②와 ③ 중에서 apples를 사용한 ③번 문장이 적절합니다. 그리고 동일한 논리로서 문장 ①도 이해될 수 있을 것입니다. 주어(I)가 단수이기 때문에 사과는 1개만 존재하게 되고, 따라서 an apple로 표현한 것입니다.

예문을 하나 더 보겠습니다.

ⓐThese are the times that try **men's souls**.
　　지금은 인간의 마음을 시험하는 시대다.

ⓑThey are treated as heroes in **their nation.**
　　그들은 나라에서 영웅으로 추앙 받아요.

　위 ⓐ, ⓑ문장에서 men's souls와 their nation은 모두 소유의 관계를 나타내고 있습니다. 먼저 ⓐ문장에 대해서 상식적으로 생각하면, 한명의 사람은 하나의 soul만을 소유하고 있다고 할 수 있습니다. 즉 soul은 한 개인이 각기 하나씩만 가지고 있는 것입니다.

　따라서 예를 들어, 열 명의 사람은 열개의 soul을 소유하게 됩니다. 결국, 동일한 논리에 의해서 ⓐ문장의 경우에는 '복수형 어미 -s'를 적용하여 men's souls로 표현한 것입니다.

　반면에 ⓑ문장에서 their nation은 ⓐ문장의 men's souls와는 차이가 있습니다. their nation은 '공동 소유'의 개념에 부합합니다. 예를 들어 한명이 되었든 100명이 되었든 간에, 모든 한국인들은 '하나의 대한민국'을 '공동 소유'하게 됩니다. 따라서 ⓑ문장에 있어서, 'their'가 복수의 사람을 의미하지만, nation은 '의미상' '공동 소유'의 대상으로서 1개만 존재하기 때문에 '-s'를 적용하지 않고 their nation으로 나타낸 것입니다. 그리고 결과적으로 이 경우는 '복단'이라고 말 할 수 있습니다.

　이것이 무슨 중요한 문제이기에 이렇게 장황하게 설명하는 것인가라고 생각할 수도 있겠습니다. 그러나 영어는 이러한 점을 '일반적으로' 준수하고 있기 때문에, 다양한 용법을 갖고 있는 '-s'에 대해서 제대로 파악하기 위해서는 반드시 숙지해야 할 내용이라고 생각됩니다. 그리고 실제로 이러한 내용은, 문장에서 마주치는 수많은 '-s'를 이해하는데 있어서, 생각보다 매우 유용하게, 활용할 수 있습니다. 그만큼 '중요한 원칙'이이라는 것입니다.
　특히, 영어를 외국어로 학습하는 우리의 입장에서는 손쉽고 간단하게 적용할 수 있다는 점에서 매우 큰 장점을 가지고 있습니다. 일단 이러한 원칙에 대해서 '단단' & '복복'이라고 하겠습니다.

■ '단단' & '복복'
"단수는 단수를 낳고, 복수는 복수를 낳는다."

위 원칙('단단' & '복복')의 내용은 '일반적으로' 주어가 단수인 경우는 목적어 등 다른 요소들도 단수를 적용하고, 반면에 주어가 복수인 경우에는 목적어 등 다른 요소들에 복수를 적용한다는 것입니다.

중요한 점은, 이러한 원칙이 '구조적 법칙 II'처럼 '기계적인 원칙'이 아니라 '의미에 따른 원칙'이라는 것입니다.

> '단단' & '복복'의 원칙은 '기계적인 원칙'이 아니라
> '의미에 따른 원칙'이다.

즉 '무조건' 의미와는 상관없이 단수에는 단수를 적용하고, 복수에는 복수를 적용한다는 것이 아니라, '일반적으로' 의미에 맞게 적용하게 되면 '단단' & '복복'이 된다는 것입니다.

앞에서 살펴보았듯이 한명의 사람이 사과를 먹게 되면, '일반적으로' 하나의 사과만 필요하기 때문에 '의미적으로' an apple이 적절합니다.

반면에 복수의 사람이 사과를 먹게 되면, '일반적으로' 복수의 사과가 필요하기 때문에 '의미적으로' apples가 적절합니다. 이러한 이유로 '단단' & '복복'의 원칙은 '일반적으로 준수되는 원칙'처럼 보이는 것입니다.

따라서 상황에 따라서 다음과 같이 정반대의 경우도 가능합니다.

> I ate **apples** and eggs with milk for lunch.
> 난 점심으로 우유랑 같이 사과와 계란을 먹었다.

위 문장은 단수인 주어(I)가 '복수의 사과'를 먹었다는 내용이기 때문에 apples를 사용하였습니다. 결국 이 경우는 '단단' & '복복'의 관점에서 보면, 예외적인 경우처럼 보이지만, 이는 예외가 아니라 의미상 당연하고 자연스러운 표현입니다. 즉 주어가 단수라고 해서 무조건 다른 요소들에 대해서 단수명사로 표현하는 것이 아니라, 의미에 따라서는 복수명사를 사용해야 하는 것입니다.

결론적으로 '단단' & '복복'은 '일반적으로' 지켜지는 원칙이지만, 상황에 따라 지켜지지 않을 수도 있는 것입니다.

참고로 <'단단' & '복복'의 원칙>은 단수, 복수의 개념이 기본으로 하고 있기 때문에, <'단단' & '복복'의 원칙>, 특히 '복복'의 원칙이 적용되기 위해서는 명사가 가산명사인 보통명사이거나 가산 편향적 추상명사인 경우라야 합니다. 즉 불가산명사인 경우에는 다음 예문에서처럼 '당연히' '복복'의 원칙은 지켜질 수 없습니다.

> The Government is boasting about being green but is doing very little to help homeowners reduce **their reliance** on fossil fuel.
> 정부는 녹색 경영을 뽐내고 있지만 주택소유자들이 화석연료에 대한 의존도를 낮추는데 도움을 주는 일을 거의 하고 있지 않다.
>
> The pupils cleaned the classroom on **their own initiative**.
> 학생들은 자발적으로 교실을 청소했다

이제 맨 처음 제시했던 문장(ⓐ)에 대해서 답을 하도록 하겠습니다.
문장 ⓐ는 문장 ⓑ와 같이 수정되어야 합니다.

　　ⓐSeveral people made **a speech** at the wedding.
　　　→ ⓑSeveral people made **speeches** at the wedding.

이해할 수 있을 것입니다. 이에 대한 예를 몇 개 정리해 보겠습니다.

　　I ate **an apple** on the way here.　　　- 단단
　　　나는 여기로 오는 길에 사과를 먹었어.

　　People should always eat **apples** with the skin on.　- 복복
　　　사람들은 언제나 사과를 껍질 째 먹어야 합니다.

　　I'll take **an exam** in history tomorrow.　　- 단단
　　　나는 내일 역사 시험을 쳐야한다.

　　A few days ago we took **exams**.　　- 복복
　　　몇 일전, 우리는 시험을 보았다.

　　I'm always nervous whenever I make **a speech**.　- 단단
　　　나는 연설을 할 때면 몹시 긴장이 되요.

　　Several **men** well-known in the city made **speeches**. - 복복
　　　이 도시의 명사 몇 명이 연설을 했다.

다시 한 번 더 강조하고자 합니다.

미시적 접근

'단단' & '복복'의 원칙은 기계적으로 항상 준수되는 '불변의 법칙'은 아니라는 것입니다. 앞에서 언급했듯이 '의미(상황)'에 따라서 '단복' & '복단'도 가능하게 됩니다.

이번에는 지금까지의 정리와는 조금 다른 내용입니다. 다음 문장을 보시기 바랍니다.

①There are times when **lawyers** must hide **the facts** and lie for **their clients**.
　변호사들은 사실을 숨기고 의뢰인들에게 거짓말을 하는 경우가 많다.

②A solicitor cannot immediately stop acting for **their client**.
　변호사는 의뢰인 때문에 행동하는 것을 즉시 멈출 수 없다.
　　*solicitor - 변호사

예문 ①의 their clients와 예문 ②의 their client에 주목해 주시기 바랍니다. 설명에 앞서 먼저, 예문 ①에서 lawyers와 the facts는 '복복'의 관계입니다. 즉 lawyers가 복수이기 때문에 the facts가 복수라는 것입니다.

본론으로 돌아와서, 예문 ①의 their clients는 '복복'에 해당됩니다. their가 복수이기 때문에 client에 '-s'를 적용하여 복수형으로 나타낸 것입니다. 그렇다면 동일한 논리에 의해서, 예문 ②의 their client는 적절하지 않은 표현으로 보입니다. 즉 '복복'의 원칙에 의해서 예문 ②에서도 their clients로 나타내야 한다는 것입니다.

그러나 결론적으로 예문 ②의 their client도 가능한 표현입니다. 이를 설명하기 위해서 우리말의 경우를 살펴보겠습니다.

ⓐ나는 2대의 비행기를 보았다.
ⓑ나는 2대의 비행기들을 보았다.

우리말이기 때문에 모두들 쉽게 판단할 수 있을 것입니다.
의미상으로만 보면 정확한 표현은 ⓑ입니다. 하지만 실제 일반적으로 사용되는 표현은 ⓐ입니다. 결론적으로 제가 이를 통해 전하고자 하는 바는, ⓐ와 ⓑ 모두 가능하다는 것입니다.

다시 영어로 돌아오면, 영어에서도 마찬가지로 위에 제시한 예문 ①과 ② 모두 가능합니다. 다만, 영어에서는 '단단' & '복복'의 원칙이 존재하기 때문에 ①(their clients)이 더 일반적이라고 할 수 있습니다.
따라서 ②(their client)는 '복단'이 아니라, 원칙적으로 '복복(their clients)'으로 표현해야 하지만, 화자의 실수(오류)' 등의 이유로 인한 표현으로 이해할 수 있겠습니다. 그리고 이러한 표현도 가능하다는 것입니다.
정리하면, '단단' & '복복'의 원칙은 '일반적으로' 준수되지만, 지키지 않았다고 해서 틀린 것은 아닙니다.

> **'단단' & '복복'의 원칙은 '일반적으로' 준수되지만,
> 지키지 않았다고 해서 틀린 것은 아니다.**

한편, ①(their clients), ②(their client)가 모두 가능하다고 한다면, <'단단' & '복복'의 원칙을 알아야할 필요가 있을까>라는 의문이 들 수 있겠습니다.

세 가지 측면에서 '단단' & '복복'의 원칙은 의의가 존재합니다.

미시적 접근

첫째, <'단단' & '복복'의 원칙>은 영어에서 분명하게 존재하는 원칙이고, 그리고 일반적으로 지켜지고 있다는 것입니다. 반면에 우리말에서는 <'단단' & '복복'의 원칙>이 존재하지 않습니다.

둘째, <'단단' & '복복'의 원칙>은 관사, 특히 후위관사 '-s'와 관련이 있습니다. 따라서 후위관사 '-s'를 이해하기 위해서는 반드시 숙지해야 하는 사항입니다. 이러한 측면에서 <'단단' & '복복'의 원칙>은 '복복'이 핵심입니다.

<'단단' & '복복'의 원칙>은 관사, 특히 후위관사
'-s'와 관련이 있다.

⇩ ⇩ ⇩

<'단단' & '복복'의 원칙>은 '복복'이 핵심이다.

셋째, <'단단' & '복복'의 원칙>은 영작에 있어서도 중요하게 참조해야할 원칙이지만, 우리와 같이 영어를 학습하는 사람들의 입장에서 더욱 중요한 부분은 영문을 독해함에 있어서, 영문에 존재하는 관사, 특히 '-s'를 이해하는데 있어서 큰 도움을 줍니다.

지금부터는 본격적으로 '단단' & '복복'의 원칙에 대한 예문을 제시하도록 하겠습니다. '단단' & '복복'의 원칙의 중요성에 대해서 이해할 수 있을 것으로 기대합니다.
다만 앞에서 언급한 것처럼 <'단단' & '복복'의 원칙>은 '복복'이 핵심이기 때문에, 지금부터 제시될 예문은 '복복' 위주로 정리될 것입니다.

A. 복복 : 복수는 복수를 낳는다.

먼저 2개의 문장을 통해서 살펴보겠습니다.

①Simply put, <u>corporate giants and the government</u> have **social responsibilities**.
   간단히, 대기업과 정부는 사회적 책임이 있다.

②<u>We</u> are capable of doing either one because <u>we</u> can control <u>our</u> **actions**.
   우리는 우리의 행동을 통제할 수 있기 때문에 어느 것이나 하나를 할 수 있다.

①번 문장은 주어(corporate giants and the government)가 복수이기 때문에 social responsibilities와 같이 복수로 나타낸 것으로 이해하면 되겠습니다. 그리고 ②번 문장은 our(& we)에 대응하여 actions와 같이 복수로 나타낸 것입니다.

지금부터 예문이 제시될 것입니다. 특별한 설명은 하지 않겠습니다. 밑줄친 부분과 진하게 표시된 단어가 서로 '복복'의 관계로 대응되는 것으로 이해하면 되겠습니다.

Well, the whole idea of business giants doing <u>their</u> **social deeds** sounds great regardless of <u>their</u> **hidden initiatives**.
   사회적 행동을 하는 대기업들의 모든 의견은 그들의 숨겨진 계획에 상관없이 훌륭해 보인다.

미시적 접근

High winds and sea storms are <u>dangers</u> found in coastal **environments**.
　센 바람과 바다 폭풍은 해안 환경에서 발견되는 위험이다.

Reading stories and poetry, for instance, can help us to understand and improve <u>our</u> own **situations**.
　글이나 시를 읽다보면 우리는 우리 자시의 상황에 대해 잘 이해하게 되고 그것을 더욱 향상시킬 수 있게 된다.

In traditional schools, <u>students</u> may also take part in **team sports**, **club activities**, and **school festivals** – choices not available to <u>students</u> who learn through <u>computers</u>.
　전통적인 학교에서는, 학생들이 단체 운동, 동아리 활동, 그리고 학교축제에 참여할 수 있는데, 이런 것들은 컴퓨터를 통해서 배우는 학생들에게는 가능하지 않은 선택권이다.

Would we, however, prefer to fill **the developing minds** of <u>our children</u> with hundreds of geometry problems or the names of all the rivers in the world? Do we really want to frustrate <u>their</u> **opportunities** for self-expression?
　하지만 우리는 아이들의 계발되어가는 마음을 수백 개의 기하학 문제나 세계의 모든 강의 이름으로 채우려 하지 않는가? 우리가 정말로 자기표현에 대한 그들의 기회를 좌절시키기를 원하는가?

In fact, <u>police</u> do issue **permits** to <u>qualified hunters</u> and advise hikers to wear bright, colorful clothing during hunting season. Of course, <u>police</u> should issue **some additional warnings** or take **other preventive actions**.
 사실, 경찰은 자격을 갖춘 사냥꾼들에게만 허가를 내주었고, 등산객들에게는 수렵기간 중에 밝고 화려한 옷을 입으라고 충고하였다. 물론, 경찰이 조금 더 강하게 경고하거나 혹은 그 밖의 예방 조치를 취해야 했다.

<u>They</u>'re lying on the sand, working on <u>their</u> tans.
 그들은 모래에 누워서 선탠을 하고 있다.   *tan – 태닝

The glasses can also play music and other audio files, although <u>they</u> do not appear to include **earphones**.
 이 안경은 이어폰이 포함되어 있지 않은 것처럼 보이지만 음악과 다른 오디오 파일도 재생할 수 있습니다.

<u>Power showers</u> use **booster pumps** to increase the water flow.
 강력 샤워는 물의 흐름을 증가시키기 위해 승압기 펌프를 사용합니다.

Moreover, <u>these differences</u> often cause **local conflicts** to grow into **larger wars**.
 게다가 이러한 차이 때문에 지역적인 갈등이 커다란 전쟁이 되기도 한다.

미시적 접근

Many people have experiences in which their wishes change what they see.
  많은 사람들은 자신의 소망이 보는 것을 바꾸어 놓는 그런 경험들을 한다.

We can evaluate someone's ability with their special talents other than their test scores.
  누군가의 능력은 시험 점수 외에도 특별한 재능으로도 평가할 수 있잖아.

The researchers found that children who spent two hours or more a day in front of the screens were more likely to have psychological difficulties than the kids who did not spend a lot of time watching TV or playing computer games.
  TV와 컴퓨터에 하루 2시간 이상 노출된 어린이의 경우 노출된 시간이 적은 아이들에 비해 심리적 장애가 생길 가능성이 높다는 것을 발견했습니다.

잠시 문장 2개를 보도록 하겠습니다.

①Those who cannot make a success in their business or profession are the ones whose concentration is poor.
  자신의 사업이나 직업에서 성공하지 못한 사람은 집중력이 결여된 사람들이다.

②<u>Industries</u> are competitively changing <u>their</u> **businesses** into **e-businesses**, and thus the demand for the required workforce is expected to grow.
　사업체들은 경쟁적으로 그들의 사업을 e-business로 변화시키고 있고, 따라서 필요한 인력의 수요가 증가할 것으로 기대된다.

예문 ②의 businesses와 e-businesses는 '복복'의 원칙이 적용되어 '-s'가 적용된 것입니다. 그런데 예문 ①을 보게 되면, '복복'의 원칙에 의해서 their business or profession는, their에 대응하여 '-s'가 적용된 businesses or professions가 적절할 것으로 보이지만, '-s'를 적용하지 않고 있습니다.

결국, '단단' & '복복'의 원칙은 '일반적으로' 준수되지만, 지키지 않았다고 해서 틀린 것은 아니라는 점을 다시 한 번 더 상기해 주시기 바랍니다.
　그럼에도 불구하고 '단단' & '복복'의 원칙이 유용한 것은 예문 ②과 같은 경우의 '-s'를 이해할 수 있게 해준다는 점 때문입니다.

계속해서 '복복'에 대한 예문을 보도록 하겠습니다.

If <u>children</u> spend too much time in front of the television or computer, <u>they</u> are likely to suffer from **psychological problems** such as emotional issues and hyperactivity, the researchers explained.
　TV 또는 컴퓨터를 오랜 시간 사용하는 어린이의 경우, 정서상의 문제 그리고 주의력 결핍증과 같은 정신 질환을 일으킬 확률이 높습니다.　　*hyperactivity - 활동과다

미시적 접근

We hope **the leaders** of <u>both Koreas</u> will take bold **initiatives** based on **long-term perspectives** and a sense of historic missions to open a new era on the Korean Peninsula.
　우리는 남북한의 지도자들이 장기적 안목과 역사적 사명감을 가지고 과감하게 앞서나감으로써 한반도에 새로운 시대를 열기를 희망한다.

Cats use <u>their</u> **whiskers** to determine if a space is big enough to squeeze through.
　고양이는 공간이 지나갈 수 있는 크기인지 결정하기 위해서 콧수염을 사용합니다.　　　*whisker – 수염, 구렛나루

There are absolutely no controls that force <u>students</u> to focus all <u>their</u> **thoughts** and **minds** to their homework.
　학생들이 숙제에 모든 생각과 정신을 집중하도록 강요하는 것은 분명 통제가 되지 않는다.
　　cf. 참고로, homework는 work가 '동사형명사'이기 때문에 관사를 적용하지 않습니다.

Recently the Korea National Ballet Company's <u>soloists</u> were invited to perform **lead roles** in a Bolshoi Ballet performance.
　최근 국립발레단의 독주자들이 볼쇼이발레공연에 주인공을 연기하도록 초청받았다.

Some of the strongest alliances in the Middle East are built with oil as their foundations.
중동의 가장 강력한 동맹 중 일부는 석유를 기반으로 설립되었다.

They will preserve their own interests first.
그들은 그들 자신의 이익이 먼저일 것이다.

People began selling ice cream at street vendors.
사람들은 거리노점에서 아이스크림을 팔기 시작했습니다.
*vendor - 노점상인

European media hinted Liverpool and Germany's Bundesliga are showing interests in the striker.
유럽 언론은 리버풀과 독일의 분데스리가가 그 공격수에 관심을 보이고 있음을 암시했다.

They are inevitably confined to unnaturally small spaces.
그들은 분명히 당연하게 작은 공간에 갇혀진다.
*inevitably - 필연적으로

Or we can go to our kitchens or bathrooms and get water from the tap.
또는 부엌이나 화장실에 가서 수도꼭지를 틀면 물을 얻을 수 있습니다.

The state-owned Industrial Bank of Korea took the initiative by signing a pact with the Korea Technology Credit Guarantee Fund to provide **low-interest loans** to South Korean businesses that will build **facilities** in the complex.
　국책은행인 기업은행이 한국기술신용보증기금과 협약을 맺고 그 공단(the complex)에 공장을 건설하는 한국의 회사들에 저리의 대출을 제공하는 데 앞장섰다.　　　　　*pact - 협정

They are found in **deserts**, as well as **forests** and **beaches**.
　숲이나 해변, 그리고 사막에서도 볼 수 있다.

On their part, conglomerates, as well as small and medium-sized enterprises, should make proactive **efforts** to develop **technologies** and find new **markets** in a bid to improve their competitive edge.
　이에 맞춰 중소기업과 대기업은 경쟁력 강화를 위해 기술을 개발하고 새로운 시장을 개척하는데 적극적으로 나서야 할 것이다.
　　*conglomerate - 복합기업, 대기업　*proactive - 주도적인
　*bid - 노력, 시도, 운동
　cf. their competitive edge(경쟁력)의 경우, their가 복수를 의미하기 때문에, '복복'의 원칙에 의해서 '-s'를 적용한 edges가 적절할 것으로 보이지만, 우리말로 <력(力), 심(心), 감(感), 성(性), 화(化)>로 해석되는 경우에는 일반적으로 무관사 ∅가 적용됩니다. 이에 대해서는 추상명사 부분에서 정리되어 있습니다.

However, <u>divers</u> are ignoring the depth of the water and pushing <u>their</u> **limits**, hoping to find any survivor inside the wrecked vessel.

하지만, 잠수부들은 난파선 내부의 생존자를 찾기 위해서 바다의 깊이를 무시하고 있고 극한까지 밀어붙이고 있다.

B. 단단 : 단수는 단수를 낳는다.

> The controversy is expanding due to critics of the government arguing that the incident proves that <u>the administration</u> has **a fundamental problem** in <u>its</u> **attitude** in dealing with the press.
> 그 사건이 행정부가 언론에 대처하는 태도에 있어 근본적인 문제를 가지고 있다는 것을 증명한다고 주장하는 <정부를 비난하는 사람들> 때문에 그 논란은 확장되고 있다.

위 문장에서 a fundamental problem에 대해서, 의미적으로 접근하여 행정부(the administration)가 '의미상'으로 '하나의 문제'만을 가지고 있기 때문에 부정관사 a/an을 적용한 것으로 보아야 한다고 말 할 수도 있겠습니다.

즉 '단단'의 원칙에 의한 것이 아니라, 의미적으로 단수이기 때문에 a fundamental problem으로 나타내었다는 것입니다.

결론적으로, 가산성이 명확한 보통명사가 아니라면 어떠한 대상을 단수로 볼 것인지('집합체'로 보지 않을 것인지), 아니면 또는 '집합체'로 보아서 '집합적 복수의 -s'를 적용할 것인지는 '화자의 주관적인 선택의 영역'입니다.

따라서 위 예문의 a fundamental problem은 '단단'의 원칙에 의해서 the administration에 대응된 표현으로 이해할 수 있습니다. its attitude도 마찬가지로 '단단'의 원칙(its - attitude)으로 이해할 수 있습니다.

예문을 더 제시하도록 하겠습니다.

Unlike a stone, a person can start an action by himself or herself.
　　돌과는 다르게, 사람은 스스로 행동을 시작할 수 있습니다.

In a single session you'll have the tricks enabling you to carry on a social conversation with a foreigner.
　　한 강의로 외국인과 사교적인 대화를 나눌 수 있도록 해 주는 기술을 갖게 될 것입니다.

Kolon also plans to diversify its DFR production portfolio, responding to the rising demand for plasma display panels and other semiconductor applications.
　　코오롱은 또 PDP용 및 반도체용 수요 확대에 대응하기 위해 DFR 제품군을 다양화할 계획이다.
　　　*semiconductor - 반도체　　*application - 적용, 사용

- 수고하셨습니다. -
이제영어의의문이풀렸다7(관사편4)로 이어집니다.